末永節遺稿集

無庵放談

浅野秀夫編

海鳥社

本扉写真＝末永節翁

明治33年２月、幼馴染の小河政太郎（左）と末永節（右）。恵州起義出立に際し撮影（写真、福岡市博物館蔵）

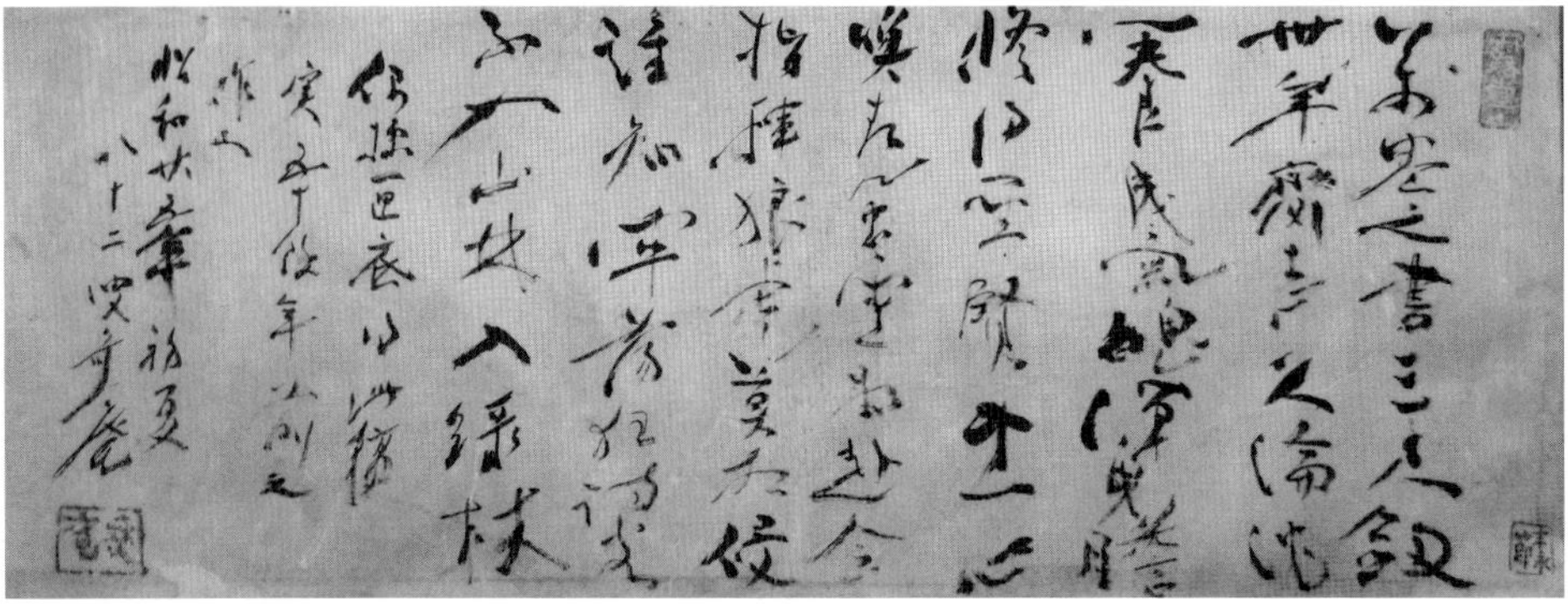

漢詩「将赴會」。書は昭和25年82歳初夏の筆。詩は恵州起義に作られ、辛亥革命一番乗りに大連を出発するに際し再び詠じられた。「処士の道」を参照されたい。

明治31年、華南実地調査に出立する小山雄太郎の送別（横浜）。前列右より孫文、小山雄太郎、末永節、後列右より清藤幸七郎、宮崎滔天、内田良平

明治31年11月、湖南実地調査に出立する平山周の送別（横浜）。前列右より内田良平、末永節、平山周、楊衢雲、安永東之助、２列目右より可児長一、清藤幸七郎、孫文、小山雄太郎、大原義剛、３列目宮崎滔天

明治40年３月、末永の満洲革命出立前、小河政太郎が上京、内田良平夫妻が内々に末永節の送別の宴を開いた。前列左より雪子、内田夫人、時光主人臼田登記子、芝愛宕下旅館対陽館３女塚本てる子、後列左より小河政太郎、末永節、内田良平。数日後、末永は髷を切って満洲に出かけた

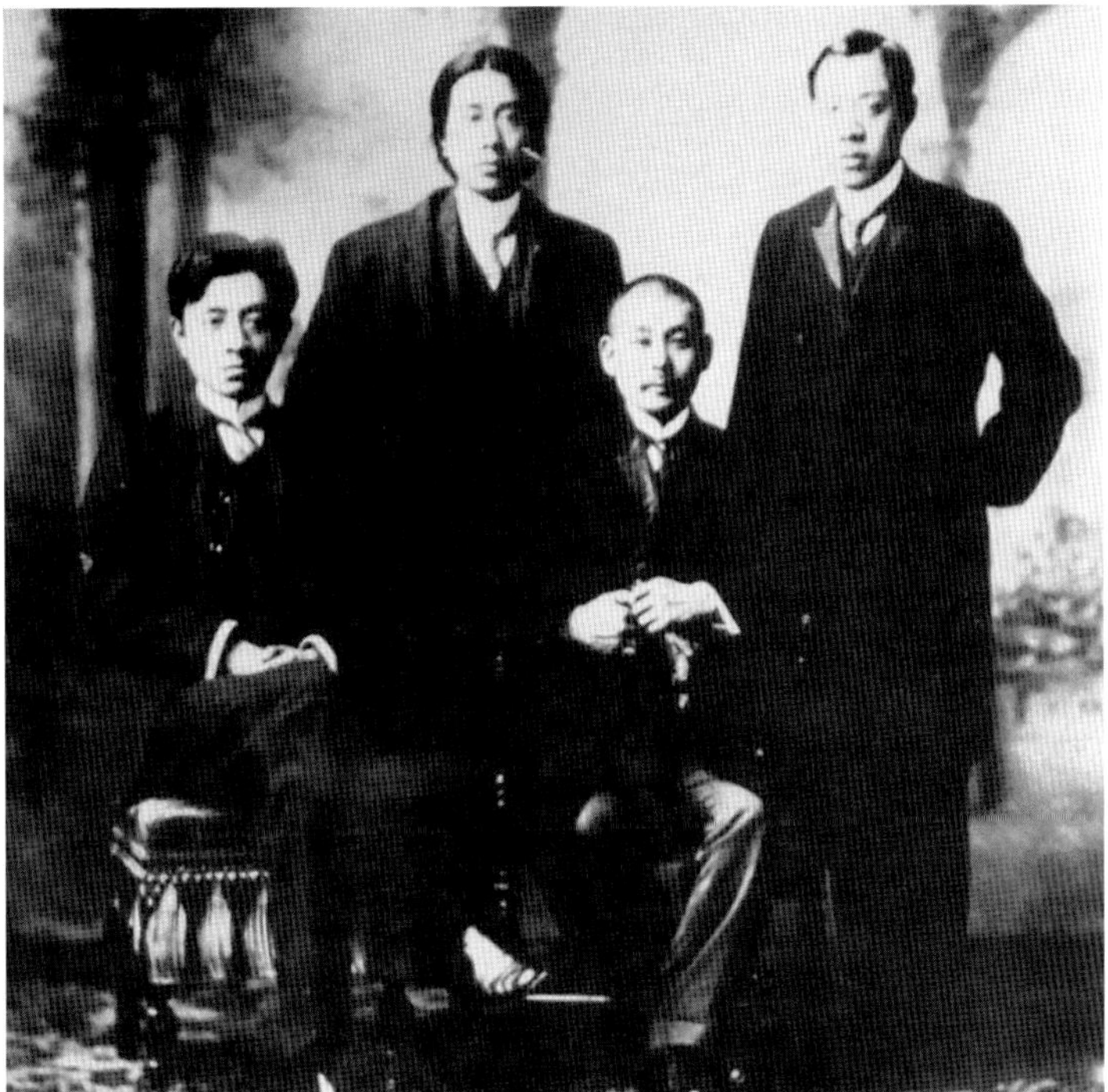

明治40年４月、大連にて。満洲革命を目指し中国革命遼東支部を結成、遼東軍政府を設置。前列右より末永節、宋教仁（湖南省）、後列、呉崑（湖北省）程家檉（安徽省）

明治45年４月14日、於芝罘、山東都督府狼庵。井字旗を掲げ、北伐之先鋒を務める。左より１人おいて、倉谷箕助、末永節、阿川四郎、豊田泰十郎、梶原善作

黄興の写真。民国元年１月１日、中華民国成立日に撮影した黄興像に「末永節君」と直筆で名を附し記念に贈られる

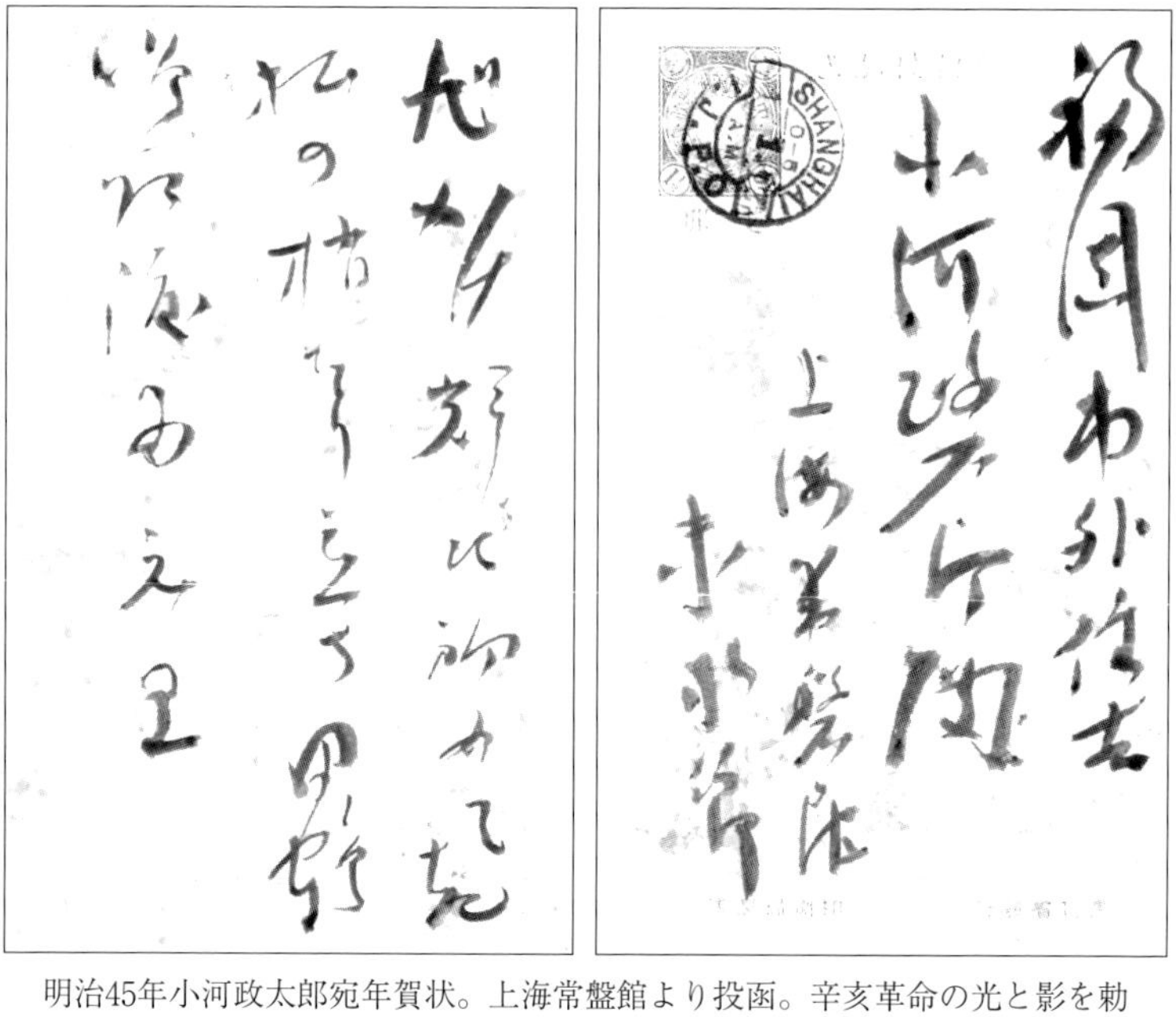

明治45年小河政太郎宛年賀状。上海常盤館より投函。辛亥革命の光と影を勅題松上鶴にひそめて詠った（本書285、321頁参照、小河直氏蔵）

大正元年10月12日、上海六三亭にて。三菱の中島の主催で辛亥革命１周年を祝う。前列右３人目より末永節、孫文、黄興、中島、宗方小太郎、山田純三郎、後列左より２人目宮崎滔天

昭和15年12月、頭山道場にて（同年３月創設大日本杖道会本部の看板が見える）。第１回満洲国協和会派遣研修生を迎えて。中央に頭山満、右に末永節、左上に清水隆次

昭和30年５月11日、（東京・谷中の全生庵にて）末永節の発起で進藤喜平太翁30回忌追悼祭を開催。30名が列席。中央に末永節、住職を挟んで、左に阿部夕子（女侠）、葛生能久、１人おいて鈴木一郎、前列右より藤本尚則、進藤一馬、その間が杉山龍丸。後列右端が本書編集者・浅野秀夫

昭和31年１月、明治神宮拝殿にて日本杖道連盟の演武奉納。前列右より末永節、頭山泉、鈴木一郎、後列右より池田博敬、浅野秀夫、若山治郎

昭和34年、数え年91歳、無久庵で彫刻刀をふるう
（杉山満丸氏提供）

昭和31年４月４日、東京和楽路会贈呈の
八十八賀式服を着て（杉山満丸氏提供）

進藤一馬元福岡市長と本書編集者・浅野秀夫。明治神宮にて

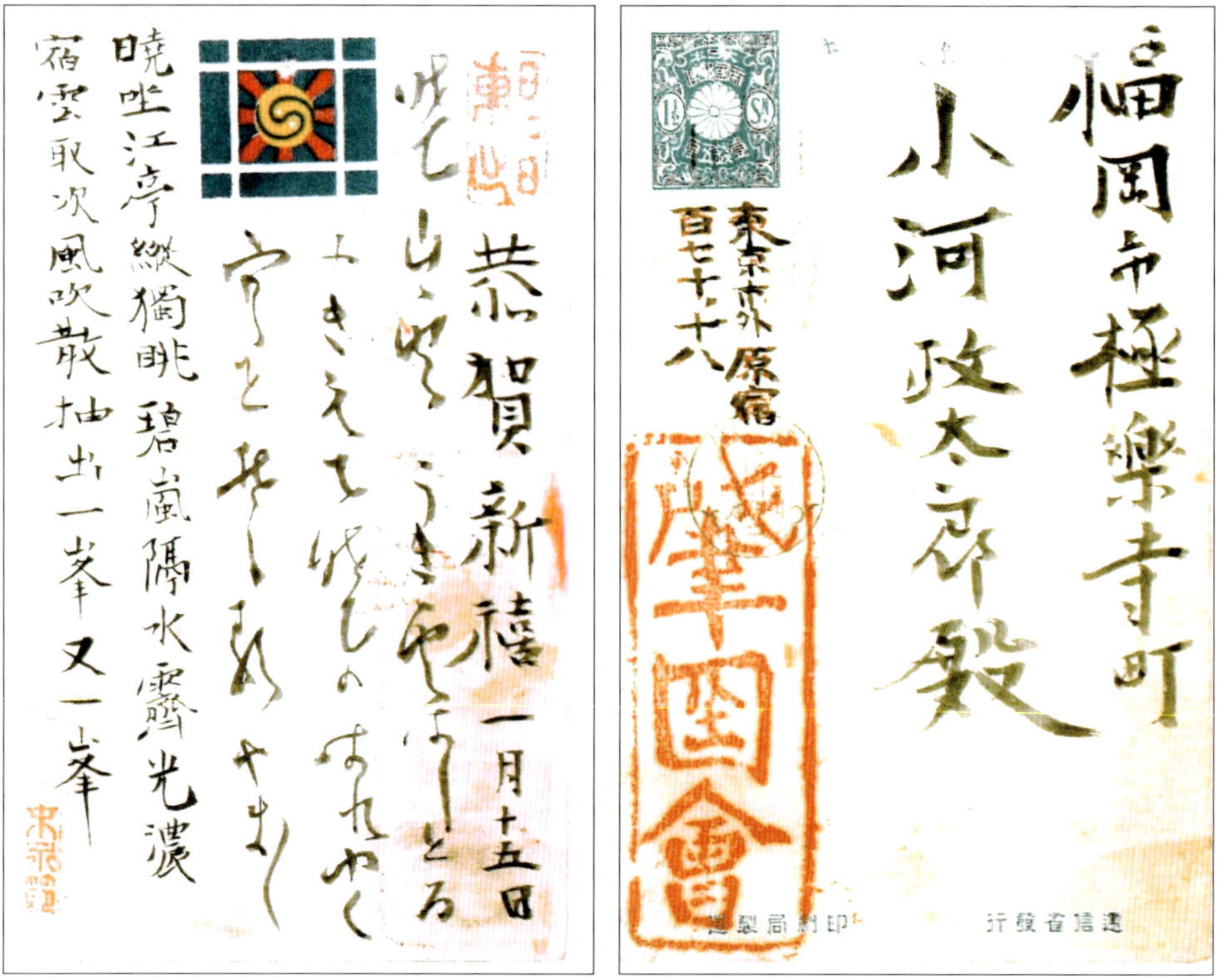

大正12年小河政太郎宛年賀状。和歌と漢詩で勅題暁山雲を詠う。末永は大正11年、肇国会を設立、大高麗国建設を唱えた。シールは大高麗国の国旗。肇国会の印は末永の篆刻。（本書287頁参照、小河直氏蔵）

葉書にはられたシール。大高麗国の国旗。（本書326頁参照）

末永節が印刻した編者・浅野秀夫の印

思い出すままに

頭山満翁、末永節翁、鈴木一郎翁、進藤一馬先生を想いつつ

『無庵放談』が出版の運びとなり、思い出すままに筆を運び、それを序文に代えさせていただきます。

末永節翁に呼びかけ人代表をお願いして、昭和三十（一九五五）年五月十一日、東京谷中の全生庵で進藤喜平太翁三十年追悼祭をさせていただきましたが、その直前に末永翁は病床に伏せられました。当日、末永翁は大病のいまだ恢復されない状態でしたので、

「ご無理なさらないよう、ご欠席もやむを得ない事情と拝察いたします」と申し上げましたが、

「いい、倒れてもいい。行く」と申され、全生庵での法事中は中央の席に座られず、側方の柱に体を寄せられる状態でしたが、次第に元気になられて、進藤喜平太翁の思い出など皆様と元気なお声で話してくださいました。

翌日ご出席のお礼を申し上げますと、

「全生庵は来島さんの法事をしたところで、懐かしいお寺です。お蔭で元気が出た気分もいい」と、お話しくださり、

「たくさんの方々に来ていただいて気持ちのいい会ジャッタ、できればだが、酒の一献も出せればよかった

なあ」と、意気軒昂たるものがありました。

当日お集まりの方々の写真の中に、末永節翁、鈴木一郎翁、進藤一馬先生、ジャーナリストの井上博さんのお姿を見るのはとても懐かしい。

末永翁は一言の気合で私を励まし導いていただきました。

鈴木翁は、「この素晴らしい末永翁のお話を、謄写版にして友達にも知らせたい」と、私がつぶやくのを聞いて、即座に謄写版をくださった。中古の大きな木の箱には、ま新しいインクのチューブから三枚のガリ版、塗り潰し用の鉄筆、原紙まで揃っていて、今刷ることができるぞと部品の一つひとつが身構えていた。手の甲で涙をぬぐって私は、その日から原紙を切ったのでした。こうして聞き書きを残すことができましたことを、心身を尽くしての親切をいただいたことを忘れることができません。

進藤一馬先生には多くの方々のご尽力をいただくご配慮を賜りました。

井上博さんはあふれる友情で、私にとってはじめてのこの経験を支えてくださいました。

「水たき玄海」の社長矢野廣雄様は、深いご理解のもとで録音機を貸していただき、末永翁はじめ多くの先輩方のお声を残すことができ聞き書きのもとにさせていただいたことを、感謝とともにご報告させていただきます。聞き書きの最初の印刷を手伝って下さった樋口吉朗さんに厚くお礼を申し上げます。

進藤喜平太翁を進藤一馬先生に重ねて思う人は多かったが、井上博さんほど熱心な人はいなかった。はじめて進藤一馬先生に会ったのち、彼は進藤一馬先生に会う時は私と二人で行くことに決めたようだった。

自分は、体は小さいが、身体じゅうに頭山精神が詰まっている、と言い放つ男だったから、柔弱な私をひっぱって行くこともなかったはずだが、進藤一馬先生に迷惑をかけてはいけないと言う自制があったのだと思う、何でも私となのであった。

当時ある新聞社に勤めていた彼は、進藤先生の事務所に近い公園で私と会い、コッペパンを分け合って食べ、腹に頭山精神を込めて出かけるのがいつものコースであった。二人で進藤先生に申しあげることは、先生の話が聞ける会を始めたいということなのだが、それがなかなかはかどらない。東京には多くの先輩方がおられるのだから、その方々の話を聞こうと言うのが先生のご意見であり、井上さんは政治家の限界や在京先輩の限界も知ったうえでの意見であり、私は何も知らない味噌っかすだから纏まりようもなかった。

結局、進藤喜平太翁の追悼会をさせていただいて、在京の方々に知っていただくという常識的な線ではじまり、進藤先生が政界に入り、彼は報道の世界で終わった。

しかし、彼はその立場で、できる限り進藤先生に尽くした男であった。


頭山満翁は昭和十九（一九四四）年十月五日、御殿場の別荘で逝去され御遺体は東京の自宅に戻られた。翁の御葬儀の前、自宅での弔問客に先立って、勅使の御差遣があった。

その後のこと、弔問を終えた方々が客間で懐旧談をされておられるのを、私は座敷の隅で聞き入っていた。老年の小柄な元気のよい方が、日清戦争を説き、中国革命を論じておられる。玄洋社の長老の方だと思って聞いているときだった。その客間を通って仏間に行かれる方があった。

「あの方は廣田さん、廣田弘毅さんバイ」と教えてくださる方があった。

静かな笑顔、がっちりした体格の方が軽く頭を下げて奥の間に消えるまで目を離すことができなかった。印象を反復する間もなく、踵を接して軍人の姿を見た、東條英機。反射的に中野正剛の死を思った、従者を連れない東條は部屋中の視線を集めて、彼も仏間に消えた。

間髪を入れず別の襖から大奥様の姿が現れ、

「何事もありませんね。あれは、君子の争いですからね」

静かに、念を押されると、直ぐに襖の向こう消えた。仏間には、仏様と、大奥様と廣田さんと、そして東條の姿があったはずだ。私はその場で身動きも出来なかった。

沈黙のひと時を静かに動かすようにして、革命の思い出を話す老人が私を指さして問うた。

「君はどういう人かね、さっきからそこで話を聞いておるようだが」

「母方の祖父が、玄洋社員だと申しておりましたので……」

「何という人かいな?」

「安永乙吉です」

「ああその安永、よう知っとる。あのころ玄洋社には安永が二人おったもんな。安永東之助と安永乙吉、よう知っとる……ま、ここに来て聞きなさい」

意外にも、この日私は末永節翁に知っていただいたのである。


清国海軍が東京湾で示威して、日本海軍に甲鉄艦はないのかと豪語し、帰途長崎で問題を起こしたことがあった。水兵が上陸して、婦女子を襲い交番に火を放つ狼藉を働いたのである。日本の警察が対応して収まったが、日本の世論を動かすことになった。

当時「筑前に箱田あり」と知られ、九州一帯の自由民権運動の中心的人物であった箱田六輔さんは、頭山満・進藤喜平太・奈良原至など、山口の前原一誠の決起に応じようとして捕えられ山口の牢に送られて、西南の役後に放たれて後、ともに玄洋社を結成した莫逆の同志であった。

頭山はその自由民権を守るためにこそ国強かれと痛感して、共に事を成さんとした箱田に、「貴様を英雄と信じて共にやろうと思うた、だが貴様も人数の者たち（自由民権の人たちのこと）と同じだったのか」と、迫る頭山に「いや、人数の者たちではない」と、応じつつも、彼らを弊履のごとく捨て去ることもできず、かといって真実の同志頭山の志を無下にもできない、双方に責任を取って自害の道を選んだ。

そのことを末永翁に問うと、末永翁はことばをえらびながら、「俺もそのように聞いとるがな」と応じ、「頭山が帰る道、箱田の者が追い付いて、『今、箱田が果てました』と聞くなり、振り返って履物を脱ぎ捨てて駆けて箱田家にとって返し、箱田の顔に自分の顔をあててしばらくは動かなかった、というな」と、語られた。

その日から、私と末永翁との別れの挨拶は、顔と顔とをくっつけ合って、「マタクール」に、替ったのであった。

頭山翁に話して和楽路会にカタッテってもらった。普通の人ならとやかくいいそうなことだが「うむ」と言うて奥様までかたらっしゃった。あの立場になるとなかなかでけん。「うむ」の一言だったな。

東京に帰り着くと、どんなに遅く着いても、必ず皇居前まで行って正座して拝まれた。皆も同じようにして、頭山翁と一緒に正座して拝んだ。末永翁の脳裏に深く刻まれた頭山翁のお姿である。

頭山翁が末永翁の話を「うむ」の一言で受け入れられたことは他にも例があって、肇国会の為に二百枚の揮毫をなさることもあった。末永翁を信じ、志を愛してなさることは世俗の判断をはるかに超えた。末永翁はまた頭山翁が正座して拝むことを心から尊ばれたのである。

ある時、末永翁がつぶやくように言われた言葉を聞いた、

「頭山邸には神さまが居られると聞いていたが、鈴木さんのことじゃったのだな」

訳を聞くと、「玄関で履物をそろえているから、鈴木さんに『貴方がそんなことをしなくてもいいではないか』と言うたら『だれでもいい、気が付いたものがやればいい』と言うておられた」とのことだった。

来る者は拒まず、去る者は追わずの末永翁が、黙って聞いておられての感想だから、本当にそうだったなと納得した。

滅多にないことだが、鈴木翁が珍しくご自分のことを話してくださった。頭山翁に叱られた話だった、

「ちょっと急ぐことがあって、読んでいた新聞を跨いで行った事があった。頭山翁に『犬猫の真似をするな』と言われた。『叱られて嬉しかった、涙がでた』」と話されたことがある。

頭山翁はこんな些細なことに気付いておられ、この人には言うておこうと思われての事と考えると、嬉しかった。そして涙のことも真実と尊く受け留められる。

鈴木翁は、末永翁のもとに集まる人たちの話を楽しそうに黙って聞いておられても、夕餉の時間になると「これから、オサンドンの時間ですから」と笑顔で断って帰られる、同居の渋谷老の夕食の支度をなさる時間であった。末永翁のお住まいの路地に、豆腐屋のラッパの音が聞こえる頃なのである。


内田良平さんの色紙に、「五十年国を憂いて草莽の　野にさまよいて泣きに泣きたり」という書があった。

玄洋社記念館の一番奥に展示してあったから、大概の人はそこまで緊張が続かないのか、内田さん独特の柔ら

かい書体に惑わされるのか、その書について見る人の意見を聞いた覚えがない。

ある時ふと気がついた、「あれほどの豪傑が自分の選んだ草莽の道で泣くということがあろうか」と。

内田さんの詩を読んでいて気付いたことがあった。

憂國志士
壹
生きては官に養はれ　死しては神と祭らるゝ　幸ある人の多き世に
こは何事ぞ憂國の　志士てふものは國の爲め　盡しつくして草莽の
伏屋の軒と朽ち果つる　弔ふものは泣く蟲の　聲より外に亡き後も
不滅の精神皇國守る

ああ、この人たちの為に流された涙と気がついた。そして、鈴木先生がそのような方々の祀りを、内田さんの没後もずっと続けておられることを見た。

ある時、鈴木先生が懐からばらばらばらとばら銭を出されて、幾らあるか勘定をするようにとのことだった。言いつかったものの、その金額は三百円にも満たないことが分かっていたから、「返すほどのお金ではないではありませんか」と、申し上げた。

余計なことだった。

「いい、俺がやる。人から預かった金だ」

いつにない厳しい一言が返ってきた。

先生は有志から拝領した金子は、残れば、金額の大小を問わず、お返しに足を運ぶのを常としていたのだ。

鈴木先生は本当に心のこもった弔ができる方だった。

末永翁は一瞬の内に多くの人々の心を見抜く詩人の魂を持っておられる方で、私は数えきれないほど多くの失態を末永翁の前に披歴して、なお見放されない幸せをいただいたのだと思う。

詩の基礎的な勉強もしないまま、詩のようなものを半紙に書いて持参したとき、ご覧になった一瞬、「これはツマラン」チンと鼻をかんで、終わりだった。一言の訓戒にも値しない行為だったのである。

ある日、刀匠がなにやらお詫びに来て低い声で話し、持参した袋から小さな刃物をいくつも机の上に並べて言った。

「先生は彫刻をなさいますから、彫刻刀を作って持って参りました」

十二本の彫刻刀を前に、末永翁ははじめて、ご自分の彫刻刀を見せて静かに言はれた、

「俺はこれ一本有ればいい」ややあって、「浅野君、ソーヨ（一切合切）遣る。ソーヨ持って行け！」だった。

私が、当惑した顔を刀匠に向けると俯いたまま動かない。

「ソーヨ遣る」が耳朶に響くけれど、事態を判断する根拠が一つもない。

とっさに私は言った、「一本だけいただきます」

「うん」機嫌の悪い声だった。

しおしおと刀匠が刃物を袋に入れて帰った後、「ソーヨ遣ると言うた時は、ソーヨ持って行け！」。

ただ一言だった。考える必要もないこと、ただ従えばよかったはずだったのである。

またある時、プラスチクを気象観測の機械に使うことで、よく考えもせずにそのことの難しさを言っていた。

末永翁の世界と全く違うところでの問題と思って言ってみたのであったが、「よし、俺の死体バヤル」の一

言だった。

死ぬほどその問題に打ち込んでいるのかと問われたのである、そうではないことを一瞬のうちに感じとってのことなのであった。どんな教訓も唯の一言であった。繰り返しては言われない、大切な一言なのであった。

ある日伺うと、にこにこして迎えられた。見ると、立派な熊の毛皮の敷物に座っておられる。「もう一枚あるから、君もここに来てすわりたまえ」と、言ってくださった。深々としたヒグマの毛皮で、一頭分の広々とした毛皮。偉い武将にでもなった気分だった。調子に乗って、「こんど来た時も、ここに座らせてください」と、申上げると、「よしよし」と、ご機嫌だった。

帰宅してしばらく後に、だれかからの話で、「先生はご病気だから、当分ご訪問は遠慮したがよかろう」と、言うことだった。

もう良かろうと、見当をつけてお伺いすると、元気なお姿で安心した。座敷に上がってご挨拶したが、熊の毛皮がみあたらない。

「先生、熊の毛皮がありませんけれど」と、申し上げると、「ああ、あれはどうした」と、気付かれて言はれると、隣室から声あって女侠の「病気の時使いました」に、「ああ、そうか」の一言。ほかに一言もなかった。物に一切執着されなかったのである。

筆

書を学んだことのない者でも、筆さえ良ければ少しはまともな字が書けると思いがちなものである。翁にはそんなこだわりは全くなくて、気に入らないとご自分で筆の穂先修正をなさるのであった。左手の指先で筆の穂をむんずとばかりつまみつけ、右手のはさみでチョキチョキとやって「これで良し！」と声を出される。その気合で書かれたものをご下賜に与ると時に困難を覚える。どのみちいただいた書はその場で読み方を聞いて覚えておかねばならないものであるが。

墨

印を墨で押す要領を教えていただいた。

印面に筆で墨を一面に塗って紙に押すだけのことだが、このときひと工夫あって、墨を塗った印面に息を吹きかけるのである。そうすることで、印面の泡を吹き消し無事に押印できる。これは長い間の経験で、手許に朱肉がない旅先とか、印を彫ってあげた書生の為に教えてくださるのである。

印を愛し、何でもいい只の木片に手を加えることで味わいのある印になるということを、談笑の間に教えられるのであった。私も彫っていただいたいくつかの印を大切に持っているが、見るたびに翁の親切に心を打たれ、印の良さは印材の高価なことや希少価値によるのではなく、印そのものの良さにあることを教えられるのである。

木の枝で杖などを作り全体に墨を塗って黒くし、光沢がでるまで硬いもので擦りそれに字を彫って杖にしてるなどの作品もある。

刀

翁の印刀は、幅六ミリ程の片刃の蛤研《はまぐりと》ぎである。蛤研ぎと言うのは私の造語で、普通片刃と言えば鉋の刃のように真っ平に研げていなければならないが、素人が研ぐとどうしてもその面が、蛤の貝を伏せたように丸く研げてしまう。しかしこの蛤刃を立てて使うと細い鋭い線になるし、伏せて使えば面を彫ることができる。要は素人研ぎでも使い慣れればいいのである。

「内田（良平さん）に研いでもらったらよう切れた」と言われたけれど、いつもはご自分の研ぎ方でよかったらしい。透かし彫りなどの繊細な彫り方はこの蛤刃を活用されるのだった。

駅弁の蓋のあの薄い板に独特の絵と文、蓋一面を墨で塗りつぶした地に相模湾から見た富士山に帆船が一艘の絵と「天空開闊露堂々」の文字を添えた独特の透かし彫りは、翁に旅費を奉納した有志家に絶好の土産となったものである。

福岡の町には多く末永翁の彫られたお店の看板がみられたものだが、建物が新しくなるにつれて、今はその看板もほとんど見られなくなった。町の人々に親しまれたことを偲ぶ記念物が失われるのは惜しいことだ。

翁の篆刻好きが時に悔やまれることがある、銘品を見れば自ら詩心が湧き何にでも詩を彫られることだ。楽器に彫り、紫檀の机に彫られ、あっと驚いても後の祭りだが笑って許されるのも翁の人徳であった。

朱有れば好し

朱肉は凝ればいくらでも高価なものがあるが、それに頼ることを好しとされない、あればあったでいいのであり、それよりも印面の文字とその意味を大切にされたのである。

翁はその篆刻によって「忠恕」（誠実と思いやり）を実行されたのであった。今それを廣田弘毅さんに贈られた印によって知ることができる。

鳥飼八幡宮（福岡市中央区今川）に収まる廣田弘毅さんの扁額「皇運扶翼」の書に、末永翁の印が押されている。姓名印に曰く「廣田氏」「臣弘毅」と。

廣田さんはご自分の書に印を押すことをあまり好まれなかった、しかしこの書には末永翁の作である引首印と姓名印が押されてあって、書の「皇運扶翼」にふさわしい印ということができ、廣田さんに寄せる末永翁の暖かい思いやりを偲ぶことができるのである。

鳥飼八幡宮は黒田武士の産土《うぶすな》でもあった。中野正剛さんは幼いころこの八幡宮にごく近いところで育っておられ、今盟友の緒方竹虎さんの筆になる「中野正剛先生之碑」は、中野さんの銅像の側にある。

末永翁は世に処するのに衆生とともに「大道信念」（宮崎滔天「狼嘯月末永節」）に到達する方法として革命を取り謀反を取ったが、帰着点は平和にあったのである。

余の果ては天元十里遠山の頂きしるく今朝の初雪

遥かに遠い「平和」を詩人の魂は希求してやまない、偶々家に帰れば幼い長男が泣いて訴える、二度三度突き放しても、なおも訴える子を抱きしめて末永翁も泣いた、その子が幼逝した時、翁はその子を抱きしめて納棺を拒んだということであった。

奥様が亡くなられた時の挽歌。

身のかぎり尽くして果てし妻雄々しわれも力の限りつくさん

おくるとて先立つとても一筋の妹背の契り我は迷はじ

思えばこれが最後の面会の時だった。

病院にお見舞いに伺った。ベッドに近く末永節先生と静かに話をされる進藤一馬先生の秘書として、私はドアの側に立っていた。お大事にと申し上げて、進藤先生に従って病室を出ようとした時だった。

「浅野君、ここに、ヒッツイテいってくれ」

末永節先生の声をきくなり、私は急ぎ戻って、末永節先生の頬に私の頬をくっつけ、その耳元でいつものご挨拶を申し上げた、「マタクールです、先生」。

目の前に、末永節先生のいつものほほえみがあった。これが、最後のご挨拶だったのである。

最後に私事になりますが、堂守のつぶやきとこれからの日々を綴り、みなさまに衷心より感謝の意を表します。

平成十七（二〇〇五）年からの十年間、玄洋社記念館々長を務めさせていただきました。九十三歳まで現役でいることができましたのも、偏に関係各位の温情の賜物と感謝いたしております。

今ここに先覚末永節翁の事績を明らかにしながら、玄洋社存在の意義を考える事業をふみだしました、多くの同志とともに継続したいと思っております。また、中野正剛先生顕彰祭および廣田弘毅先生顕彰祭の日に開催する会を形だけの顕彰祭にしないために、当日勉強会を開くことにしております。毎週日曜日に親も子も一緒に楽しく学ぶ勉強会を、鳥飼神社境内でさせていただき、親たちの周りを走り回る子供たちの耳にも聞こえる話も心がけて、これからも続けてゆくつもりです。

本書出版に当たり、多くの先輩、友人、同志のご協力をいただきました。名を記して、心より感謝申し上げます。順不同をご容赦ください。

筑前琵琶資料をご提供いただきました嶺青流筑前琵琶保存会会主青山旭子先生、小河政太郎氏宛書簡をご提供くださった小河直様、杖術関係資料を提供くださった福岡県剣道連盟杖道部副会長鬼木正道様、関係資料収集にご協力をいただいた早稲田大学春山明哲教授、明治大学丸川哲史教授、向野堅一記念館館長・茨城大学向野康江准教授、作家の譚璐美氏。

和歌、漢詩の解読、読み下しをしていただきました筑紫野市古文書を読む会顧問下村孝先生、小河直様の従姪小河恵子様。文字入力をして下さった芳香会会員大澤信治、神野貴大、西木戸智章、宮木紀昭、河野和也、四井寛之、大城忍各位。編集の援けをしていただいた現代中国語講座横地剛様、木村義雄様。全体統括をしていただいた藤村嘉伸様、高井善三様、村岡辰夫様、吉村弘美様。出版にご尽力くださった海鳥社西俊明様。

平成二十七年十二月吉日

前玄洋社記念館館長　浅野秀夫

は「あうん」の梵字。浅野秀夫書

末永節遺稿集　無庵放談◉目次

聞書 末永節 無庵放談

録音
整理筆記 浅野秀夫

末永節翁が八十七歳の時、昭和三十（一九五五）年五月十一日、谷中全生庵で開催された進藤喜平太翁追悼会（三十年忌）における談話より聞書を始める。

処士の道

宮崎が浪人伝[1]を書くから、何か序を書いてくれという事だったから、それは書こうと言うたのが始まりだ。それに書いたのが浪人の本義と処士の本義だ。[2]

孟子に「恒《つね》の産《さん》なき者は恒の心なし」という事があるが、恒の産なくして恒の心なき者は無頼の徒だ。恒の産あって恒の心なき者は放辟邪侈《ほうへきじやし》の徒というて、道楽息子だ、親のゆずりを持っておる者だからな。恒の産あって恒の心ある者は社会の良民、純民だ。恒の産なくして恒の心ある者が初めて士だ。故に士は職なくして三民の上にいるという。これが処士《しょし》の本義だ。

浪人の本義は拓先の功をなす事だ。

道理の先を開き、国家の先を拓き、気運の先を拓き、学理の先を拓き、総てのものの第一に立って、一番に言いだす者、先を拓く事が浪人の仕事だ。

孔子や耶蘇《やそ》の如きは、道理の先を開いた者で、そして一生放浪して廻った。鎮西の野に寝たり、耶蘇は終には突き殺されて仕舞うたりした。孟子も終る処を知らず。支那でいえば、その通りだが、また学理の先を拓いた者に、ワットが蒸気機関車を発明したとか、ニュートンが引力の法則を発見したとか、こういうようにすべてものの先を拓く者は一生苦労をして世に浮かんだことはない。飯も喰えない、終に非道のになると、突き殺されるような事になる。それでもかまわずに行くのが浪人なのだ。

浪人の気合いというものは極めて簡単に行けるものだ。

例えば、真田幸村。兄弟で一人は大坂（大阪）軍につき、一人は秀吉についておる。親父は上田城を守って信州の上田城に立て籠っている。ここにはなかなか面白いところがある。

それは、徳川秀忠が会津征伐に行って、関ヶ原の戦いが起こったという事を聞いて、兵三千をもって中山道を下って来る時、上田城に行き当たった。六百の兵をもって、この上田城を守っておる。真田昌幸はここを通さないと言うのじゃな。

秀忠は今度が天下分け目の戦争だから、これに参加し、最後の帰趨を決めたいと思う。一つ相協力してゆきたいと言うと、いや大丈夫の争いというものは力をもって争うべきもので、話合いなどで決する訳にはゆかぬ、貴殿が打破って、我々が敗ければ、それまでだ。それでなければ、貴殿を通さぬというので、使者が三度往復したが、遂に今度が最後の時だからして、日本六十余州を半分ずつ分けようではないか、昌幸殿は関東を治め、我が方は関西を治めるということにしても良いから、六十余州半分ずつを分け治める事にして、最後の天下分け目の関ヶ原の戦に間に合うようにしようじゃないかと言うと、否だ、と答えるので、ではどうすればよいのですかと聞くと、日本六十余州をくれという。どうなさいますかと重ねてきくのに、我が君の秀頼に奉ると答えたという事だ。はしたものは喰わぬというところが浪人の本色なのだ。

大坂の陣に敗れて、九州に下って来て、とうとう肥前の島原に皆集って来て、増田四郎を隊長としておったが、豪傑揃いで、雉一羽くれ、米いくらかくれ、などと威張って取って歩いておったが、長い間には、少々それにも飽いて来た。そこで増田四郎が皆を呼び集めて、どうだ、このままに我々が飢え死にするのも不甲斐ない次第で、鋸をとって大工の仕事もできないではないか、鋤鍬をとって百姓の仕事もできないではないか。何と言っても、我々が算管をとって一分一厘の利を争う商人の事もできないではないかと言うと、一同、ごもっともでござる、然らばいかがいたせばよろしかろうと問うのに、いっそここで謀叛して斬り死しようではないかと答えると、一同は賛成と言う。それで天草における浪人がことごとく一致して、最後に斬り死することが浪人共の仕事だったから、徳川が板倉勝重を総軍の大将にして差遣わし、各藩の兵が挙げて、これに向ったが、あれだけの日数を要し、あれだけの苦労をしたが、遂に浪人共が斬り死したところが面白い。

算管をとってて一分一厘を争う商人の事も、鋤鍬をとってて農業の事も、鋸をとってて大工の仕事もできないではないか、そうすれば、このまま餓死するのも不甲斐ない次第だ。このまま打ち過ぎようより、謀叛して斬り死致そうではござらぬかと言うた。それであの浪人共が強かったのだ。

その事をあの浪人伝の序に書いておった。

私が緒方(3)やら中野(4)やらを集めとる時に、ものには系統があって、寿命にも長生と早死の二つの系統がある。私の家は長生の系統だ。父が八十で死んだが、祖母さんが八十、祖祖母《そそぼ》が八十一で死んだ。祖母と祖祖母は末永の家で、祖父と祖祖父は五十左右で死んだが、養子だった。私は強い系統の父の系統を受けておるから、八十までは大丈夫だ。これは世の中が衛生上から進歩して、個人的、一家的でなく、一村をなしておる、その一群だけの処が公衆衛生が進んできたから、それでまだまだ長生するかもしれぬが、私は八十までは確かという事を信ずるのだ。

しかしその一生の間に、私は金儲けしようとはせぬ、仲間にもならぬ、相談にも乗ろうとは思わぬ。俺は一生浪人で行ってみせる。商売の事をしようとも思わぬし、役人になろうとも思わぬ、それらの事は一切わからぬから、わからぬ事はせずに、一生俺の思う通りを通す心算だ、と中野や緒方たちに言うて聞かせておった。

八十どころか八十七、来年は米寿だ。人は不死身だと言いよる。

私は人に金を貸してくれと言った事も、金をもらいに行った事もなかった。いつとなく人が持ってきてくれる。妙な事だな。

証文などというものも書いた事がなかったが、ある時一度だけ証文を書いた事があった。[5]

向野堅一[6]という者がおった。これは筑前の人で日清戦争の時に、肥後の宗方小太郎[7]と二人、支那人に変装して偵察し忠義をつくした功で、支那服のまま陛下に拝謁を仰せ付けられた人で、非常に温和な良い人だった。

この人のところに、私が銭を借りに行った。

「何にするのか」と聞くから、「今日、二百人ばかりの支那兵隊、憲兵、巡査が来て俺の宿を囲んで俺を捕まえて行こうとしよる。それで俺はこれから逃げて行かねばならぬところだ」と言うと、

「ああ、もうやったのか。もうやったのか」

と言うから、

「やったのかって貴様……」

「ああ、領事館に行ったところが、何か革命党の何とかと言っておったが、君が事かい」と言って驚いた。

「まあそうだが、これからちょっと俺が脱出して行かねばならんからね、三十円くれたまえ、俺が証文を書くから……」

「なに証文、君にやる銭はあるけれども、貸す銭があるかい。証文ども取ったら、後で人からどんなに言われるかわからん……馬鹿な事を言わんで早く持って行き給え」と言うてくれたので、やっとの事で私が逃げて行った事がありました。

年号は覚えぬが、満洲革命を私が思い立った時の事だ。その時の宣言書をもっておる。[8]それを今度蒋介石[9]に見せたいのだ。

その時に警務総監をしておったのが北京に来て、警務総監になった。袁世凱[10]を支えておった王治馨[11]という奴だった。

私が来ておると聞いて、「末永が帝政[12]になど賛成する者ではない、あれは共和党だ。その上、奉天を中心として、あの南大門の上に爆弾を仕掛けるなどのひどい事[13]をした奴だ。末永が帰るということなら、ひきずり下ろせ」と言うて、戒厳令を布いておった事があった。

それ程までに覚えておられたのだが、その時の宣言書をここに持っておる。これを蒋介石に見せたい。日本人八千万人の中でこれを持っておるのは私一人だ。頭山[14]も犬養[15]も宮崎[16]も知らぬ事だ。張継[17]と宋教仁[18]と柏文蔚（柏烈武[19]）との三人とでやって来て、これで満洲の馬賊を煽動してやろうとした事だ。


孟子の曰く、士の志を得されば山林のみ。

韓退之《かんたいし》、山林は士の独りよくするところにして天下を憂うる者の為す能はざるところなり。

第一次革命に発するに臨んで詩を賦して[20]、

萬巻之書三尺劔　　萬巻の書　三尺の剣
卅年斎志久淪沈　　三十年　志斉しく　久しく淪に沈む
養成気魄渾身膽　　養成す　気魄　渾身の膽
修得聖賢第一心　　修得す　聖賢の第一の心
喚起風雲将赴會　　風雲を喚起して　将に會に赴かんとす
指揮狼虎莫相侵　　狼虎を指揮して　相侵すなからしむ
誰知牢蕩狂詩客　　誰か知らん　牢蕩の狂詩客
不入山林入緑林　　山林に入らずして　緑林に入らん

天地の道自然からなる道人の道神代ながらの道はかわらじ
今日まではたしかに保つ吾が命苦し楽しも時の間の夢
しばしとて別るるその場その様を相見治めと思い定めん
先立つも立ちおくるるも早晩まかり逝くべき人の身の上

という詩を作った事があった。

我々が詩でも、実際のことばかり自分の思うままに書くものだから、詩人が見て驚いておった。孟子が、士の志を得ざれば山林のみ。韓退之が、山林は士の独りよくする所にして、天下の憂ふるもののなす能はざるところなりと言うた。我々は山林の中にかくれておるような事はしたくないじゃ。蘇東坡《そとうは》のいわゆる聖賢の心をもって英雄の術を行うというのが我々の仕事だから、馬賊を煽動して支那の革命を起し、それが出来た後に聖人の道を行うというのが我々の志だから、その意味で私は今も変わっておらん。詩をもって志を言う。唱うてもって声を長くするというのだから。詩のことについてまた思い出すことは、

白雲の空か荒野のくさむらか青海原か吾が身うずめむ

大抵歌を作れば漢詩に直しておりますが、

白雲黄草碧濤風　白雲黄草　碧濤の風
随處随時興不窮　随處随時　興窮まらず。
老骨何辺埋得好　老骨何の辺に　埋め得て好き
乱雲荒草怒濤中　乱雲荒草　怒濤《どとう》の中。

という詩を作って奔走しておったが、今なお飛行機で太平洋に堕ちるか、シベリヤの真中に堕ちるか、乱雲荒草怒濤の中に骨を埋めようと思うとるから、このままじっとしておられんな。

肇国会

ヤブロノイ山脈、スサノオ山脈、大興安嶺、小興安嶺を伝うて蒙古を横断して、山海関に到る処に、大きく高く麗しい国、大高麗国(21)を作る事が我々の希望で、肇国会《ちょうこくかい》(22)というものを作ってやっておった。

肇国会の趣意の歌の一つに、

大造り造り固めて肇国を吾か大君にささげまつらむ

というのが、大高麗国、高麗山人の依って来るところで、その趣意はここにあるのだ。

袁世凱

袁世凱が皇帝になろうとしておる時(23)に、私はそれを助けに行った。

ある一部の者は末永が変な事をすると言っておったが、我々は別に志があったのだ。

支那浪人という多くの人のやっておる事は武器を売り込むとか、何をあそこに売り込むとかいう事で、すべて利益に走っておる者が多かった。

袁世凱に一度天下を取らせておいて、それからその袁世凱をこき使うのが私の考えだった。その時に福本日南先生[24]、犬養、頭山、神鞭先生[25]達に自分の趣意を話しに行った事がある。

「自分は、ここで本当の日本浪人の本色を彼等に見せたい事があるのだ」という事で袁世凱を一度助けておけば、今度は袁世凱が勝つから、その心算で私はこれに赴くので、その事が出来たら、袁世凱が私に向かって、その時の金なら十萬円という金をくれるであろう。

日本は大隈内閣の時[26]で、皆が反対しておる時で、北京における全日本人が反対しよる時だったが、私はそれを助けに行きよるのだ。そしてそれがいよいよ出来た時に、袁世凱が私に必ずお礼を言う。

支那の古の例に、千金をもって母の寿をなす、というて、これをお母さんにあげてくださいという事はよくする事だ。その時に支那の豪傑のやった事そのままをやってやろうと思うておった。それはその包紙を前において、

天下の士の尊ぶ処のものは、人のために紛を排し、難を解して取る所なし、苟《いやし》くも之を取れば商家の事のみ。

と、これは貴国の高士魯仲蓮がかって言うた事で、それを李太白が、

千金の贈りものを軽んじ　意軽千金贈
顧みて平原に向って笑う　顧向平原笑
吾も亦た　澹蕩《たんとう》の人　吾亦澹蕩人
衣を払って調を同じゅうすべし　拂衣可同調

と詠んだ詩[27]を見ると実に愉快だから、これをもって、日本人は銭もらいのために来てはおらんと言うてやろうと思うて、私はやっておったのだ。

後に福本先生が私の事を書いて「魯連の清節を帯び、太白の神韻を帯びるもの」と、こう激励された事があるが、私は先生の知己の恩に感ずる事非常に深いのであります。

この袁世凱が果たして天下を取ることができて、これができたならば、この満洲国というものは、満洲の独立で、もともと愛新覚羅《あいしんかくら》家が作られて、満洲人のおかげで袁世凱も皇帝までなったのだから、袁世凱は、自分がこれまで来たのは満洲の祖先より伝わって来ておる、この国を復興するのが私の気持ちでありましたから、もうこれまで来れば、私のものではございませんから、これを謹んで貴方に皇帝位を差し上げますから、どうぞ受け取ってください、と言わせて、袁世凱をして天下の大義を明かにさせようというのが私の心で、袁世凱を助けよったのだから、決して袁世凱を向うに置いて、自分のおどる反面のものにしようと思っておったのではない。あくまで大義名分を東洋倫理の根底からして袁を助けたかったのだ。

満洲国

満洲問題については、五族協和、即ち満・蒙・回・蔵・漢。満洲と蒙古と回教徒と漢人と西蔵だが、その文字も違えば、食うものも違えば、着物も違う、風俗習慣すべて違う。それが各々満洲大清帝国に依頼して外交権と内治の中央官の任命権を依託して、大清帝国を作った。大清帝国は満洲のものである。

五民族各々自治して聯邦的に作るという事が私の最後の決心でやっておった。

先ず一番に満洲は祖先の国土に帰り、祖先の国民を愛撫し、祖先の廟を祭って、孝は百行の基である事を知らせるのがもとだ。祖先の廟が太祖皇帝、皇祖皇帝の廟が奉天にあるから、奉天を中心として、これを祭って、人民に忠孝の道を教えるという事が一番大切であるから、先ず第一に祖先を祀ることをやり、祖先の国土に返るという事を我々がもとになって言うたのだ。

我々が後に太祖皇帝、皇祖皇帝の廟、東陵・北陵の中で、兵隊が酒を飲んで歌っておる、煙草の吸殻を投げ捨てたり、唾をはいたりしておるのを見て、もしもこのような事が日本の多摩の御陵ででも桃山ででも、あるいは畝傍山《うねびやま》で、それが出来る事かというのだ。そのようなことに思いいたさずして、兵隊達が勝手な事をしておったので、自分はそれが腹が立って、こたえぬじゃったから、あそこを封鎖せねばいかんと言うた。

ちょうど梅津中将[28]の来られるときであったから、私の友人に陸軍少将の手塚省三[29]という人がおった。その人はハルピンの大同学院[30]の校長をしておったから、その人を訪ねていって、梅津さんが今度こちらにこられるそうだから、どうぞ梅津さんに紹介してほしい、君臣の大義、忠孝の大義を説いて、これからやるという事を勧めたいのだから、と言うと、手塚君が私のために一丈ばかりの手紙を書いていてくれました。

それで梅津さんが着かれた時に直ぐ行って会うというたところが、その手紙を見られて、副官が二十分ばかりと言っておったけれども、私が話し出したものだから、一時間近くも話をして、結局のところは、東陵・西陵の中で、兵隊達もこの中で酒を飲んで歌うやら、煙草を吸うておるなどという事はならぬ事だから、止めねばならぬと言うて、その事を止めてくださいと言うて勧めたのです。

これより先、梅津さんに会うと言うたところが、前任の人は万事を副官まかせであったけれども、梅津さんは一つの見識を持っておる人で、なかなかの意気の強い人だから、貴方が会って喧嘩になるような事がなければよいが、と言う人もあったが、梅津さんは私の話をだまって、一時間近くも聞いてくれた。

それから星野直樹[31]という人が民政長官をしておるから、その人をまた訪ねて行った。背の小さい人であったが、部屋には入って来るなり、手を頭の後ろに組んで、私の話を聞いておった。私は顔色をかえて、東洋の倫理道徳の根底は親子で、孝道が一番だという事から話して、君はこれをやりますかと膝を叩いて言うたところが、あれが、やりますというて、姿勢を正した。それから帰って一年して、また満洲に行ったことがあります。その時に梅津将軍に会うて、その話をしたところが、「いや実行しておりますよ」と言われた事があって、非常に嬉しく思った事がありました。

やはり、梅津将軍なぞは、他人の話であっても、一個の見識を持っておる人だから、それを断乎として行うところは立派なものであった。

満洲国の復興というものは、この祖先の国土に返り、祖先の国民を愛撫し、祖先の廟を守り、祖先の国を開拓するのがもとだというのだが、後になって、それが実行されなかった。腹が立って、詩を作ったのがあるが、それは言わぬ。

黄興と相知る

私が牛込の納戸町にいました時に、日野熊造(32)という陸軍歩兵中尉で、技術審査部に入り、後に陸軍少佐になった人で、徳川、日野というて外国に飛行機の訓練に行った名高い人でした。なかなかこの人は達見を持った人でした。人吉生まれの人でしたが、実に偉い人でした。将来戦争は必ず空中戦争、機械戦争になるという事を常に説いておりましたが、今日立派にその通りになりました。

この人が日野ニットというて黄色火薬を発明し、それから日野拳銃を発明し、その他種々のものを発明しておりました。

常に言うのに、日本が世界の軍器専売をとらねばならぬと説いておりましたが、日露戦争当時は日野式擲弾を作り、各隊にこれを投げる事を教えに行ったが、山東に行った時に、ちょうど講和になったから、用いる事なくして止めたという事もあった。この時、日本の軍器専売で、日野式擲弾が第一で、第二番目が砲身後座式で、世界の専売をとった人です。

私はそこで二年間ばかり兵法の研究などをしておった事がありました。

ある時、黄興[33]と張継というのが二人で尋ねてきたことがあります。聞いてみると、宮崎寅蔵（滔天）の紹介できたのです。

「どうして貴方は宮崎を知っておりますか」と聞きますと、

『三十三年の夢』の漢訳されたもの[34]を読んで知っておりました。最近聞くところによると、舞台に出て何か軍談語りのような事をやっておるという事で、妙な事があるものだな、日本は法治国家であるにかかわらず、外国を攪乱するような事をした者をしばり上げもせぬ、頭山でも、犬養でも、宮崎滔天でも、あれだけの事をやっていながら、政府はこれを逮捕することもせぬ、というのなら、よほど偉い人とおもいました。ところが軍談語りといえば、支那人が路傍にしゃがんでやっておるような事で、実に妙な事をやっておるなと思い、嘘か本当かわからぬから行ってみようと思うて、神田の立花亭に聞きに行きました。

宮崎滔天は二三人の後に舞台に出てきたのですが、威風堂々、見ると大きな男で髪は結うておるし、ひげは長いし眉毛は濃く、唇はおおきく、目玉はこう赤くなったようで大きい。大声を発して語るところなどを見ると、実に英雄だなと思って驚きました。政府が手を付けられぬのも無理はないと思いました。その語るところを聞いてもわからないが、実に偉い人だなと思いました。

自分達二人はもうこのくらいで終わるだろうと思って、帳場に行って、宮崎さんのところはどこかと尋ねますと、小石原の第六天町におられるということでありましたので、二人で訪ねて行って、そこで初めて会いました。

「何か話しましたか?」

「いや別に話しませんでした」

「どうして私を知ったのですか?」

「漢訳された『三十三年の夢』をみて。貴方の漢詩を作っておられるものなどを見ましたので、この方はどうしておられるかと聞きますと、今牛込の納戸町におるからそこにおいでなさいと紹介してくれたのです」

「ああ、そうですか。樹先ず腐って虫これに生ずというように、ちょうど支那の政体がその通りで、貧官汚吏が人民を苛斂誅求する事の極端に達しておる時で、支那の現状は大木に虫食ったのと同じ事で、もうこれは風が一吹き吹いたならば、ばたと倒れる、千仞[35]の大木が瞬時に倒れるのと同じことで、大した力はいらぬと思います。我々は三十三年のときに一旦試みて凡その事はわかったから、それでは一つこれからやりたいと思います」

「貴方は今までどうしていましたか?」

「実は、私は湖南のものでございまして、湖南では神学校というものを作って若い者を教育しておりました。そこで革命の事を言い出したので、上海まで来て、あそこで捕えられ、三か月拘留されましたが、そこを逃げて、日本にきた訳でございます」

「ああ、そうですか。支那の革命は出来るという事が決まっておるのです。それについては金が要りますよ、金が要りますよ」

「ええ、作りましょう」

「いくら作りますか?」

「いるだけ作りましょう」

「いるだけとは、どうして作りますか?」

黄興は直ぐポケットから手帳を取り出して、「不仁者の財を奪う」と書いた。私はこれを見るなり手を拍って、「おー、手を握ろう」と言うて、私は握手をして、「すでに握手をした以上は、お互いに心を許したはずだから、貴方に何か必要なものがあるのなら言いなさい」と言うたところが、「爆弾が要ります」と言う。「よし、作ってあげましょう。日野が完成した、世界の軍器専売を取ってある日野式擲弾です」と言う、その話をし、「それには金が要りますよ」、「ええ、よろしいですよ」という事で、約束をしたのです。

その日、日野が役所がひけて帰って来たから飯を食う時に、

「今日は面白い奴がやってきた。支那人の若い者だったが、なかなか気力のある面白い男で、それに会ったところが、爆弾を作ってくれという事だったから、作ってやろうと約束した。一つ作ってやろうではないか」

と言い、

「金はいくらでも出すと言うておったが、いくらあればよいかな」

「四五百、五六百円もあればいいかな」と言う。

「はっきり言い給え。五万円でもよければ、五千円でも良い、はっきり言いなさい。また後からくれなどと言わずに、一緒にとっておいて、ずっとやることにしましょう」と言うと、それから日野は計算しておったが、

「六百五拾円あればよい。家の裏を修繕して、機械を買って、砲兵工廠に自分が使っておるのがおるから、それに手伝わせよう。それで六百五拾円あればいいのだ」と言うから、私は、それから直ぐに葉書を書いて六百五拾円御持参なさるべく候と、日本文で知らせてやったところが、直ぐに翌日持って来たので、三ヶ月の約束をして、それが出来た。

いよいよその爆弾がでけたから、黄興と二人でその試験のために今の羽田港に出かけた。ところが、そこで投げてみたところが爆発もなにもせぬ、「ああ、しもうた」と言うて、大いに私は恥じて、あそこに潮風呂があったから潮風呂にでも入って帰って来た。

それから日野が帰って来るのを待っておって、

「苟《いやし》くも天下の士が、天下国家の事を成そうという時に、嘘を言うてはならぬのだ。大丈夫の約束ならはっ

きりようではないか」と言うて、私は打ちかかろうと思って、手を握り締めて迫った。

日野は一向に訳がわからぬものだから、「なんなのですか?」と言う。

「何ですかもあるものか、あの爆弾を投げたところが爆発もなにもしはせんのだ」

「どこでやりました」

「羽田でやった」

「ああ、貴方は私の家に二年も住んでおって、それがわからぬような馬鹿な事があるものですか」と言うて、

「拳銃でも大砲でもなんでも、発射するときは、あの撃鉄で雷管を破るから爆発するのではないか。あの軟い砂の上に投げたところで、綿にものを投げたも同じことで、爆発するものですか」。

「む、これはしまった。負けた」

それから二日ばかりして、黄興の家に行ったところが、黄興が「大丈夫です、大丈夫です」と私の顔を見るなり言う。

「どうして大丈夫」と聞くと、

「この間、張継さんと二人で箱根の奥に行って、山の中でやってきました。大丈夫です。大丈夫です。そればかりではない、私は危うく命をなくすところでした。爆弾を分解しておったところが、突然ぐわーんと爆発しました。天下泰平の時に、ぐわーんと爆発したのだから、私もひっくり返ってしまいました、大丈夫です」

と言うて、それを持って行く事になったのです。

その時、胡瑛[36]というのがおった。それが黄興の一の弟子だった。黄興が湖南を去った時に、その後の神学校の校長をしておった者で、その下に宋教仁達が学んでおったのです。

そういう事でこの爆弾が出来たから、これを持って行こうという事になり、七人で行くと言う。「俺も行こうか」と言うと、「貴方など来る事はいらん」と言うて止めて、皆行きました。

向こうに行った者は湖広総督の張之洞を暗殺[37]に行く心算だった。向こうに着いたところが、たちまち胡瑛が捕えられ、他の六人は逃げたそうだ。

胡瑛は長く牢に入っておって、第一次革命が湖北武昌で起こり胡瑛は助けだされて、外交部長になったのだ。黎元洪が大統領になった後だ。

第一革命一番乗り

私は支那の革命も間に合わぬようだから、しばらく唐大陸を歩いてみるかなと思って、釜山に泊まり、京城に泊まって、遼東（大連）に行った。

ちょうどその時、兄純一郎が「遼東新聞[38]」をやっておったから、そこにおって二ヶ月ばかり遊んでおる時に第一次革命が起ったという電報が来たから、それで私は直ぐ行く事にした。

この革命に赴く時に、私の友人は皆寄り集って六百円の金を集めてくれた。当時一円銀貨がある時であったから、皆一円銀貨に換えて、それを雑嚢に入れてしっかりしばって行きました。

その時に白井勘助[39]という人が突然私の所に訪ねて来て、「どうか私を連れて行ってください、私は鎮江で新聞をやっておりまして、支那語もいささかわかりますから」と言う。私は支那語を少しも知らないから、その白井と連れ立って船に乗って出かける事になった。

その時、ちょうど船が桟橋を離れようとするとき大勢の友人が送って来ておるその前で、「策定まって遅疑する事をやめよ」と言うて、大きな声で詩を吟じて、挙手の礼を最後に私は大連を出発したのであった。

それから部屋の中に入って、じっと考えておったところが、涙がぼろぼろ出てしょうがない。俺があんな勝手な事ばかり言うておったが、さて俺が革命に赴こうという時に友人は寄って集って、これだけの金を集めて来てくれるというのは、実に、これは親よりも兄弟よりも、何よりも友人というものは有難いものだなと思った。

俺を寛容してくれておった友人が一遍でも俺を撃った事もなく、叱った事もなくして、あの勝手な事をしておるのにもかかわらず、法螺を吹いて行く者によくも尽くしてくれた、と考えると涙がぼろぼろ出てしょうがない。

その革命に行く前に、坂本格(40)という久留米の豪傑がおって、それがその時百円直ぐ送って来た。それから河原しづえ(41)といって、この間亡くなったが、その人が銀行の支店長をして旅順におった、その人が三十円送って来た。また株の都合で儲かったからというて、七十円送って来た。こうして皆が送って来てくれた。

「白井君、僕は有難くてたまらんが、この金は本当かな、見てくれ給え」と言うて、白井君に尋ねると、「いや、大丈夫です」と言う。

二三度そうして、涙をこぼし出発した。この時の船が西京丸(42)です。

そうしてあすこに着いて、直ぐに宋教仁が民立報(43)という雑誌社をやっておるという事だから、そこに俺の名刺を持って行ってくれと言うたところが、白井がそれをことづけての事に、「とにかく、ソウという人が出て来ました」と言う。

「ソウとはどう書く、曾っての曾の字か、宋の国の宋の字か」と聞くと、

「ま、どっちかわからぬが、ソウと言うておりました。後でお伺いしますから、と言うて別れてきました」と言う事だった。

三時頃に宋教仁がやって来て、「一緒に運動しましょう」と言う。

それから一緒に運動する約束をして、「もう今度が本当の皮切りだから、一緒に行こうじゃないか」。

「私はちょっと潘陽湖の方を廻って帰らねばならぬ用事もありますから、貴方だけ先に行っておいてくださ

い」

「そうしよう」と言うておるところに、二人の男――一人は柳聘儂㊹、写真もあるが、黄興の子分で「民報」の頃から知っておった。仲々気力のある男だった――が広東からやって来たという者が宋さんの所にいたというて訪ねて来たから、

「それでは私の友人の名で乗船の切符を買おう」と言うて、彼らと武昌まで行ったことがありました。

そうしているうちに、一週間ばかりした時に、黄興が来たという事だった㊺。

「胡瑛さんは貴方の門弟だから、外交の事を、末永さん、教えてください」と言う事だったので、私は外交を受け持つ事にして、ドイツ人や、フランス人や、アメリカ人を集め、日本人も呼んだ。

日本人のうちの一人は佐賀の人で、大中熊雄㊻という大尉がおった。この人はこの間亡くなりました。他の一人は葛西金次郎㊼というて、山梨県巨摩郡に存命ですが、その二人が来ました。

こういうふうで私は胡瑛を指導したことがあります。ある時、私が漢口の日本租界に出張して来たから、それを訪ねた時の事、胡瑛の所を訪ねていっておったところが、大砲がどかんと炸裂して横の倉を破った、またどかんというと反対側に炸裂した。「貴方がおられては危険です。お帰りなさい」と言うから、外に来たところが、またどかん、パッと塀を越えて頭から砂をかぶった。目の前に西洋人が二人、男女連れで行きよったが、悲鳴を上げて行くのが見えたが、それだけで助かったことがありました。「無駄に、大砲を撃ってはならぬ」と警告に行った事があります。

あそこに卯王の廟があって、立派な柱懸がありましたが、黄興がそれを指して、

「これを故郷のお父様に持って行かれては……」というので、

「馬鹿な事を言いなさい。支那の国を助けに来ておるものが、まして卯王の廟にあるものを持って行って、家郷の父にあげるというような事は、すべきことではない。俺は泥棒ではない」と言うて、声を荒く叱り飛ば

した事がありました。

黄興と孫文の出会い　その一

先に、黄興との初対面のときに、黄興が手帖に「不仁者の財を奪う」と書いたその意味は、『中庸』に「仁者不富」と「富者不仁」とあります。

我々は四書五経を読んでおるものだから、その事を長く覚えておったのだ。ただ一語、「不仁者」というは、貪官汚吏が苛斂誅求極めておるから、その財を奪うという事だ。それで私は直ぐ手を拍いて、彼の手を握ったのだ。ここで黄興と意見が一致して、例の爆弾の事が出来た。

それから孫逸仙には未だ会った事がないというから、それでは孫が今アメリカに行っておるという事だから、帰って来たら、直ぐ知らせてもらう事にしようと約束をした。

それと同時に「日本に留学生がほとんど一万名に近い程来ておるという事だから、この学生を獲得する事をしようではないか」と言うと、「よし、やります」という約束をして別れました。

それから宮崎の所に行って。

「今度来た奴は面白いぞ、これは実行力もあり、若くて顔様《かおよう》も美しい立派な男だ。爆弾の話もしたのだ」と言うたら、

宮崎が「む、それはいいぞ」と手を拍って喜んだ。

「孫はいつ帰って来るかね」と聞くと、

「さあ、私には帰って来ると言いよったがね」と言っておりましたが、その時、孫は二ヶ月ばかり早く日本に着きました。それで、私は孫が来たから黄を紹介しようではないかと言うて、紹介する事にした。当時は、

私どもがちょっと出かける時にでも、刑事がついて来る時だったから、内田良平[48]の家のある座敷をごまかして借ろうと思うて、二人をひき会わせる先に内田の所に行って、

「おい、今日、貴様の家の座敷を支那人が使うからね、あそこを一つ提供しやい」と言うと、「む」と言うたから、内田の家で話した。それが孫黄の握手のもとになりました[49]。

こうして内田の座敷で話がでけて、今度はいよいよ孫逸仙の歓迎会[50]を開こうという事であった。

それから二十年後、南京政府が出来た時に、中日文化協会というものが出来て、そこに行ったことがあった。二度目にそこの書記官がわざわざ私に名刺を出して張覚先[51]という人だったが、「私は貴方をよく知っております。孫逸仙歓迎会の時に貴方と宮崎さんが演壇に立って話されたことを覚えています」と言って、当時の模様をくわしく話して、当時の私記を見せてくれて、鄭重な挨拶を受け、外務大臣褚民誼[52]の書記官をしておる張□□[53]が私の子供で、これも九州の学校を出ましたと言われて、驚いたことがあります。

私共には常に刑事がつきまとっておったから、この歓迎会は直接我々が表面に立たず、我々が来賓となったのです。

飯田橋の富士見楼で歓迎会を開く事にしまして、その歓迎会は支那人の主催でやる事にしました。会場には在京中の支那人学生が溢れる程度集まりました。

その時の来賓が、私と宮崎でした、演壇に立って革命を大いに鼓吹した。

それからその話が進んで、そして広東派と湖南派とが互いに握手したのが、それが初めてだったのです。

明治三十三（一九五八）年の時[54]には、広東でやって一月たたぬ中に敗れたが、今度の革命が完全にできたのは、今の湖南省の武昌で起こったのがもとになったのだが、そこの第一の外交部長の胡瑛を私が指導したのであります。

黄興と孫逸仙との握手が出来たので、ここに「民報[55]」という雑誌を作って、牛込の町に家を借りて、そこを

「民報」の発行所にする事にしました。[56]

これは黄興と私が決め、この家も二人で決めたのです。「民報」は私が印刷人で出しておったのであります。宋教仁が第一の主筆で、次に四川省の谷思慎[57]というのが第二で、第三番目が精衛[58]で、第四番目が名高い学者だった章太炎[59]で、第五番目が陳天華[60]だった。この陳天華は大森の海で死んだ男です。

こうして革命遂行のもとになったのが、広東派と湖南派であったのです。湖南湖北の両湖総督を撃ち殺しにいったのがもとになって、それが第一次革命が武昌で起こった始まりであるのです。この事を知らない人は、革命はすべて広東派の者によってのみ行われたように思っておるが、事実は今言う通りで広東、湖南両派の握手がもとで、この二派が革命の推進に深く力を尽くしたのであります。

革命の旗

一番嬉しかった事は、唯一人で豆満江を越えて、渾春に行く時に、お茶でも飲もうかと思うて、出てきたところが、薄暗い所に革命の旗[61]がたっておった。

「お……」

何とも言えぬ、感激に打たれて、この旗に敬礼した。

このロシアとの境。この端々まで革命の旗を打ち立てるようにしたのは、俺一人だぞ。この愉快さを感じ得るものは俺一人だぞ、と心に叫んで、天地に一杯になるごとく威張りました。

誰に話しても、この気持ちはわかりません。

これが一番嬉しかった事です。

一番ケワシカッタ事は、私が美人に手をつけたのじゃ、それが子供ができとるようだと言うてきた。これほどけはしい事はなかった。

たった一遍……。

北京に行っておるときだったが、その若い美人が呼ばれて来ておる。据膳喰わぬは男の恥だろうが……。ひょっとそういう事があったら、俺は今までそんな過ちはないから、威張っておったのだが……、こんな苦しいことはなかった。幸いに、できておらなかったから幸いとしたが……。

日清戦争従軍記者

日清戦争の時は、私は新聞記者で従軍しました[62]。当時の従軍記者で生きておるのは私一人だと、いつも威張っています。

東京の「日本新聞[63]」新聞の記者で、「九州日報[64]」は平岡[65]がやっておるのだから、ついでに記事を送っておった。ところが「九州日報」の記事の方が良いという事でした。

丁汝昌が薬を飲んで死んだ事があって、日本軍が遺骸を芝罘に送ってやった事などを大いにほめて書いた事がある[66]。敵をあれだけ褒めて書いたものは、私一人だから皆驚いておりました。

朝鮮に東学党の起こりよるから[67]、という事だったので、私は船から直ぐ上がって[68]、そして東学党を煽動して事をあげるからと、内田に電報を打ち、直ぐ来るように言うてやった。

内田がやって来た時は、私は未だ海員宿をしておる所に泊っておって、縁の先やら便所の先を掃除したり、雑巾がけをしておる時だ、内田はそれを見て、ホロッとしておったな。

私が内田に、「今、東学党が起りよるから、あれをやろう。貴様は柔道で投げ、俺は文章を書く、そして日清の間に戦いを起こせば、ロシアがこれに参加するから、世界征服を言う我々の好機だ」と言うたところ、

「行こう」と言う。

「密航すればいいから、かまわず行こう」と言うと、

「ちょっと待て、金が足らぬ。俺がここに三円もっておる。これで汽車賃がいくらか残るから、それで長崎のカステーラを買って。叔母さんに土産に持って行って、そして俺が金を作って送るからね、それまで宿に帰っておれ、俺が必ず送るから」と言う。

「……欺いて天下を取る」のつたなきにならい、小母さんに土産をやって、そして内田が帰って金を送って来たから、私は宿屋の金は払わずに夜逃げして帰って来た。

そして家には帰らずに平岡浩太郎さんの所におった。その頃、的野半介さん[69]の所へなど行っておった。的野半介さんは平岡浩太郎先生の妹婿で、若松で精米をやっておられた立派な豪傑だった。

ウラジオから帰って来て、内田に天佑侠[70]に加えるように話したところが、「もう人数が決まっておるから加えるわけにはゆかぬ」と言う。

「こん畜生」と言うて腹を立てた。

この天佑侠は内田と大原[71]が筑前から行き、玄洋社に来て、天佑侠の連中が集まったのだ。

私が的野さんの所に行っておる時に、佃信夫[72]が金を借りに来、平岡さんから金をもらってくれと言うて、天佑侠の資金を募りに来ておった。

こんな具合で日清戦争になったのだが、天佑侠の連中は途中で摑まえられ、逆さまにつりさげられるなどして、ひどい目に会わされて、やっとの思いで逃れて帰ってきたので、いよいよ日清戦争の宣戦が布告[73]されたから、私は船乗りを辞めて従軍しようと思うた。

ちょうど、議会が大本営のある広島で開かれる事になり、(74)平岡さんの鞄持ちで私が広島に行きました。当時私の兄は「日本新聞」の広島支局におり、その兄の友人が旅館をしておったので、平岡さんの一行と「日本新聞」とで占領しておりました。

そこで古島一雄さん(75)の紹介で、私は「日本新聞」の記者で行く事になり、私の兄は古島一雄の世話で陸軍に従軍する事になりました。その時、軍の方から明日出頭するようにという通知がありましたが、翌日出頭せずに翌々日出かけて行ったのです。係りの軍人は佐伯といって当時の少佐位の人でした。

「昨日来るように呼び出しをしておるのに、なぜ来ないか」と、

「用があるから来られん」

「用があるとは何だ」

「そっちに用があるなら、こっちにも用があるではないか、新聞記者として行くのに、そっちの言う通りにばかりできるもんかい。行かさぬと言うなら行かぬでもよい」と腹を立てて帰ってきてしまった。それを古島一雄がまた取りなしてくれて、それは実にあぶなく従軍を棒にふるところだったな。

そうして昨日の水夫が従軍記者になる事になった。

いよいよ佐世保から軍艦に乗った。艦の名は忘れたが、有森という将校が監督将校で乗っておった。(76)それまで私は三等水夫をやって来ておるのだから、掃除やら、床を拭くような事ばかりしておった。何も出来はせんのだ。測水計というて水深を測る者のうしろにおって網を手繰ったり、便所の掃除までやっておった。客の奴が便所にウエストのようなものを捨てておるので詰まっておるのを、下から突き上げると頭から糞をかぶるというような仕事をやって来ておった者が、今度はにわかに新聞記者になって、軍艦に乗って出てゆくのだ。

そうなると、僕も艦長のおる艦橋に立って、

「有森大尉、ちょっとその双眼鏡を貸し給え」と言って、双眼鏡を借りたりして威張っておった。

その時、ふと下を見ておったところが、私が水夫だった頃の仲間がおるわいと思うて、

「お、久しぶりだったな」

「どなたでございますか?」と聞く。

「私は、貴方達と一緒に船に乗っておった、和歌浦丸の末永だ」と答えた。

「どうして……」

「む、今度東京の『日本新聞』の海軍従軍記者で行きよるところです」

「へえ、書生という奴は恐ろしいもんじゃな」と言うておった。

「まあ、少ないけれども、皆で御馳走でも食べてください」と言って、金をあげました。

これより前に、佐世保から乗る時に、タラップに上がっておる時に、

「おい、吉公、亀公、俺は末永だよ」

「ああ、そうですか」

「その節はいろいろお世話になったな」と言うて、これにも十円ばかりの金をあげたことがありました。

そして艦の中に入ってふと考えた事は、一日に二十銭位もらって長崎の造船所でさび落とし、カンカン虫をやっておる時だ、その時、亀さんに頼んで五銭も出せば長崎の方まで舟に乗せてくれるのだったが、その金がない事もあって、

「亀さん、金を持たぬけれども、一つ頼む」と頼むと、

「ああ、乗んなさい」と言うてくれて、それに乗せてもらっておったのだったが、その頃とは、まるで境遇が違っておった。

私は考えたのだが、「富貴淫する能わず」という事があるが、この事だろう。自分が已にこの地位になれば、亀公なぞと言うて、威張って、これをやるとか、和歌浦丸におった末永だとか言うて、一杯飲みなさいなぞと

言う事は、言わぬでもよい事であったと思うたのです。

金持ちになれば、淫する事が当たり前じゃ、貧にして、節を屈せぬ者があるが、痩我慢だ。威武に屈せぬという事は、痩我慢でやれる事だけれども、本当の真実からそこまで行く事は実に難しい。俺は小人じゃなと思って夜通し眠りきらぬことがあった。

我々は薬を飲んで死んだり、腹を切って死んだり下品な事はせぬ。十字架上に殺されても行くのだ。またこの身が一本ずつ折れてしまうまで、俺の節は曲げぬと威張って遂に浪人でおし通した。言うた以上は、やはり通せねばならぬと思うて八十七まで生きておるのだ。

という事があるが、人間という奴は実につまらぬものじゃな。俺は実に悪かった、と思って涙がぼろぼろ出て止まらなかった。そんな反省を常にしておった。


軍艦について上った。その時に長直路[77]によった。そこでは幸田露伴の兄の郡司成忠[78]が長直路の隊長をしておったのに会って色々話をした。廣瀬中佐に会ったのも非常に嬉しかった。

それから軍艦に着いた。昼頃軍艦に着いたのだが、どこに報告してよいかわからなかったので、そのあたりにおる兵隊に取り次いでもらって呼ばれていった。

そこには後に軍神と呼ばれた廣瀬達が皆いるところだった。そこで色々話しておる時に、「どうも君達の『日本新聞』が薩摩海軍を攻撃したのはひどいものだった。本艦の荒井艦長が当時の航海長で、緒方という人が造船の権威者で設計したのだったが、ずいぶん攻撃された。『日本新聞』はひどい事をやったですな」と言う。

そして黄海海戦で勝っておるものだから、「今度の戦いはどうです」と言う。

「それは、僕がそこまで責任を負う事ではないではないか。僕は今度初めて特別通信員として従軍した、けれども今までは三等水夫の船乗りだったのだ、先程からの話を聞いておると、朝鮮の十七年の戦争の時に、江華島の砲撃に行ったところが、向こうからどんどん撃って来るのに、こちらの兵隊には脚気を病っておる者が多くて、立てもせぬ者がおって非常に困った、という事であるけれども、兵隊をそのような状態に陥らせるという事は一体誰がしたのだ。海軍としての責任を君達が負うか、どうか？」

「君、それは昔の事で……」

「それでは、ぼくが今まで船乗りしておつて、今度初めて従軍記者で来ておるもので、前の事まで責任を負う事ができるものか」と言うたので、彼等が私に負けて、「論客だ」と言いおった。

何かと言うと、僕が反駁するものだから、とうとう論客になってしまった。

いよいよ旅順攻撃が始まった時(79)には、トップというて、マストの上に円い見張所がある、その上に立って敵の砲台から撃っておるのを見たり、……その時、兵学校出たての人に斎藤七五郎(80)、後の海軍中将がおり、一緒にトップに上って行ったりしていました。兵隊は三人ばかりおって花札なぞしておりました。そこで見ておると、松島艦から三〇センチの砲弾を打ち出す、二度ばかり砲撃すると付近は一面白煙で被われて、その間から吉野艦が射撃する綿火薬の光がピカピカと光って。まるで龍が行くような壮観でありました。

その内にこちらの弾達距離に入ったので、下で一斉に撃ち出した。艦は振動する、マストは激しく揺れたりしたので、不意を突かれて自分が撃たれたのかと思う程だった。それがこちらからの砲撃だとわかって安心した。そのような戦闘の最中、小便をすましてまたマストを上って行ったりするものだから、海軍が「この戦闘の最中に、マストを上ったり下りたり出来るとは偉いな」と感心した。

何、別に偉いわけではないので、「盲蛇に怖じず」の類だったのだな。

「弾力の衰えたものが頭上を飛ぶ時は誰でも頭を下げるというけれど、君は一向に頭を下げぬ」と海軍が言うたとたんに、ビューンとうなって弾が頭上を飛んだ。思わず頭を下げて、「お、あれか」そう言うた時から弾が来ると、頭を下げるようになった。人間は誰も同じことだから、聞けばもう頭を下げるようになったのだ。マストを上ったり下りたり、船がゆれようがなんしょうが、飯でも何でもどんどん喰うものだから、海軍の連中が私をおどしきらんかったようだ。

僕の水夫の経験が役にたったのだな。

僕が初めて船に乗った時には、我々の水夫の部屋は船首の方の錨の鎖を引き込む穴の近くにあって、荒れて来るとその穴からしぶきが打ち込んでくるような所で、一番揺れ方も激しい所だったが、船に酔うてゲロゲロとでてくるものを手に受けて、それをまた飲み込み飲み込みした。そうして遂に船がどんなに揺れても酔はないようにしてしまったが、それがこの日清戦争の海軍従軍に役立ったのだった。

出陣前の厳島の白雲楼に泊っておった。

平岡が広島に宿がほしいから見つけてこい、と言われたので、私が広島に見つけに行って、「日本新聞」に関係のある人が宿屋をしておるのを知っておったから、そこを一軒借りることにした。

厳島の宿に泊っておる時は、江藤新平の息子の江藤新作、佃信夫、尼ケ崎汽車会社の主人などが一緒でした。私も「宮島、廻れば七里、裏にゃ七浦、七えびす」で遊覧船を仕立てて回遊しておる時だ。

船の中でご馳走があって、一杯を傾けて話す内、各々がその志を言うところになって、江藤新作が、平重盛という人は誠に立派な人で、当世紳士の模範だと言うてよいくらいの人ですな。僕は非常にこの人を尊敬する。というのは、宮人にお伺いしたところが、そこに蛇がおった。宮人を驚かさん事を恐れ、これを懐にし、門をいづるに及んで、主殿司を呼んでこれに授くというのだ。この慎重な態度は実に当世紳士の模範である」と痩せた人だったが色の黒い肩を張って快い人物で、実に落ち付いた態度で話しておった。

平岡たちも各々の志を述べた後で、佃信夫さんが話した。色の白い四角な顔立で背の大きく、大きな声で話す人だった。

「保元の乱で清盛が門を守っておる時に、鎮西八郎為朝がそこにいるものだから、清盛門を奉ずる一人この門に非ずというて、その後に為朝の兄義朝がきて、これを恐れて守を換えた。巨策、蚤の如しと書いたーる」。その大きな声がおかしかったので、握り飯をかじっておったが……。

宿を借りてきた時の事だ。熱い時の事だったが、私は尻からげをしたまま平岡さんの前に座って、足をは投げ出したるまま、

「うん、ええ所を見つけ出した。宿屋一軒借りて来た」

と言うた時には、平岡さんも驚いた。広島に大本営の移された時で、軍官共に大勢の人が広島におった時だから、宿屋一軒借りて来た、平岡といえば、財界でも政界でも偉い人物として認めておったのだが、それにはさすがの佃信夫も驚いて、「彼の時の君の無暗な態度は……」と言うた。

広島の宿にいる頃、ある時、安川さんが平岡さんに用があって話に見えた。その席に私もおって大きな火箸の傍らで話をきいておったが、眠くなったので、その場に横になって眠った。後から平岡さんに「野人礼を知らずというには貴様の事だ」と言われた。

汪精衛

汪精衛が全生庵にある山田良政の碑の拓本[81]を三十枚作って持っていったと、全生庵の和尚が話しておったが、汪精衛が頭山の所に来て、それから私の所に来て色々話をした。先に話した「民報」の事を言うたりしたが、

その時、汪精衛が、「一緒に飛行機で福岡に帰りましょう」と言う。

「む、汪君、福岡に一夜泊り給え、僕は今日汽車で帰るから、福岡で話そう」と言うた。

ちょうど杖術の清水隆次(82)が福岡から帰ってきたばかりのところだったが、「汪といえば、南京の大統領と同じで、一国の長だ、その前で杖術を見せようと思うから一緒に福岡まで行こう」と言って、この清水を連れて、福岡に帰った(83)。そして筑紫館(84)で杖術を使ってみせました。

汪がいつに着くかという事だから、雁ノ巣で迎えに行って、自動車で栄屋(85)に着いた。汪の自動車が先頭で、私達が三台目か五台目だった。栄屋に着いて、汪さんはどこにいるかと聞くと、三階におるということだったから、どんどん上がっていった。ちょうど汪は席を外しておったが、すぐもどって来て、私を見るとすぐ、「先生、どうぞ」というて、私を正面に招き入れようとする。人のいるところでもあるので、僕は小声で「先生じゃない、正面に座れ、正面に座れ」と言うてやった。

それから杖術の事を話して、「これから杖術を使ってみせる。この清水は満洲の四十万人の青年に杖を使わせたのだがら、今度はこの杖術を南京の方でも使わせて、杖術を通じて南北の交流をすると良いと思う。この杖術をして見せるから来なさい」と言うと、「行きましょう」と言う。

それから外交部長の褚民誼に、「あそこで杖術をやりますからな、貴方も来て御覧なさい」と言うて、二人を筑紫館に連れて行って杖術を使ってみせた。

その杖術がすんでの後、「私は外務省のもので、国賓としてこの人を送って来たのです。貴君方が勝手になさっては困ります」と言う。

褚民誼が「あれが杖術ですか」と感心するから、「やって見ませんか、杖を持ってご覧なさい」と言うて、二人に杖を持たせました。褚民誼は武徳の監督をしておりましたから、杖を用いさせる事にして、南京の学生に広め、そして満洲の四十万の杖術をやったものとの連結させる心算だったのだ。そこに外務省の役人が来て、

「勝手になさっては困ります」と言うものだから、憤然として皆を帰らせた。

それから汪一行が帰る時に、また雁ノ巣に送りに行ったところが、知事や名士のおる所で、汪精衛も褚民誼も立って俺を迎えた。

その時、署長が来て、私に挨拶して一緒に食事をしてくださいと言うものだから、翌日呼ばれに行った。その席におるのが署長以下の刑事達で、そこで御馳走になっておったのだが、ああと思いあたることがあって、「昨日は実に失敬しました。すまん事でした、謹んでここにお詫びします。汪と私は年が十位もちがうので、頭から汪さん汪さんといって話し合あう仲であったのだが、それが南京の主席で来て、そして旅館に来ておるのだから、取次を通じて訪ねて来たことを言うて、面会するようにしなければならぬところであったのに、誰にも案内を言わずに、ずんずん上がって行って、会うような勝手な事をしてしまいましたが、これが刺客だったら、一発で目的を達することだったでしょう。それを貴君方が警戒しておられたのだろう。それを考えると、実に私が軽率だったと思います。私は隆次の事を思い、彼が私を先生、先生と呼んでくれるものだから、ついそういう事をしてしまいました。すまんことでした」と言うと、皆が笑ってすんだことがあった。

何でも、その時は、本省から正式に送って来ておるのに、その様な勝手な事をするものがあるか、末永とは一体何者だ、構わんから縛り上げてしまえ、と言うことだったそうだ。それを署長が知っておるから、私を呼んで、皆に紹介しておこうと思っておったのだった。私は皆が列んでおるのを見て、気付き、断わりを言うて、それから皆が気持ちよくしてくれた。

汪はなかなか記憶の良い男で、かって女侠の阿部[86]の婿を連れて行って、上海であった事があったが、汪が日本に来た時、私の息子と三人で会った時に、覚えていますかと言うと、阿部さんですね、と言うた。唯一度会った者でもちゃんと覚えておった。

章太炎と黄興の息子

あの学者の章太炎のことだが、「孔子は偉い奴」だという話から、「陽花におうて、トンのわれに」と言うて、威張ったところ、「孔子とは女性のそれだ。孔という字が書いてある。陽とは男のものだ」と言うて、章太炎が洒落た。

「民報」にいる時に、ある男がツオーピー[87]と言う言葉を教えた。僕はこれが挨拶の言葉と思ったものだから、ちょうど、章太炎が入って来たのをつかまえて「ツオーピー、ツオーピー」とやった。章太炎はビックリしたような顔をしておったが、そばにいた黄興の子供[88]が、「小父さん馬鹿、そんな事をいうものじゃないよ」と言って慌てて止めた。

孔の達者、今それを教えたところでと言うたものだから、章太炎が孔子は女だ、陽花は男だと言って洒落たのだ。章太炎の洒落では、これが一番と思って面白かった。

その時の黄興の子供は今どうしておるかな。湖南で市長かなにかになっておると言う話だったが。

第一革命で行った時に、私が仕込み杖を持っておった。汽車の中でそれをみせたところが、「小父さん、これをください」と言って、仕込み杖を放さなかった。「そうか。それならやろう」と言うたところが、喜んで持って行った。

あれは関東玄洋社社長の山之内君[89]が僕にくれたものだった。

革命の歌（革命芸者）

革命芸者の歌だが、あれは伊藤銀月(90)が作ったのではないかと思うがな。銀月は死んでしまったが、あの時に来ておりましたからな。

革命の旗も勇まし　武昌城
城下に流るるネ　揚子江　揚子江
日本の芸者がついている
敗けるな　負けるな　敗けるなョ　黎元洪(91)

全生庵に黎元洪の書が掛かっておったな。

黎元洪は大きな奴で握手をする時、見上げるような奴だった。

梁敦彦(92)という男がおったが、それが英国の公使をして行っておった。その家を接収して、そこを外交部の家にした。そこに書物などがたくさんありましたから、胡瑛に「これを封ぜよ、開いてはならぬ。個人のものに手をふれてはならぬから、封をせれ」と言うたところが、ちゃんと始末しましたな。

革命発祥の地として、武昌を中心に、黄鶴楼という李太白の詩にある楼があるから、それを図書館にして、羽王の廟のある所に九省の会をしたのだから、ここに晴川閣というのがあるから、これを美術館かなにかに、と言うて勧めたことがあった。

こんな事は外に誰も言い出す者はなかった。俺一人ばかりだ。

革命に際して。あまりどんどん焼くから、焼くのを止めよというて止めたが、あのような状景は初めて見たな。

火を上風に放つ、炎々天を被う、もって逞しくすべし。

火をもって象を打つは、夜行にしくはなし、と言うて勧めたところだが……。

筑前琵琶

橘(鶴崎)賢定、智定、吉田竹子、この三人が筑前琵琶の元だ。筑前琵琶はもともと荒神琵琶と言うて、軍談を語るときはくずれと言うておった。経文くずれと言った。しかしそのくずれは実に面白かった。たいてい盲が語っておったが、五郎、十郎が富士の牧場で、とっては投げとっては投げて、空に投げるところだ、投げられた者が落ちてくる者と、次に投げ上げられた者が途中で出会って「お前は下りか、わしゃ上り……」と、かーっと笑った。実に雄大なものだった。それがくずれの始まりだった。

後に、智定が薩摩琵琶を習って来て、それから「谷村計介」のようなものを作って[93]、筑前琵琶とつけたものだが、昔は荒神琵琶というて、月に一度ずつ、荒神様を祭りに来ておって、米一升か、五合かに、五銭か三銭かつけてやっておったのだな。

僕は近江八景を作った、橘旭宗がこの近江八景を放送したことがある[94]。

宮崎寅蔵(滔天)

宮崎が浪花節を語る時[95]に、

親分頼む頼むの声さえかけりゃ
人の難儀をよそに見ぬちょう男伊達、
人にゃほめられ、女にゃ好かれ、
江戸で名を売る　幡随院長兵衛でござる。

の「女にゃ好かれ」のところを恐ろしく大きな声で歌っておった。なかなか女の好きな奴じゃったが、『三十三年の夢』にはそんな事も書いてある。この宮崎が酒に酔うたら、髪はのび、髭は長くて、威風堂々たる奴じゃったが、大きな口を開けて大声で歌うた。

肥後の熊本、キンキラキンは御法度御法度
バイソラ　キンキラキン
キンキラキンを歌えば首がない
それもそうかよキンキラキン
キンキラキンのがねまさどん
がねまさどんの横がやーびや

その後に「ひっかけおめこに、すぼけまら」と必ず歌いよったな。
宮崎に稼がせておいて、私共は食いよったのだがな、宮崎が高座に出て来て歌い出すところはなかなかよかった。髪はのんでおるし、黒い髭は生やしておるし、眉は太い、唇の厚い、大きな男で、大声で歌い出す時は、実に堂々としておった。

ところが後の話になると面白くない所があって、「貴様のやる事がはがいったらしい、歌はいいが、後の話も始めのように堂々とやれ」と言うて、貶すものだから、

「もう俺はやめた」と言う。そして夕方になると、「おい、一杯飲もうか」。

「おお、飲むか」

「む、一杯飲みたいね」。そこで宿の主人に買わせて飲みだす。

「おい、もう時間が来たぞ、行かんか」

と言うと、「む」と言うて出かける。

酒飲む事の好きな男だから、酒を飲むと、いっぺんで気持ちがよくなった。宮崎が出かけないと、一円三十銭とれない。そうすると、我々が食えぬからな。ありもせぬ銭で酒を飲むと、もう我々の話した事も忘れて働いてくれた。

そうして話しておるある時の事だった。

「今日は一銭もない」と言う。

「それが、貴様、平山の家内が来て、孫が出来とるのに今日も喰えぬような事を言うものだからな、皆、与えてきた。今日は何もない」と言うた。

平山[96]、宮崎、末永と、この三人は一緒にやっておる仲だったからな、平山の妻君が、家が困って、孫を背負うて、立花亭の楽屋口に待っておるのを見ると、もう何もかも忘れてやってしまうような男だった。

また、「俺は徳富蘇峰[97]に会った事がないが、十七、八位の頃、『国民の友』が生まれたり、何が故に生まれたるか、と『国民の友』を読みおった頃から一度会うてみたいと思ったが、未だ一度も会うた事がなか。貴様が

先生、先生と言いよるから一度俺を紹介してくれんかね」と言うた事がある。

ところが、その頃「あくたべ」と言うて、悪態会を盛んにやっておった。平岡を馬鹿のように言うたり、頭山をもめぞと言うような事を俺が言い出すと、彼等も国の先輩の悪態を言い始めるという会だった。

ある年の夏、宮崎と私は、髪を肩までのばして、よれよれの着物を着て歩いておったが、ふと見つけて、「お、『国民新聞』がある。猪一郎に会うてみようじゃないか」と宮崎に言うと、「会おう」と言うて、名刺を通じたところが、面会出来る様子だ。

宮崎が「困ったな」というが仕方がない、二階に通されて間もなく、徳富が入って来た。

顔の長い、色の赤い、前歯のきれいに出た風貌の人で、ちょっと目付のかわった人だったが、なかなか立派な人だった。それが入って来るなり、

「寅はん、あんたは私をすきなされんもんなあ」

と大きな声を出した。蔭で悪態会をやっておる事を他人から聞いておると見えた、こう言うて可々大笑いした。

宮崎はかしこまって、「今、ここを通りましたから、末永はお目にかかった事がないという事ですので、これをご紹介致しただけでございます」そう言うて、茶を一杯飲んだだけで帰った。

玄関を出るなり、私は「貴様、こん畜生、あれだけ悪態をついておって、何んで人の前で何も言いきらんのだ。馬鹿が、こん畜生、悪態会がなんだ」と宮崎に言うと、「そう言うても師匠じゃないか」と言うて、私に食い掛って来た。やはり師匠の前では、頭を下げて、何も言いきらぬ、それほど人情に厚い男だった。

それだから、女の事や何かを書物によく書いてはおるが、必ずしもそれにふけっておるわけではないのだ。

人にゃほめられ、女にゃ好かれ、

江戸で名を売る　幡随院長兵衛でござる。

だそうだ、「女に好かれ」のところが仲々よかった。

宮崎は私よりも一つ年下、平山周も宮崎と同じ私より一つ年下だった。宮崎は三人の中で一番威風堂々たる奴じゃった。

平山は色の白い、顔の長い男で、頬の出た、ちょっと西洋人のような顔をしていました。三人の中で私が一番小さかったから、この二人の間の真中に座ることにしておった。

孫文が私より二つくらい上だった。

中山博道先生

ある時、中山博道(98)さんと一緒に晩翠軒という支那筆を売る店に行った。

「これは末永先生のお書きになるのに差し上げましょう」と言うて、筆を下されました。そして「只より一文も負けぬ、只より一文も上げぬ。む、結局同じことだ」と頭をかしげられた。それは、私が軽く早口で「只より一文も負けぬ、只より一文も上げぬ」と言うのを聞いて、それをまねされたのだが、あの人が口の重い人だものだから、その時は面白いと思うて聞いてみても、自分で話してみると理に落ちて「……む、結局同じだな」という事になったものらしい。先生は実に実直な人だった。

またある時、杖術のことについて、話しておった。何かの事で、吾輩がうんと相手をやりこめて勝ったことがあった。その帰り際、中山先生が私の所に来て、「末永さん、内田さんが貴方の事を口八段と言われたそうですね。貴方はもう口九段におなりになりましたなあ」、にっこと笑って、訥弁で話されました。

頭山先生

「俺も年をとってやきが廻ったとみえて、時々腹の立つやね」と頭山先生が言うておられた。それはもう八十幾つかの頃だった。

己に克つて、礼に復り久しうして誠なり、という。克己心を養うて来たのはそこですな。喜怒色に表れず、言う一言に味わいのあるのはここからきておるのです。

頭山先生が真に私を信じて、何をしてもかまわずに、私の言う事を聞いてくだされたのは、それです。

頭山先生は実に言葉が少なくして、言う事の意味が深く、その言う事がぴたりとはまるのには何とも言えぬ有難さを感じた。

群馬県の製糸所に呼ばれて行った事がある。一行はそこの宿に泊まって、風呂に入る事になった。先生御夫妻を一番風呂に入ってもらうて、それに続いて四五人入った。入ってみると、下の方が冷たい。十一月の頃だった。その気のきかないのを憤慨したのだが、そのまま上がるわけには行かず、そこでわいわい言うて、湯の沸くのを待って入った。私は知らずにいたのだが、その翌日、頭山先生も、立助先生も入浴後、気分がお悪い様子だった、という事を聞いて、あっ！　あの風呂が悪かったのだな、と思ったから、私が遠慮せずに、

「先生、昨日風呂の後で、具合が悪かったそうですが、風呂が冷たいなら冷たいと、一言言ってくださればようございました。直ぐ沸かさせる事が出来ましたのに、それをこらえて入られることはないではないですかと、聞きますと、先生も立助さんも後で具合が悪かったそうです。末永がお伴をしながら、何をしでかすかわからぬと言われたら、これからお伴ができませぬ。冷たいなら冷たいと言ってくだされればよかった……」

と言いますと、

「それでもね、皆が一番風呂に入れてやろうという親切だからね……」

「一番風呂も何もあるものですか、風邪を引くような事はなさらぬでもいいでしょう……」

「上へ浮いとったら、ぬくかった」

と言われた時には、後の言葉がなくて、頭も下がって、はいとも、はあとも言う言葉がなかった。

ある時、「先生、あまりたくさん食べられますが、また腹をいためはなさいませんか」と申しますと、黙ってその菓子を元にもどされた。口の所にまで持って行ったものを、そのまま皿に返されたのです。こういう事は普通の人に出来る事ではない。大抵の人なら、もうこれだけで止めとこうとか、うんと食えば腹の掃除になるだろう、とか一言言うところだが、黙って静かに返すところが何とも言えぬところだった。

ある時、朝鮮の王様の兄、李殿下が紹介してくれと言いますので、連れて行った。その帰りに、先生はずーっと玄関まで送って来られて、玄関に立って丁寧にお辞儀をされた。

後で先生に、

「人の帰るのを送られるのは運動になって良いと思いますが、今日は実に丁寧になさった。あの様に丁寧に礼をなさったのは初めて私はみました」

「む、何と言うても、皇族じゃないか」

これには何とも返す言葉がなかった。私が未だ若くて、思うた事は何でも平気で言うた時だったがな。簡単にして要を得ておる、一杯食わされたのと同じ事だった。

私の言う事には大抵の事に賛成してくださった。

和楽路会[99]の事を話した時でも、む、と言われて、あの通りの姿をして御夫婦で加わられ、たいていの名士ならちょっと真似できぬところだが、それを平気でなさる、偉いところがあった。

この和楽路会の旅で、東京に帰り着くのが朝早い時も、夜遅い時もあったが、その際必ず二重橋まで歩いて行かれて、そこに正座して皇居を拝され、奥様もそうされました。我々もそこにわらじをはいたまま正座して拝みました。

そういう事を皆にするようにと言ってなさるのではなかった。

またある時、伊勢に行った時、一の鳥居をくぐった時に、

「ここをくぐれば帽子をとるものじゃ」

といわれた。他の者にはちょっと気づかぬくらいの小声だったが、私にはすぐその事がわかった。我々は、その位頭山先生の一言を大切に思っておった。

いつも話す、例の肇国會を作る時に、頭山先生と犬養と杉浦[100]と三浦[101]とそれから今中[102]に頼んで、二百枚の揮毫を頼んだ。それを皆書いてくれる事になったが、その中三浦が百枚書いたままで止めて、後がなかなか出来ない。他の方が出来て、三浦が百枚では困るから、友人の島田[103]が来た時に、「頭山先生が言ってくださるといいがな」と話したところが、「それは僕が話そう」と言って、これこれと島田が話すのを。「む……」と言うて、聞いておれらたそうだ。

それから二三日して、三浦の所にすぐに行けということだったから、行った。

「今日、頭山先生からのお使いで、貴方の所に上がるようにとのことでしたから参りました」

「あまりね、老人を酷使してはいかんぜ」、それがね、頭山先生が来たから、何をしに来たかと思っておったところが、「少し頼みがあって来た……」と言われる。ちょうど□□親王が来ておったから、そのことかとおもっておったら、「あの、末永が……」とのことだったから、「ああ、わかったよ、わかったよ、書くよ、書くよ」と言うたが、「余り老人を酷使してはいかんよ」と笑うて言われて、それを書きあげてもらった事がありました。

その時、三浦さんが、「頭山はどこにでも出かけて行くが、人間あの年になれば予感もあることだから、少し気分の悪いのは根がはっていいのじゃが、どこにでもそう出かけぬように言うてくれ給え」という事であった。

黒田武士

母利太兵衛は黒田二十五騎の一人だった。それが、ある時、豊後路の戦で勝って帰って来るところに後詰の兵が来た。後援隊が来たわけだ。それを誰が指図したか、と聞くと、栗山殿の仰せだと言う事だった。「なに、俺が今まで先鋒を承った戦で、一度でも負けた事があるか。後詰の兵を出すなどと言う事は、俺の武を穢すものだ。栗山という奴は実に不埒な奴だ」と言って、鎧を着けたまま槍を突き立てて腹を立てた。その事が御殿に聞こえた。月に一度ずつ黒田の懇親会があって、二十五騎集うて懇親した、その時に殿様の長政公が、「聞けば母利は大膳に対して不満があるという事だが、互いに心一つにして行く事が大切だから、自分が中に入るから、わだかまりを水に流さぬか」と言われたところが、母利が「他の事ならば、君公の命を承はらねばなりませんが、この事ばかりは承知まかりなりなりません」。あまりはっきりだから、他の者も驚いて母利の顔を見た。

そうこうしておる中に、大膳がつかつかと立って来て。づかっと母利の襟かみをとって、「不埒な事をいうな」と言うて、思うさま打った。一同は母利がもう立ってつかみかかりはせぬかと感じておるのに、大膳は悠々としてまた自分の席に帰った。

大膳という人は極く慎重な人であったそうだ。こんな逸話がある。

御殿に登って来ると大広間の大火鉢の前に座って、火箸を握って、それでぐるぐると火鉢の灰を二三度かき廻して、また元の所にぐっと突き立てるのが癖であったそうだ。それである時、その火箸を焼いておいて、大膳に握らせようという事をたくらんで、大膳の出仕の時刻を計って火箸を焼いておいた。

いつもの通り、大膳が火鉢の前に座って、くっと火箸を握った。皆がやったと思って、大膳の顔を見ると、顔色一つ変えず、焼けた火箸を握りしめて、常の通りぐるぐる、ぐっとやって左右をずっと睨んだという。そのいささかも驚ろかぬ従容たる態度に、皆が思わず頭を下げたという事だが、その慎重にして豪胆な栗山大膳が、しかも殿の面前で、兄弟のようにして育った母利太兵衛を打ちすえたという事だから、旗本二十五騎が驚くのも無理はなかった。

一方、豪勇をもって鳴る母利が大膳に打ちすえられたまま、頭を下げて身動きもせぬ。見れば、はらはらと涙をこぼしておるのだ。しばらくしてから母利が言うのだ。

「我々は幼い時から親類のようにして、栗山の家に預けられて、兄様、兄様というて、大膳に仕えて来たし、太兵衛太兵衛というて慈しまれて来た。その大膳殿が一家老になられ、自分は一の隊長にすぎないけれども、地位が違うだけに、何となく心持が遠くなったような心持がしてならなかった。今日初めて兄らしい折檻を受けて、実に嬉しかった。誠に有難い」と泣いて御礼を言うたという。長政公も直ちに羽織をぬいで、これを母利に賜うたという事だ。

福島正則は酒乱の癖があったと見えて、酒を飲んでおる時に、小姓にちょっとした過ちでもあると、直ぐ切ってしまうという行いなどがあり、ついつい封を奪われて、移されたそうです。この福島正則の所に、黒田家から母利が使者となって、出かけたのだ。そして用をすませた帰りがけに、

「一献差し上げたい……」

「いや、その儀は誠に不調法で……」

「黒田の士ともあろう者が、酒の一杯も飲めないで、どうするか」

「いや、お肴次第によっては頂戴致します」

「望み次第だ、どの位飲むか？」

「一升でも、二升でも、三升でも」

それから近侍が大きな盤を持って来て、三杯飲み干した。そしてつと立って、母利は、

「では、お約束通りに」

というて、長押に掛けてある槍を取って、一振り振って、鞘を払って、小脇にかいこんで、あたりを睥睨して、玄関を出て行った。福島も半ばあっけにとられ、半ば約束の手前、それを止める事も出来なかったが、何と言っても日本一の槍だ。

「母利の後を追え」と言うて、斬ってでも、取り返す心算で後を追わせたけれども、母利は酒は不調法というたものの、一分の隙もない姿で槍をかいこんで行くので、遂に路上にこれを奪い取る事は出来なかった。

後に福島から黒田家に交渉して、彼の槍を返すよう言うたけれども、「出家、侍二言なし、という事がある。お約束ならば止むを得ぬ事」という事で遂に戻さなかったのが、飲み取りの槍だ。この母利太兵衛の、黒田武士の勇敢なるところを褒めて歌うたのが、

酒は飲め飲め　飲むならば
日の本一の　この槍を
飲みとるほどに　飲むならば
これぞ誠の　黒田武士

の今様で、その気概、その勇気を讃えた今様であるのに、現在、ただ酒飲みの歌のようにして放歌されるの

は、実に残念な事だ。

頭山満の本家は筒井、百石の本侍だったが、我々や平野國臣たちは同じく、三人に十石ぶち位の足軽だった。足軽、脛軽、苦しがる、喰うて仕舞うて、悲しがる、の方だ。黒田武士としておる以上は、平野次郎は只の苦し軽るの身で、徳川三百年の天下を打ち壊し、二百七十余の大名を征服したのは、生野の銀山に依ってやったのは誰でもない、この足軽の身ながら実に黒田の武士がやったのです。

それでも黒田の武士は身分の高下にとらわれず、それだけの自信と威力を持っておったのだ。おてもやんが嫁入りしたとかしないとかいう歌なんぞと、我々の武士の歌を一緒にされてはたまったものではない。

茂沼に廣田[104]がおる時に、工藤□□[105]君と録音の機械を持って行った。ちょうど廣田は病気あがりで、元気がなかったが、「先ずお父様入れてください」と私が言うと、

「なに唱いましょうかな、お謡い唱いましょうかな。ああ私は石屋ですから、あの木槍を歌いましょう」

と言うて大きな声で歌われた、朗らかな仲々良い声だった。次に廣田が「黒田武士」を歌った声が枯れておった。

皇御国の武士は　いかなる事をか勤むべき
ただ身に持てる赤心を　君と親とに尽くすまで

と、歌うたが、八十の親父には追いつかなかった。その録音盤は戦災で焼けた。

初飛行

昭和十四年頃、工藤君が黒龍江の近くで情報をやっておる所に、遊びに行った。寒い時に、白い服を着て行ったのだ。その時、末永さんが大室夫婦(106)を連れてきたのだが、その夫人を見て工藤君のところの機関員が、末永さんという人はどうも淫売を連れて来ておるようだと言うのだよ。

工藤君もそれを聞いて、黙ってもおれず、末永さんが淫売を連れて来ておると言っていますが……と聞いたのだが、それは大室君の奥さんだよ、と言って、皆で大笑いしたことがあった。

工藤君のおかげで、ジャムスまで飛行機で行った。それが飛行機の初めだ。

平岡浩太郎先生

ある時「筑前寄宿舎の会をするから金をだしてください。三十円あればようございます」と言うた。東京での事だ。

「貴様共食うばっかりだ。猿のような奴だ……」と言われる。三十円はもらえぬかと思って、ちょっと弱っておったが、やがて手をぽんぽんと打って、

「おなお、おなお、コップに水を持って来い。ついでに三十円を持って来い」

それで三十円ができた。その事を我々の仲間に話して、コップに水を持って来い、ついでに三十円を持って来いが学生仲間の流行言葉になった事がある。

勝手な事を言うても決して叱らない人だったが、ある時、「馬鹿が、もう来る事はならぬ」と言うて叱られ

た。「マタクール」と言うて、帰って来た。それで一月も行かずにおると、「何をしておったのじゃ、何で来んのか」と言われた。

年の暮れの三十一日に信濃屋に皆が泊まっておったが、その頃は頭山先生もよくそこに来られた。そこに大原義剛が来て、先生に、「今日は鈴木天眼くん[107]が二三度来ておりまして……」と、

「何か用か。金の事か」

「そうです」

「む、そうか。ここに使い残しがある、ないよりゃよかろう」と言うて懐から出された。大原がしわを延ばしてみると九十円か百円あった。それを天眼に用立てたのだが、先生の御家は奥様方が色々用意もある事だから、心持ちにしておられたところが一文もなしに帰って来られた、という話を後から聞きました。

「ここに使い残しがある。ないよりやよかろう」と「コップに水を持って来い、ついでに三十円を持って来い」この二つが両人の性格風貌見るが如しだ。

黄興と孫文の出会い　その二

黄興が「家を一軒借りなさい」と言うから、「銭を持ちませんのに家などはいらぬ」と言うたが、「子供さんや奥様をお呼びになれば……」。

「君と僕とは同志ではあるが、そういう訳にはゆかぬ。子供は貴方達とは同志ではないのだ。また親がおるのだから、我々に代わって親に孝養を尽くし、子供を養育しなければならぬのだ。それに孫というものは一段と可愛いものだから、父の許においてするので、それを連れてくると言う事は、自分の一家が君達の世話になるのと同じ事で、それは僕の意にそわないから」と言って固く断った。

「お互いの秘密会合所がふえる事になって、都合がよいのですが……」と言っておったが、そのままにして取り合わなかったが、ある時、私の下宿屋に黄興がきたとみえて、下宿の主人が、「今日、支那の方がみえまして、ここの今月の下宿代を払うと言われました。もらう訳にはいかぬと断ったけれども、心配するなと言うて置いていかれて、さらに三円の心付けをくださいました」と言うておりました。私のいない時に来て払って行った事もあったようだ。「民報」の後の事である。

角力が面白いというので、よく見に行った。ある時、九段に行った帰りに、黄興が、「末永さん、この間見たあれを見ましょう」と私の尻に手を突っ込んで言う。何の事かと思うておると。それが角力の事で、「あっ、そうか。角力の褌の事か」と言って大笑いした。

私が褌をしておるのを見て、それをほしがるから、買って行ってやった。

牛込におる頃だったが、ある日、訪ねると、誰もでて来なかった。かまわず上がってゆくと、床の間の上にへんなものが、ぐるぐるっとして放り出してある。よく見ると、それが六尺の褌だった。黄興が便所に行く時に、それをぬいで行ったものだ。

「褌というものは用を足す時に、一々ぬいで行くものではないのだ。それにここは床の間で神様のおる神聖なところだ。褌などを脱いで行く者があるか」と言った。黄興さんの床の間の褌と言うて大笑いになった。

牛込の神楽坂に芸者遊びに行こうと言うて、二三人呼んで酒を飲んだ。私が勝手な歌などを唄いだしたりして、大いに賑わっておった。夏だったから、黄興は羽織を着ておった。色の白い立派な男だったから、日本人と少しも違わなかった。私が歌って、ああこりゃこりゃと手を拍つのを真似て、「ああこりゃ、こりゃ」と手を上下に拍ち合わせた。それがいかにも悠々とした日本人に似ない手振りだった。我々は拍手を打つようにするのに、彼は上下に悠々とした調子でやる。それで遂々彼が外国人である事が知れてしまった。

孫文歓迎会の後に、内田が黒龍会[108]をやっておる頃のことだったが、黄と孫の話し合いをさせるのに、他の場所では都合が悪いので、内田の家で会わせる事にした。

「他の場所で話す事が出来ぬわけがあって、人力車に乗せて支那人をやるから、貴様の家の座敷を貸しゃい、五六人位ゆくだろう」と言うて、内田の家で話をさせた。

孫と黄興はそこで親しく話合ったのだ。私たちは当時しょっちゅう刑事に監視されておったから、わざとその場に臨まなかったのだ。下宿の帳場に刑事が座り込んでおるような状態だったからな。

それから数年後に、頭山先生方と一緒に出雲の神社に参って、帰りに三朝温泉に泊まった時に、内田に、

「黄興と孫逸仙が握手したのは貴様の家でやらせたのだぜ。あの頃は探偵がついて廻るものだったから、人力車に乗せて、貴様の家に行かせたのだ。あれが孫と黄とが親しく手を握った始まりだ」

と言うと、内田は、

「そうか、む、それで『清朝陥落』などと言うて、彼等がどんどん気勢をあげるので床の根太を踏み落としてしまったが、ああ、そうだったのか」

と思い当ったような風であった。

「民報」の家探し

「民報」をやったのは牛込の何とかいう所だった。[109]その家を探す時も黄興と二人であちこち歩き廻った。麹町の大きな門構えの欅の巨木のある家をみつけて、この家にしようではないかと言ったが、黄興はこれにするとは言わなかった。それからずっと前、会って牛込を歩いておったところが、貸家と書いてあつたので入った。内に泉水のある家がだったが、間取りを見た上で、黄興が、「ここにしましょう」と言う。

「どうして……」と問うと、「あの麴町の家は、家が暗いと思います。眼が悪くなります。この家がいいです。ここに水があるでしょう。ここに鯉を入れれば良いでしょう。貴方は鯉が好きでしょうか……。二人で食べましょう」と言うから、ここを借りることに決めて、その保証人がいるので、古賀廉造さん(110)の所に頼みに行きました。古賀さんが気持ちよく保証人になってくれた。私が、「この支那人は立派な紳士ですから、御迷惑をかけるような事はありません。心配はいりません」と言うて、印をおしてもらった。帰りがけにまた「決して御迷惑をかけませんから……」と言うと、「ちつとやそっと迷惑かけりゃどうあるか、印をおしとるではではないか」と大きな声で怒鳴られた。

古賀廉造は大審院の検事で仲々立派な人だった。家主も快く承諾してくれた。こうして「民報」の家が決まったのだ。

モンキー・プレジデント

芝の愛宕下の対陽館が我々の宿であったから、ここに孫文なども遊びに来ておった。我々が泊まっておるのだからと言って、ここに孫文たちも泊まらせた。彼等は横浜に本拠をもっておったのだが、東京に出て来れば対陽館に泊まった。後に鶴巻町に家を借りて住んでいた事がある。

孫文とは宮崎滔天を介して話しておったが、日本語は幾らかずつ解するようになっておった。

夏になると、真裸になって、片手で鴨居にぶら下がって「キャッキャ」と言ったり、床の間に上がって「キャッキャ」と言うて、孫文に、「モンキー・プレジデント、モンキー・プレジデント」と言うて、猿の大統領、孫文大統領をあてこするのだ。孫文は、「バカ、バカ」と言うて笑う。私が勝手気儘に振舞っても決して気にしなかった。

詩稿

革命に赴く時、それまでに作った詩稿を俺の形見だと言うて、大連の隅田[111]という人に渡したが、遂にどうなったかわからないようになった。その頃の詩などは覚えていない。今集めておるのはわずかなものだ。[112]日清戦争の頃の記事は、「日本新聞」と「九州日報」の両方に書いておった。「九州日報」の方がいいですなという者もおった。

兄の詩文の草稿もすべて焼けた。

特別に詩の勉強をしたわけではないのです。唐詩選のようなものを読み、支那の詩を読み、それから日本の詩を読んで、韻語に合わせたもので、先生というて特別にない。

孝経と国史略と孟子と外史、これらの講義を一年半に少しずつ聞いた位で、未だ四書五経には入らぬ位だった。その頃中学に入ったのである。

今考えてみると、四つ五つの頃の事を覚えておる。人間の頭脳というものはそのように出来ておるのだから。

進藤喜平太翁

進藤喜平太[113]先生の人格を一言にして言えば、「人知らずして慍《ふぶく》まず、先ず亦君子ならずや」と論語にある通りの方で、これが先生の人格と思うのであります。

国会請願運動[114]のさきがけをし、それを一番に請願したのが筑前の玄洋社でありました。それで玄洋社は国会の選挙に人を立てる事にし、県郡の選挙はこれを争わぬという方針を立て、明治二十三年七月の第一回衆議院議員総選挙に際して、我々は保守党、自由党を相手に戦うたのであります。吾党は香月恕經[115]、権藤貫一[116]、小野隆助[117]、郡葆淙[118]の諸氏を推し、この方々は皆当選されたのでありました。

進藤先生は維新の際、関東征伐に加わられた方でありまして、その経歴と年齢からいっても。当然この中に加わる方であったのでありますが、自ら選挙に加わることをされず、先に述べた方を中央に推し立てる事に努力され、一度も自分の為に選挙運動をされた事がなかったのであります。後明治三十九年、福岡市の補欠選挙に際して、衆議院議員に選出されたのでありますが、この時は反対党たる自由党からの申し入れがあり、この任期の短い補欠選挙につまらぬ争いをするよりも、自由党が誠意をこめて推薦しますから、と先生の出馬を請うたのでありますが、先生は、

「僕は口も利かないし、到底その任ではないから……」

と固く固辞されたのでありましたが、遂に敵味方一致して、推薦に応ぜられたのでありました。

当時、反対党との間の選挙の激しさは想像の外でありまして、演壇に鉄条網を張って反対党の妨害に備たり、互いに切り合う程の激しさでありましたが、そのような時にあって、先生が深い尊敬を得ておられたことを証するに足るのであります。

向陽社時代、平岡浩太郎先生と箱田六輔先生との間には取り立てて、これという確執があったわけではないのでありますが、何となく両派の競争意識が強く、互いに意地を張りあうという事があって、両派の対立がかなり深刻になった事があったのでありますが、進藤先生はこの間にあって、真に己れを空しうして調停されて、玄洋社の団結を全うされたのでありました。

また後に頭山先生と平岡先生が玄洋社の中心として活躍されたのでありますが、進藤先生はこの二人の間の意思の疎通に努力されて、玄洋社の発展に力あった方でありましたが、決して自ら社長となる事を望まれず、衆望一致して先生を社長に推戴したのでありました。私が玄洋社に入ったのは明治三十四年の事で、進藤先生

には親しく御教えを受けたのでありますが、当時私の事を虚無党のような奴だと言う人もあったくらいで、社に行っても勝手気儘、放言高論極まりない奴でありましたが、進藤先生はその事を一切聞き流していられて気にもされない様子でありました。

ある時、先生と一緒に酒を飲んでいる時でありましたが、私が、「時勢の先に立って事を為すのが玄洋社の仕事ではありませんか、今のようにいつまでも保守党のようなつまらぬ事をしておっては駄目だと思います。玄洋社は一体どうして行くのですか」と伺いますと、先生は訥々と、「僕はきんのう、きんのう」と二三度言われて、更に盃をふくまれるのでありました。

私は先輩の言葉は例え一言でも聞き捨てにしないで深く考える者でありますから、ある時岡喬先生(119)にお会いした時、「この間、進藤先生に伺った時に、僕はきんのうと言われましたが、玄洋社は勤王党ですか、民権党ですか」と申しますと、岡先生は、

「我々は英国流の政党内閣を作るのが希望だ。平岡たちにはわかっとるか知らぬが、頭山達にはその了解が出来とるかどうかな」という事でありました。その後上京して頭山先生にお会いした際、この事を申し上げ、「この間、進藤先生は、僕は勤王党と申され、岡先生は政党内閣を作るのが希望だと申されましたが……」と伺った時に、頭山先生は「む、俺共は勤王」と唯だ一言はっきりと言われたのでありました。

その事で私は玄洋社の意思を知る事出来たのであります。思えば、進藤先生は私が意見や疑問をぶしつけに申し上げても決して叱らず、不快の色も表さずに一言をもって、私の疑問に答えてくださったのであります。

ある時、先生のお伴をして大原義剛と私と三人で熊本の佐々友房さん(120)を訪ね、ある料理屋に招待された事がありました。私は案内された料理屋の二階の一間に入ると直ぐに床の間を背にして、大原を傍らに呼んで「我々は客に呼ばれたのだから、貴様も正面に座っておれ」と言うて、大いに威を作っておったのであります。

一方、進藤先生は二階の階段を上った所の上り口に静かに座っておられるのでありました。やがて佐々さん

をはじめ安藤健藏[121]などの錚々たる壮士豪傑連中がまいったのでありますが、一同鄭重に進藤先生に挨拶をし、先生を中心に座を占めておって、我々を気にもかけない風でありました。

我々は熊本壮士に負けるものかと気負っておったのでありますが、遂に先生の徳に及ばず、大恥をかいたのでありまして、先生はこのように気取りのない方でありながら、深く尊敬された人であったのであります。

天下が先生の功績を知っているのでありましたが、その人格、風貌、挙動に誇らしいところが一切なく、己を空しうして、他を推す先生の真面目は、私が最も敬服しておった点でありまして、先生は深い深い人格の方であったのです。

御聖徳

終戦の御詔勅に「……朕は汝等と共にあり……」と仰せられております。堪え難きを堪え、忍び難きを忍んで、この国難を克服しなくてはならぬとの御教えで、この「汝等と共にあり」の一言でも粗末には出来ぬ事であります。

日本は重要な軍事施設は叩き潰されて、ピストルの弾丸一つ鋳る事が出来ぬまでに、損害を受け、また力ある艦隊はすべて海底に消え去った終戦直前の状態においてすらも、若し陛下が「国家を焼土となすまで戦え」と仰せられれば、国民はその通りに戦ったでありましょう。しかしながら、陛下はこのところに於いて忍べと仰せられ、講和を命ぜられたのであります。

由来日本八千万の民は、大和民族、アイヌ民族、琉球民族、台湾民族、及び朝鮮民族の五民族より成っておるのであります。

孫文を激励す

南京に政府が出来て、孫文が大統領となって即位式を行う事になり、上海から頭山、寺尾などの我々も、孫文と同じ汽車に乗って南京に行く事になった[122]。その時上海のホームで孫文を送る群衆が手に手に中華民国の旗を持っておる。その一人に孫の友人の日本人だといって旗を借りて待っておると、孫文が稍うつむき加減にして行くところを、後ろから、その旗で、「孫さん万歳、孫さん万歳」と呼んで、孫の頭や背中をたたいた。

孫文はその時、ちょっと目を開けて、私を見たようだったが、大群衆の前でもあるし、私が本当に嬉しく思って、そうしておる事も知っておったせいでもあろうが、そのまま気付かぬ風でホームを歩いていった。

それから後、孫が大統領をやめて、一時上海に来ておる時であった。私が友人の財部[123]という友人と二人で訪ねた時、部屋に入って待つ間もなく、孫文が出て来た。孫は私を認めると、つと走り寄って来ると、いきなり手に持った新聞で私の頭をバチンと打ち始めた。私は少々面喰って、「孫さん、何する……」と言って笑っておった。

孫は何か英語でいって笑っておるので、財部に聞くと、「復讐だ」という事だったので、「わは……、覚えとるか、覚えとるか」と大笑いして、二人は手を握り肩をたたき合って、喜んだ事があった。

杉山茂丸

東京で忘年会をするので、玄洋社の者が十人ばかり集まった。

杉山[124]さんは、浄瑠璃が好きで、また上手だったから、私が浄瑠璃を侮辱して、

「浄瑠璃などというものは、猫か犬のようなものですね。……鬢のほつれをなでつける、主の胸より妻の胸。映してみたき鏡立て、映せば映る顔と顔……。猫と犬のけんかでしょうが、人間は動物を支配するものですよ」

と声色まじりに言うものだから、杉山さんも頭山さんも、くすくす笑っておられた。東京の先輩でも何でも憚らず、そんな事を言うておった。

神鞭知常

『謝海言行録』を書き、犬養達と一緒に政党を作っておった人だった。見識家で立派な人であった。犬養、神鞭[125]には支那問題、特に孫文の事については、色々助力を頼んだ人であった。山座円次郎[126]の奥さんが神鞭のお嬢さんでした。

犬養毅

犬養は本当の政治家としての資格を具えた見識家で、腹もあった。また人の説をよく聞く人であった。私が訪ねて行くと、

「どうだい、この頃は?」

「ふん、経綸問屋の種切れか?」

とやられた。私が次々に新説を吐露するものだから、経綸問屋と名付けられておった。これには一本参った。

注　聞書 末永節 無庵放談

処士の道

1　宮崎滔天が「浪人生活」を「日本及日本人」五〇三号から五二二号（明治四十二〈一九〇九〉年二月十一日より同十二月一日）に誤入来の筆名で連載。末永節が序に当たる「浪人本義」を執筆した。その次第は「浪人生活」の序に詳しい。参照されたい。

2　本書「末永節政治論集」収録の「浪人本義」（二四九頁）を参照されたい。

3　緒方竹虎（一八八八年～一九五六年）、福岡出身、早稲田大学卒。玄洋社社員。「東京朝日新聞」主筆、副社長。吉田内閣副総理。

4　中野正剛（一八八六年～一九四三年）、福岡出身、早稲田大学卒。玄洋社社員。「大阪・東京朝日新聞」記者。東方時論社長。東方会総裁。九州日報社長。

5　証文は向野堅一記念館に収蔵されているという。未見。ことの顚末は注8及び補注を参照されたい。

6　向野堅一（一八六八年～一九三一年）、直方市上新入出身。日清貿易研究所第一期生。日清戦争時、第二軍通訳官になり、金州城偵察の任務を遂行。仲間四人と潜行したが、三名は捕えられ、向野一人が生き延び任務を達成帰国した。明治二十七（一八九四）年十月十六日、横浜丸にて宇品出港、的野半介、宗方小太郎らに見送られる。新聞「日本」従軍記者末永純一郎と同船、弟の末永節も見送った。二十四日、花園口上陸。明治二十八年七月九日、宇品に戻り、十二月、根津一に伴われ明治天皇の謁見を賜る。後に、北京で筑紫洋行（弁館）、奉天（瀋陽）で瀋陽建物、満洲市場、瀋陽化学、奉天製氷などの事業を起こし、正隆銀行を設立した。

7　宗方小太郎（一八六四年～一九二三年）、熊本県出身。日清貿易研究所教育監督担当。一八九三年、海軍嘱託、一八九六年、東亜同文会設立に参加。漢口で「漢報」、上海で「時報」を発刊、東方通信社を設立した。「宗方小太郎日

記」（「神奈川大学人文学研究所報」№41）によれば、日清戦争中、威海衛・芝罘に潜入し、北洋艦隊の動静を諜報、その功績を讃えられ、明治二十七（一八九四）年十月四日、広島の大本営で明治天皇に「破格を以て特に謁見を賜った」。その際「清国滞在中の支那服を着用すべし」と命ぜられた。

8　「満洲革命宣言書」は宋教仁著「馬賊に致す書」を指す。補注（一〇三頁）を参照されたい。原文は福岡市博物館に保管されている。明治四十（一九〇七）年四月一日、宋教仁は古川清、白逾桓を伴い安東に到着、馬賊工作を開始した。小長谷政治と合流、やや遅れて朝鮮経由で末永節が大連に到着し、各地の馬賊を調査し、相談後、李逢春、朱二角、金壽山、王砒卿、楊国棟、孟福亭、藍黒牙らに向け同書簡を発した。馬賊を糾合し、そこから北京をつく作戦を模索した。その後、宋らは奉天に入り、五月、呉禄貞、藍天蔚、張紹曽、柏文蔚ら新軍の仲間と中国革命同盟会遼東支部を結成し、八月に蜂起を計画した。奉天城の小・大南関に王小堂（国柱）らが爆弾を仕掛けたことから、計画が発覚、末永らは向野堅一からお金を借り、付属地へ脱出した。その後、宋教仁は朝鮮国境の間島に潜入した。

9　蔣介石（一八八七年～一九七五年）、浙江省奉化県生まれ、東京振武学校に留学。黄埔軍官学校校長。第三代、第五代国民政府主席。初代中華民国総統、国民革命軍特級上将。一九二八年～一九三一年、一九四三年～一九七五年、国家元首。北伐戦争、抗日戦争を指揮。一九四九年、国共内戦に敗れ、台湾に移る。

10　袁世凱（一八五九年～一九一六年）、北洋軍閥総師、大清帝国第二代内閣総理大臣、一九一二年二月第二代中華民国臨時大総統、一九一三年十月初代中華民国大総統就任。一九一五年、帝政復活運動を起こし、一九一六年に年号を洪憲と定め、皇帝に即位したが、各界の反発を受け、三月には退位した。

11　王治馨は一九〇七年五月、徐世昌が盛京将軍趙爾巽に代わり東北三省総督に就任すると、巡警局総弁に任命された。房損問題で総商会の猛反発を招き、ほどなく更迭され、北京に召喚された。帝政問題が起こった頃、袁世凱の直属で巡警部に務めた。

12　袁世凱は中華民国大総統に就任後。一九一五年、皇帝即位を宣言。盛んに帝政運動を進め、一九一六年。、皇帝に即位した。しかし同年三月、帝政を撤回した。末永節の帝政に対応については、「聞書　末永節　無庵放談」（以下聞書と表記）「袁世凱」の項（三十六頁）を参照されたい。籌安会に参加した胡瑛の動きと歩調を合せていることが注目される。このため二人は「変節者」扱いされた。

13　南大門は奉天の「大南関」の誤り。外務省編『日本外交文書』（明治四十四年十二月三日）によれば、「奉天爆破事件」と称し、「奉天城の小南関と大南関に爆弾を投げた」と記録されている。「主犯」は「日本人を含む王小堂（国柱）とする集団」で、東北三省総督趙爾巽は王国柱の引渡を日本政府に要求した。

14　頭山満（一八五五年〜一九四四年）福岡生まれ、高場塾出身、萩の乱に参加、「福陵新報」社長。

15　犬養毅（一八五五年〜一九三二年）岡山生まれ、慶應義塾大学卒、政友会総裁、第二十九代内閣総理大臣。神戸中華同文学校、横浜山手中華学校の名誉校長。五・一五事件で暗殺される。

16　宮崎滔天（一八七一年〜一九二二年）熊本荒尾生まれ、中国革命支援に奔走。失意の中、桃中軒牛右衛門と号し、全国を行脚し浪曲で中国革命を語り伝える。

17　張継（一八八二年〜一九四七年）、天津府滄州出身。早稲田大学留学。「民報」編集者兼発行人、辛亥革命後、交際部主任兼河北部部長に就任、参議院議長。中国国民党第一回全国代表大会で第一期中央監察委員に選出された。日中戦争後、国史館館長。一九〇六年十二月、宋教仁に先立ち、営口から遼西、さらに鉄嶺から吉林、安東に出向き、情報収集にあたった。

18　宋教仁（一八八二年〜一九一三年）湖南省常徳府桃源県出身。法政大学、早稲田大学に留学。中国革命同盟会に参加。辛亥革命後、湖南省都督府代表、袁世凱が大総統に就任後、国民党を組織、事実上の党首を務める。袁世凱の放った刺客により射殺される。一九〇七年四月、馬賊工作に東北に入り、同盟会遼東支部を結成、間島に潜入する。

孫文の華南辺境革命に対して、宋は長江流域の中央革命を、孫文の大総統制に対して、宋は議員内閣制を、孫文が軍事力で袁世凱に対抗するのに対し、宋は議会内閣制による法を持って対抗した。二人は終始意見を異にした。

19　柏文蔚（一八七六年〜一九四七年）、安徽省鳳陽府壽州出身。本名は烈武。安徽武備学堂出身。中国同盟会に参加。両江総督瑞方を爆弾で暗殺をはかり失敗し、東北に逃れ、宋教仁、藍天蔚らに合流、馬賊工作に加わった。辛亥革命で武漢に戻り、中華民国第一軍を指揮、安徽省を治め、安徽都督に就任。陸軍中将位を授与される。後に袁世凱から罷免、第二次革命に敗れ、日本に避難。北伐戦争に従軍、国民党中央執行委員、孫文死去後、蔣介石と対立。一九三一年、国民党に復籍、国共合作、抗日戦争に参加した。

20　明治四十四（一九一一）年十月、末永は上海の宋教仁から武昌での蜂起（第一革命）の知らせを大連で受け、上海を経由し武漢に急行、十月十二日に武昌に到着した。その出立に際して詠んだ漢詩がこの「将赴會」である。詳細は本書「聞書」「第一革命一番乗り」の項（四十五頁）を参照されたい。本詩は「浪人生活」掲載の「浪人本義」の末尾を飾っている。宮崎滔天によれば、恵州事件前に作られたという。その折は、第二句は「廿年」となっている。戦後書かれたものは「卅年」としている。

肇国会

21　「正大にして高明、雄麗にして陽剛の威徳を発揮」から大高麗国と名付けた。

22　肇国会は大正十一（一九二二）年設立。末永節は一九一九年、三・一事件に遭遇し、日韓合邦運動のやり直しを決意、大高麗国建設を提唱した。会の設立経過、趣意、会員など詳細は不明。

袁世凱

23　帝政運動に対する末永節の対応は、「聞書」「処士の道」の項（三十頁）を参照されたい。辛亥革命直後の一九一二年三月には山東新都督に任命された胡瑛の顧問として芝罘に入り、旧勢力に対峙し山東省独立を宣言したが、間もなく、逆に胡瑛らが駆逐された。帝政運動が起こると、胡瑛は籌安会に参加し、袁世凱の帝政復活に参与した。この時期の末永節の動きは胡瑛の歩みと重なる。

24　福本日南（一八五七年～一九二一年）、福岡生まれ、本名福本誠。司法省法学校中退。新聞「日本」設立に寄与、東邦協会設立に参与、九州日報社長、衆議院議員。中国革命を支援。著書多数。

25　神鞭知常（一八四八年～一九〇五年）京都府出身、大蔵省出身、衆議院議員、内閣法制局長官。国民同盟会、対露同志会を組織。明治三十七（一九〇四）年二月に訪韓し、一進会設立に関与した。

26　第二次大隈重信内閣（大正三〈一九一四〉年四月～大正五年十月）

27　李白、古風五十九首其十の一段

満洲国

28　梅津美治郎中将（一八八二年～一九四九年）、大分中津生まれ。昭和十四（一九三九）年九月七日、関東軍総司令官、参謀総長、駐満洲国大使に就任。翌年の一九四〇年、大将に昇進。東京裁判では証言台に立たず、沈黙を通し、終身刑の判決を受ける。服役中獄中死。

29　手塚省三（一八八六年～一九五六年）、福岡出身、陸士第十九期、陸大第二十八期卒、陸軍少将、杭州湾上陸作戦で負傷退役し、哈爾濱学院院長就任した。後に福岡護国神社神官を務めた。

30　手塚省三は昭和十五（一九四〇）年六月より昭和十八年三月十六日まで、哈爾濱学院院長に就任した。なお大同学院は新京（長春）にあり、末永は哈爾濱学院と混同している。

31　星野直樹（一八九二年～一九七八年）、横浜生まれ。東大卒、大蔵省出身、満洲国国務院総務長官、東條内閣内閣書記官長。東京裁判で終身刑の判決を受けたが、昭和三十三（一九五八）年に釈放される。

黄興と相知る

32　日野熊蔵（一八七八年～一九四六年）、人吉生まれ、陸軍士官学校卒。陸軍歩兵中佐。発明家で日野式自動小銃の名を残している。また明治四十三（一九一〇）年十二月、代々木練兵場で日本初の航空機飛行のパイロットを勤めた。大正二（一九一三）年、孫文来日には、長崎に出迎え、九州路の旅に同行した。

33　黄興（一八七四年～一九一六年）、東京弘文学院に学ぶ。満洲での工作を進めるため、拒俄団を組織することに始まり、華興会を組織、中国同盟会を生み出し「民報」を出版、黄花崗起義に参加、武昌起義が起こると、武漢で全軍を指揮、大元帥に就任した。第二革命、第三革命に参加、孫文と意見を異にしたまま逝った。

34　宮崎滔天著『三十三年の夢』（国光書房、明治三十五〈一九〇二〉年八月刊）の漢訳本は二種ある。黄中黄（章士釗）訳『孫逸仙』と金一（金松岑）『三十三年落華夢』、いずれも一九〇三年出版の抄訳である。黄興らは黄中黄の訳本を携えて来日した。

35　明治三十三（一九〇〇）年、恵州事件を指す。

36　胡瑛（一八八四年～一九三三年）、湖南省常徳府桃源県出身。宋教仁と同郷。早稲田大学経済学部出身。中国同盟会に参加、評議員を務める。一九〇七年に帰国、萍瀏醴起義で逮捕され、終身刑を受け、武昌革命で救出され、湖北軍政府外交部部長に任命される。一九一二年、初代山東都督に任命されたが、旧勢力に駆逐され、まもなく新疆青海屯墾使に移動を命ぜられる。宋教仁が組織した国民党に加わり参議院議員となり、一九一三年、宋が暗殺されると、第二革命に加わり、袁世凱討伐を図ったが、失敗し、再び日本へ亡命。一九一五年八月、楊度、厳復ら五名とともに、袁世凱の帝政を支援するために籌安会を組織した。その後、孫文の許に復帰、紆余曲折を経て、満洲事変後、国民政府に復帰した。辛亥革命直後、湖北軍政府外交部長時代から山東都督時代の間、末永は彼の顧問を務めた。この間から籌安会まで、末永は行動を共にしている。二人はこのため「変節漢」と批難された。

37　一九〇六年、湖南と江西省境での萍瀏醴義起を支援し、一九〇七年に張之洞に逮捕される。胡瑛は一九〇九年に終身刑の判決を受けた。

第一革命一番乗り

38　末永純一郎（鉄厳、一八六七年～一九一三年）、杉浦重剛の称好塾に学び、「芸備日日新聞」記者を経て、新聞「日本」編集長を務めた。日清戦争に従軍記者となった。明治三十八（一九〇五）年十月、「遼東新報」を大連で創刊、社長に就任。民衆の立場を貫いたが、昭和二（一九二七）年十一月、満鉄の圧力に屈し「満洲日日新聞」に吸収合併された。その間、三万五千部から四万五千部の発行があった。対外硬同盟に参加、東邦協会理事を勤め、日華国民会を設けた。大正二（一九一三）年、病死。弟の末永節が大正三（一九一四）年一月から翌年二月まで第二代社長を務めた。

39　白井勘助、一九〇八年十一月、蘇州で中国語雑誌「江蘇旬報」を発刊、一九〇九年、小型新聞「蘇台日報」に改編、一九一一年、辛亥革命により停刊した。いずれも白井が主筆を務めた。また一九〇九年、鎮江で中国語新聞「江南日報」を発刊、主筆を務めたが、翌年「江南商務日報」に改編され、白井は退出した。

40　坂本格（一八六五年～一九二一年）、福岡県八女郡出身、玄洋社社員。福岡県県会議員、福岡興業銀行重役を歴任後、台湾産業開発、日露戦争後、撫順で雑貨店を開業、煉瓦製造、木材販売に事業を拡大、また撫順実業協会会長を務めた。大正十（一九二一）年病没。海外に出る前は、久留米を中心に活動していたと思われる。

41　河原しづえ、未詳

42　西京丸（二九一三トン）は日清戦争当時、巡洋艦代用、通報艦、供給船として、各海戦に従事した。日清戦争中、旅順港、威海衛攻撃に戦艦扶桑に乗船して取材した末永にとって、西京丸との再会と乗船は感激ひとしおだったのだろう。

43　「民立報」、一九一〇年末、宋教仁は日本より上海に戻り、于右任主宰する同紙の記者を務めた。やがて陳其美らが加わり、革命派の拠点に化し、中部同盟会（一九一一年七月三十一日設立）が組織されると、その機関本部となり、同紙は機関誌となった。社屋をフランス租界三茅閣に移り、宋教仁が直接経営することになり、武昌起義の中心的役割を果たした。

44　柳聘儂（一八八一年～一九四八年）、本名大任。湖南長沙出身、東京体育専門学校卒。華興会、中国同盟会に参加。辛亥革命後、大総統府枢要秘書に就任、第二次革命時、湖南公民聯合会を組織、反袁独立を堅持した。晩年故郷に戻り、小学校教員を勤めた。

45　末永節は十月六日、挙兵計画を宋教仁から知らされ、西京丸で上海に到着、民立報館に宋教仁を訪ね、十二日、白井とともに漢口に到着。翌日、宋教仁が到着、黄興は一週間後に到着した。外からの「一番乗り」は確かだが、武昌には、武備学堂で教官を勤め、東亜同文会に属す大原武慶陸軍中佐が戦闘に参加していた。

46 大中熊雄（?～一九四六年）佐賀県出身、海軍兵学校三十二期卒。後に海軍中佐。

47 葛西金次郎、未詳。

黄興と孫文の出会い　その一

48 内田良平（一八七四年～一九三七年）、福岡生まれ。玄洋社社員、黒龍会主幹。平岡浩太郎の甥。明治二十七（一八九四）年、東学党が蜂起すると、天佑侠を結成、「日韓合邦」を推進し、日清戦争後、黒龍会を設立。大正八（一九一九）年、三・一事件後、同光会を結成。昭和六（一九三一）年、大日本生産党を設立。中国革命を援助、恵州事件後、孫文らと意見を異にした。

49 明治三十八（一九〇五）年七月二十九日、赤坂檜町の黒龍会事務所兼内田良平自宅で中国同盟会設立準備会が開かれた。孫文と黄興の初対面。八月二十日、中国同盟会設立。

50 孫逸仙歓迎大会は明治三十八（一九〇五）年八月十三日、麹町富士見楼で開催された。

51 張覚先、未詳。

52 褚民誼（一八八四年～一九四六年）、蘇州出身。日本大学政治経済学部出身。中国同盟会に参加。フランスに留学後、辛亥革命後の上海に戻り、再びベルギーに留学、医学博士を取得。一九二四年末に帰国し国民党で教育工作に従事、広東大学教授、代理校長を歴任。国民党第二回全代表大会で中央候補執行委員に選出され、執行委員に昇格した。一九三二年、汪精衛の行政院院長に伴い、行政院秘書長に任命され、一九四〇年、南京国民政府が成立し、外交部部長兼行政院副院長に就任、同年十二月より駐日大使、一九四一年十月、外交部長に復帰した。一九四五年十月、蒋介石に逮捕され、漢奸の罪により処刑された。また彼は太極拳の継承者で、太極拳を体操の一種に高め、全国に普及させた功労者でもある。

53　張□□、未詳

54　明治三十三（一九〇〇）年、恵州事件を指す。

55　「民報」明治三十八（一九〇五）年八月発刊、明治四十三（一九一〇）年二月廃刊。中国同盟会の機関月刊誌、二十六期を出版。第二十四期が日本政府により発禁処分となり、第二十五期、第二十六期は秘密出版した。印刷人は末永節、発行人は宮崎滔天。胡漢民、章炳麟（章太炎）、陶成章、汪兆銘（汪精衛）が編集長を務めた。

56　「民報」発行所は牛込区東五軒町十九番に置いた。

57　谷思慎（一八八一年～一九四六年）、山西省出身（四川省は末永の思い違い）。北部哥老会出身。日本大学に留学中、興中会、大刀会、哥老会の統合を提案し、中国同盟会創設に寄与、経理部責任者を務める。同盟会山西省分会を設立、辛亥革命後、衆議院議員。盧溝橋事件後、延安に赴き、賀竜、毛沢東らに迎えられ、辛亥革命の先輩として処遇される。一九四六年、八路軍に従軍中、病に斃れる。

58　汪精衛（一八八三年～一九四四年）、広東三水県出身。本名汪兆民。法政大学に留学。一九〇五年に革命党に入党、中国同盟会に参加、「民報」の編集スタッフを務める。清末にテロ事件発覚で、終身禁固刑となったが、武昌革命で釈放された。一九一三年、フランスに亡命、一九一七年に帰国し、広東軍政府最高顧問に就任、孫文死後、国民政府常務委員会主席、軍事委員会主席を兼任。蒋介石との確執から、その後二度にわたりフランスに亡命したが、満洲事変後、蒋介石とともに南京国民政府を成立させ、行政委員長、鉄道部長に就任。一九三五年、狙撃され、ヨーロッパで療養、日中戦争が始まり、蒋介石と三度決別、一九四〇年三月、南京国民政府を設立、主席代理に就任した。一九四四年十一月十日、名古屋に入院中客死した。

59　章太炎（一八六九年～一九三六年）、杭州余杭県出身。本名炳麟。一九〇四年、陶成章らと光復会を結成。華興会、興中会を統合し中国同盟会を結成、その機関誌「民報」の主筆を務める。辛亥革命後、民国政府の最高顧問に就任したが、宋教仁暗殺後、孫文と合流反袁世凱の活動に参加した。満洲事変後、抗日を唱え、蒋介石と対立した。

60　陳天華（一八七五年～一九〇五年）、湖南省宝慶府新化県出身。弘文学院に学ぶ。拒俄運動に参加、華興会の結成、

中国同盟会に参加。「民報」撰述員を務める。一九〇五年、清国留学生取締規則の発布に抗議し、大森海岸で入水自殺した。著作に『猛回顧』、『警世鍾』など多数。

革命の旗

61　張学良は一九二八年十二月二十九日、国民政府への合流を発表、即日、東北三省に青天白日満地紅旗を掲揚するよう指示した。易幟革命である。末永節は一九二九年冬、柴田麟次郎とともに朝鮮から中国東北を旅した。その折、一人豆満江を渡り、そこに「革命の旗」が翻るのを目にしたようだ。小河政太郎宛柴田麟次郎書簡が遺されている。柴田は豆満江から渾春を望む風景写真を掲せた絵葉書に末永の近況を綴っている。

日清戦争従軍記者

62　末永節の従軍出発は、広島に召集された臨時帝国議会開催日の十月十五日以降である。十六日、横浜丸、名古屋丸、和泉丸、釜山丸が一斉に出航し陸軍派遣の記者九名が乗船した。そのなかに兄純一郎がおり、宇品で的野半介、宗方小太郎らと見送り、彼は佐世保から乗船出航し、長直道から戦艦扶桑（三七七七トン）に乗船、旅順、威海衛の戦いを見聞し、記事を送った。本書「日清戦争従軍記」に新聞「日本」と「福陵新報」掲載記事をまとめ収録する（一〇九頁）。参照されたい。

63　新聞「日本」は明治二十二（一八八九）年二月十一日発刊、大正三（一九一四）年十二月三十一日終刊。日本新聞社から発行。陸羯南社長兼主筆。古島一雄編集長、編集部に末永純一郎、福本日南、国友重章らを配し、三宅雪嶺、池辺三山らが加わった。過度な欧化主義に日本主義を主張、対峙した。後に政教社に引き継がれ、「日本及日本人」を創刊した。日清戦争に八名の従軍記者を派遣した。福本日南、末永純一郎、末永節、正岡子規らである。なお、従軍直後、子規に宛てた末永節作漢詩一首が子規の「陣中日記」に納められている。本書に収録、参照されたい。

64　「九州日報」は明治二十（一八八七）年に「福陵新報」として創刊。現在の「西日本新聞」の前身の一つ。明治三十一（一八九八）年に「九州日報」に改題。古島一雄初代主筆、平岡浩太郎は資本主。従って、従軍記事は「福陵新報」に掲載された。末永が混同している。

65 平岡浩太郎（一八五一年～一九〇六年）福岡生まれ、玄洋社初代社長。衆議院議員。赤池炭坑、豊国炭坑経営。九州日報資本主。上海に東洋学館の設立につとめ、天祐俠を支援、玄洋社の活動を支え、亡命した孫文を支援。

66 一八九五年（明治二十八年）二月、北洋艦隊提督丁汝昌は要員の助命を条件に降伏し、十二日、服毒自殺。末永節は「福陵新報」（明治二十八〈一八九五〉年二月二十一日）に「雲濤日録、丁提督の降伏」と題し記事を発表している。本書「日清戦争従軍記」「雲濤日録」に収録、参照されたい。

67 明治二十七（一八九四）年四月二十六日、東学党は白山に集結、甲午《こうご》農民戦争に発展。

68 末永は長崎－ウラジオストック航路のステロック号で船員をしていた。

69 的野半介（一八五八年～一九一七年）福岡生まれ、玄洋社社員、自由党に加入、衆議院議員。九州日報社主、関門新報社長。

70 天佑俠、明治二十七（一八九四）年甲午農民戦争（東学党の乱）に釜山で結成された団体。吉倉汪聖、武田範之、大崎正吉ら釜山在住の九名に、「二六新報」の鈴木天眼、玄洋社の内田良平、大原義剛、佃信夫らが加わり計十四名が東学党合流を目指した。

71 大原義剛（一八六五年～一九四五年）福岡生まれ、高場塾出身、玄洋社社員、明道館員、天佑俠に参加。衆議院議員、九州日報社長。

72 佃信夫、新潟高田市出身、黒龍会会員。天佑俠に参加。鈴木天眼、北村三郎と「活世界」発刊。高田連隊勤務時に、蒋介石と親しく往来した。

73 明治二十七（一八九四）年八月一日、宣戦布告開戦。

74 明治二十七（一八九四）年九月八日、大本営を広島に設置、十月十五日、臨時帝国議会が広島で召集された。

75 古島一雄（一八六五年～一九五二年）豊岡生まれ、雑誌「日本人」記者、新聞「日本」編集長、「九州日報」主筆、

「万朝報」記者を歴任、後に衆議院議員、貴族院議員。犬養毅の側近を務める。杉浦重剛の影響を受け、頭山満らと親交を深め、辛亥革命を陰から支援する。

76 有森新一、後に海軍大佐となり、戦艦厳島（四二一七トン）艦長に就任した。

77 長直路は全羅道西南岸に位置し、ここに日本連合艦隊の前線基地が置かれた。

78 郡司成忠（一八六〇年～一九二四年）、東京都出身、幸田露伴の兄、海軍大尉。第一次、第二次千島拓殖に参加。日清戦争中、水雷敷設隊分隊長。

79 明治二十七（一八九四）年十一月中旬、旅順攻撃開始、二十一日、占領し終結。

80 斎藤七五郎中将（一八七〇年～一九二六年）仙台生まれ。日清戦争当時は少尉候補で戦艦扶桑に乗船従軍した。

汪精衛

81 東京谷中の全生庵に、孫文が恵州事件で犠牲となった山田良政（一八六八年～一九〇〇年）の為に記した碑文を刻んだ「山田良政先生碑」がある。

82 清水隆次（一八九六年～一九七八年）福岡県出身、白石範次郎に神道夢想流杖術、一心流鎖鎌術、一達流捕縄術を学び、免許皆伝を受ける。杖道範士九段。

83 汪精衛の来日日程は、昭和十七（一九四二）年十二月十九日、汪は南京国民政府を代表し周仏海、褚民誼、周陸痒を帯同し福岡雁ノ巣飛行場着。二十日、羽田に飛び、天皇陛下謁見、東條英機総理と会談後、二十五日に雁ノ巣飛行場到着、福岡に一泊し、二十六日雁ノ巣飛行場より帰国。

84 鴻臚館以前に福岡市荒戸にあった筑紫館を指す。即ち迎賓館の意。「西日本新聞」（昭和十七〈一九四二〉年十二月二十八日）によれば、末永は中島町濱新地にある料亭「竹葉」で歓迎会を開き、杖術を披露した。維新政府から汪精衛、褚民誼、林柏生、日本側は末永節、大熊浅次郎、末永賢次が列席、清水隆次と斎藤市造が杖術を披露した。

85 栄屋は福岡市橋口町にあり、「竹葉」まで徒歩で案内したのだろう。

86　福岡市鰯町矢島旅館女将阿部夕子。末永節の晩年の生活を助けた。末永は彼女を「女俠」と呼んだ。

章太炎と黄興の息子

87　情交の意

88　黄一欧（一八九二年〜一九八一年）、湖南省長沙出身。黄興の長男。一九〇五年、弘文学院に留学。中国同盟会に参加。在日中、エスペラント語を学ぶ、日本の官憲に逮捕され、頭山満に救出されたことがある。北伐戦争に参加、反蒋活動に加わり、一九四三年まで療養を名目に湖南に潜んでいた。一九四八年、中国国民党革命委員会、一九七七年十一月、湖南省政治協商会議副主席。一九八〇年より民革中央委員。

89　山内惣作のことか？　未詳。

革命の歌（革命芸者）

90　伊藤銀月（一八七一年〜一九四四年）、秋田出身、「万朝報」記者となる傍ら、著作活動を行う。評論、小説、紀行文、歴史、人物論など幅広く執筆。

91　黎元洪（一八六四年〜一九二八年）、湖北省黄陂県出身。北洋水師学堂卒。一九〇六年、湖北新軍第二十一混成旅団長、武昌革命に於いて革命軍司令官に推挙される。一九一二年、中華民国副大総統に主任。一九一六年六月〜一九一七年七月、袁世凱を継いで大総統に就任した。一九二二年六月〜一九二三年六月、再び大総統に就任した。

92　梁敦彦（一八五七年〜一九二四年）、広東省出身、香港中央書院卒、イェール大学に学ぶ。清末に駐米兼駐日、秘、古欽差大臣に就任したが、任地に赴かなかった。清朝政府最後の外務部大臣を務めた。辛亥革命後、袁世凱内閣の外務大臣に就任、徐世昌内閣で交通総長、張勲復辟時には内閣議政大臣兼外交部尚書に就任した。復辟失敗後、政界から離れた。

筑前琵琶

93　明治二十六年（一八九三年）、文士今村外園作詞「谷村計介」に曲をつけ演奏したのが筑前琵琶の始まりといわれる。当時は筑紫琵琶と呼ばれた。谷村計介（一八五三年～一八七七年）、宮崎県出身、陸軍伍長。西南戦争の熊本城籠城戦において薩摩軍の包囲をかいくぐり、第一旅団本部に状況を報告、援軍の確保に成功し、官軍の勝利に貢献した。田原坂の戦いで戦死。

94　末永節は浪仙窟主人と号し、筑前琵琶を作詞している。作品に「近江八景」、「猛将吉岡大佐」、「傑士安永東之助」がある。本書に二篇を収録（二九四頁）。参照されたい。

宮崎寅蔵（滔天）

95　宮崎滔天は、桃中軒牛右衛門と号し、高座に出た。

96　平山周（一八七〇年～一九四〇年）、号は南万里、古研。福岡県生まれ。滔天や末永節とタイ移民に参加。外務省嘱託として会党調査。犬養と孫文を会見させ、孫文の東京居住の許可を得る。約一年間孫文と同居。後に孫文の信頼を失い、滔天とも意見を異にし、一線を引く。著書に『支那革命党及秘密結社』がある。

97　徳富蘇峰（一八六三年～一九五七年）、熊本生まれ、ジャーナリスト。同志社大学を中退。大江義塾開校。民友社を設立し、「国民之友」、「国民新聞」を刊行。明治三十年、官界に入り内務省勅任参事官に就任。滔天らも旧師の変節を非難している。

中山博道先生

98　中山博道（一八七二年～一九五八年）、金沢生まれ、神道夢想流杖術を内田良五郎（内田良平の父）に、無双神伝英信流居合を細川義昌に学び、前人未到の剣道、居合術、杖術の三範士号を授与された。「最後の武芸者」と評される。

頭山先生

99 和楽路会《わらじ》は博多の釜風呂を支援する同志会のメンバーを母体に明治四十（一九〇七）年発足。両会とも末永節が会長を務めた。脚絆にわらじ姿で、徒歩で神社詣でをした。住吉神社から太宰府や猪野神宮詣が多く、昭和十一年十一月には頭山満も参加した。猪野天照大神宮には、現在でも頭山満、進藤一馬の揭額に遺されている。

100 杉浦重剛（一八五五年〜一九二四年）、大津生まれ、イギリス留学、化学を学ぶ。文部省、東京大学に勤務。東京大学予備門（一高）校長、東京英語学校創立。東亜同文書院院長。衆議院議員。政教社発行「日本人」（後の「日本及日本人」）、新聞「日本」の刊行に尽くす。

101 三浦梧楼（一八四七年〜一九二六年）、萩生まれ、奇兵隊出身。学習院院長、貴族院議員。在朝鮮国特命全権公使。閔妃暗殺の指揮をとったとされ投獄される。

102 今中素友（一八八六年〜一九五九年）、福岡県出身、川合玉堂に師事し、文展、帝展などで活躍。

103 島田経一（一八六六年〜一九二七年）、福岡生まれ、玄洋社社員、若くして末永節などに交わり、平岡浩太郎門下に入り、平岡が上海に開いた製靴店に寄寓し、中国語を学び、中国事情を研究、東学党の乱に備えて爆薬を輸送中に逮捕される。恵州事件の際は末永節と共に行動し、辛亥革命の折には、頭山満に同行、革命派を助けた。

黒田武士

104 廣田弘毅（一八七八年〜一九四八年）、東京大学卒。玄洋社社員、明道館館員。外交官、貴族院議員、外務大臣、内閣総理大臣。極東裁判においてA級戦犯として刑死。

105 工藤□□、杖術の工藤一三ではないだろうか。未確認。

106 画家の大室白耀夫婦、昭和二十（一九四五）年、天行会頭山道場が全焼。末永はそこに住んでいた清水隆次一家を、八王子の大室氏のもとに疎開させた。

平岡浩太郎先生

107　鈴木天眼（一八六七年〜一九二六年）、福島県生まれ、本名は力。「二六新報」主筆。佃信夫、北村三郎と「活世界」発刊。天祐俠に参加。長崎で「東洋日の出新聞」創刊。衆議院議員。

黄興と孫文の出会い　その二

108　黒龍会は明治三十四（一九〇一）年一月設立。内田良平、葛生修吉らが発起し成立。平山周、葛生能久らも参加。頭山満が顧問。武田範之、鈴木天眼、清藤幸七郎らも加わり日韓合邦運動を進める。また第一次、第二次蒙満独立運動に関わり、中国革命にも深く関わった。

「民報」の家探し

109　新宿牛込区東五軒十九番。

110　古賀廉造（一八五八年〜一九四二年）、佐賀生まれ、大審員検事、判事。慶応大学教授、貴族院勅撰議員。民国紙幣偽造事件、阿片密売事件を起こす。

詩稿

111　隅田、未詳。

112　本書「詩歌と筑前琵琶」に四十七首収録する（一八三頁）。さらに『無庵詩稿』に六百余首が収録されている。

進藤喜平太翁

113　進藤喜平太（一八五〇年～一九二五年）、福岡生まれ、高場塾出身。玄洋社第二代、第五代社長。萩の乱に参加。

114　国会開設請願運動、明治十三年（一八八〇年）国会期成同盟の結成から明治二十三（一八九〇）年七月の第一回衆議院総選挙実現まで続けられた運動、運動中、向陽社は玄洋社に発展している。

115　香月恕經（一八四二年～一八九四年）、秋月生まれ。玄洋社社員。筑前竹槍一揆で投獄され、秋月の乱でまた下獄。筑前共愛会部長、国会期成同盟幹事。「福陵新報」主幹。第一回衆議院総選挙に当選、第一期衆議院議員。二期務める。

116　権藤貫一（一八四五～一九一五年）、福岡県生まれ。第一回衆議院総選挙に当選、第一期衆議院議員。長野県知事。

117　小野隆助（一八三九年～一九二三年）、太宰府生まれ、真木和泉の甥。玄洋社社員。筑前共愛会会長。筑紫、那珂、宗像の郡長、第一回衆議院総選挙に当選、第一期、第二期、第五期、通算三期衆議院議員。香川県知事。

118　郡葆淙（一八四七年～一九一八年）、福岡生まれ、本名は利。玄洋社社員。筑前共愛会会長。国会期性成同盟副会長。第二回衆議院総選挙に当選、第二期衆議院議員。福岡日日新聞第二代社長。

119　岡喬（一八五七年～一九二四年）、福岡生まれ。福岡の変に参加、懲役二年の刑を受け、静岡の獄に送られる。玄洋社社員、北陸民権運動に奔走、また玄洋社の経営に携携わり、その基礎を築いた。晩年は住吉神社祠官を務める。

120　佐々友房（一八五四年～一九〇六年）、熊本生まれ。藩校時習館に学び、同館廃止後、原道館に学ぶ。西南の役に熊本隊に加わり参戦、吉次峠の戦いで負傷、囚われ宮崎の監獄に収監された。済々黌を設立、黌長を務める。また紫溟会を組織、「紫溟雑誌」を創刊、顧問となり、「九州日日新聞」に発展させ、社長を務めた。熊本国権党を組織、第一期衆議院議員に当選した。

121　安藤健藏、熊本生まれ。内務大臣を務める。

孫文を激励す

122 一九一二年一月一日、孫文中華民国臨時大総統即位式

123 財部、未詳。

杉山茂丸

124 杉山茂丸（一八六四年～一九三五年）、福岡生まれ。「福陵日報」創刊に尽力。台華社主幹。日韓合邦を推進、満鉄設立に寄与。

神鞭知常

125 神鞭知常（一八四八年～一九〇五年）、京都府生まれ。衆議院議員、法制局長官。ヂ日本協会、国民同盟会、対露同志会に参与。

126 山座円次郎（一八六六年～一九一四年）、福岡生まれ。玄洋社社員。東京大学卒、外務省政務局長。日露ポーツマス講和会議に出席。

補注　「馬賊に致す書」（「満洲革命宣言書*」）　宋教仁

（『宋教仁日記』湖南人民出版社、一九八〇年
『宋教仁の日記』松本英紀訳、同朋舎出版、一九八九年）

某々英雄麾下

聞くところによりますと、公らは遼海の間に道義を行ない、弱きを扶けて強きをくじき、お上にむかって人民を救うことを志としているとのことです。わたしらの所に、いぜん同志が公らと手を握ったことがあると帰ってきて申

しておりました。ひそかに同志の孤ならずを幸いとし、欣慰きわまりありません。しかしながら、一・二らのために申し述べることがあります。馬軍が起こってから三百年近くになりますが、その正義を結集したはじめを考えてみますと、じつに明末まで遡ります。けだし、明の時代、盗賊の蜂起、政府の誅求は飽くことを知らなかったので、人民は生活の拠りどころがなかったのです。だから北方の豪傑は互いに団結し、人々は自ら盗賊を防禦し、貧官汚吏に抵抗して一身一家の安全を図ったのです。その本旨はもとより人民を保全し暴政を排斥することになって、却殺焚掠（ひとごろし、ほうか、ごうとう）を生業とする緑林暴客のごとき類ではありませんでした。清兵が山海関より侵入し、代って中国の主となるに及んで、かえってますます恣しいままに暴虐をなし、人民を屠戮し財産を誅求して、厳しい法律による虐政、恣しいままの重税の収斂は明代に較べていっそうひどくなりました。かくて馬軍の団体は日増しに政府に対する反抗を強め、北方からあい率いて馬軍に投じ、身の安全を図るものは日増しに多くなった。馬軍と政府はほとんど両立しない形勢となり、あい対峙して今日に至り、ついに公らの隆盛となったのです。これは僕らが中国のために慶祝するところのものです。しかし歳月が長くたちますと、宗旨はしだいに忘れられ、各部は散居して統一していないため、大事業を計画しようとも勢いとして成就できません。このため党群は多いけれども、やはり緑林と異なりません。いま政府は公らを寇賊に過ぎぬ流とみております。けだし、心ではまことに軽視しているのです。そもそも大丈夫たるものは、無上の威名を立てて百世の崇拝を受けるべきなのに、どうして軽視してよかろうか。まして公らの祖先は政府の惨殺をとくにひどく受けていたのです。復仇の気持は誰しもが持っており、天地の大義であっておろそかにすることはできません。いま、有用の人材を擁していても合一の団体はなく、大挙の方策を謀らず、進取の策略をご存知ないのです。これまた公らのために痛惜すべきものです。あるいは清廷、官軍が精鋭で防ぎ難いことから軽々しく叛乱を起そうとしないのかもしれませんが、武器人材は比較研究すれば、官軍は馬軍にはるかに及ばないのをご存知ない。ただ彼の軍隊はやや多く、此の団体は実にばらばらで、寡、衆に敵しないから、みな忌憚しているだけです。もし遼河の東西、黒水の南北の義兵を統べ集め、合して一団となし、ともに大事業を起せば、どうして官軍がそれに適いましょうか。西のかた山海関を渡れば水平は守れず、南のかた喜峰口を出ずれば北京は危うくなる。大挙して革命の事業をやろうと思えばこれほど便宜なことはありません。僕らは以前から南方で大事業に取りくみ、これまで数十万以上の徒党を呼び集め、ずっと大義名分をかざして兵を起したいと考えてきました。しかし山川に断ち切られ、京からはるかに遠く離れていて、割拠の事業をやろうとすれば容易だが、清廷の死命を制しようとすれば困難で公らの居る土地に較べますと形勢ははるかに及びません。いま、公らと誼を通じて、南北こもごも攻め、ともに大挙を謀らんことを願い、とくに某々らに戎幕に拝趨させて機宜を相談したく派遣させました。そのものは士卒を調練ひ、軍隊を編成することみな習熟しており、公らの顧問として十分にお役に立てましょう。もし微弱な事を厭わずに大義の事業を提唱し、互いに連合すれば、ひとり僕らの幸いのみならず、中国四万万同胞の幸いです。手ずから謹んでしたため申し上げました。

不宜、某頓首

中国開国四千六百五年〇月〇日

（＊）福岡市博物館保管の末永家資料に⑴「馬賊に致す書」、⑵「遼東義軍檄文」、⑶「軍政府軍律」の文書三件が遺されている。いずれも宋教仁が書いたものである。⑴は宋教仁の日記『我之歴史』に付記され、⑵は「民報」（第二十号、明治四十一（一九〇八）年四月二十五日）「来稿欄」に掲載されている。訳文は『宋教仁の研究』（松本英紀著、晃洋書房、平成十三（二〇〇一）年三月三十日刊）による。

末永節遺稿集

凡例

収録にあたりそれぞれに若干の解題を付し、初出などを示した。

漢字表記は詩歌をのぞき、原則として新字とし、仮名表記は初出のままとした。

「日清戦争従軍記」は、国会図書館蔵の「日本」「福陵新報」をもとにした。不明な部分は□（一字不明）また推測できる場合は□（カ）とした。また「日本」の見出しが同一の時は見出しに番号を付した。

日清戦争従軍記

【解題】日清戦争中、末永節は「福陵新報」の記者として海軍に従軍、新聞「日本」の通信員を兼任した。明治二十七（一八九四）年十月中旬、佐世保港を出立、翌年二月末、宇品港に帰還。朝鮮長直路より戦艦扶桑に乗船、「福陵新報」に「雲濤日録」と題し、新聞「日本」に「艦中日記」などと題し、旅順、威海衛の海戦を報道した。

兄純一郎も同時期に新聞「日本」の記者として陸軍に従軍、兄弟二人して陸と海に別れ戦況を報じた。新聞「日本」掲載の子規に寄せた漢詩及び「福陵新報」掲載の南部重遠に寄せた漢詩二首を付記する。ともに帰還直後に詠まれ、風雲急を告げる東亜の情勢に対する新たな決意が読み取れる。

艦中日記

「日本」明治二十七年十一月十日

同人諸君

十一月一日扶桑艦に於て　　嘯　月　生

従軍を許されて予は今ま扶桑艦に在り、海上の明月戈を枕にして眠る自ら陸上の光景に異なる、予が乗れる艦の今ま何処に在るや今予が此書を裁するの時我艦果して何処に在るや、今ま之を言ふを得ず、他日〇〇海上砲煙天を蔽《おお》ふの時こそ予は諸君に紙上相見るの栄を得ん。

「日本」明治二十七年十一月二十九日

二十日於大連湾扶桑艦　嘯　月　生

葉書一片

水雷消息安全。

二十一日陸軍旅順攻撃海軍応援の筈。

敵艦威海衛を嬰守未出寸歩我艦屢〻之を挑むも応ぜざる例の如し。

十七日大山大将大連湾の砲台を見物せり。

国破山河在和尚島砲台を見て此感あり。

士女不知亡国恨敵中猶唱後庭華支那人の呑気さ加減呆れたもの。

今朝汽船二隻旅順より逃兵を乗せて出発すと伝ふ、吉野、高千穂捕獲の為め出発す。

アス一日実に千秋の思あり何でもかでも一血戦見ねば折合が付かぬ併し威海衛に引込み居る事なれば海軍は何の造作もなからん、例の掃海探海で水雷をかき除ける位の事ナランも大砲の打合位は一寸儀式的にあらんかとも思ふ陸軍は海岸線の道路と金州路に遁兵を要する積にて已に昨日十四聯隊の幾分を分遣したりとか砲台にて大隊長の話なり又た李鴻章は「ジヤンク」船を一切とりあげて遁逃の便を絶たしむとさうなればどうしても右二途に沿ふて遁ぐるか左なくば右二道間の嶺を踰へてにげるなるべしとのことなり。

「日本」明治二十七年十一月三十日

十八日於扶桑艦　嘯　月　生

艦中の閑文字

関（山カ）東半島又た敵を見ず茫々たる黄海々上の権今や全く我手に在り壮士空しく髀肉の嘆を生ず、一日悪詩あり敢て斧正を仰ぐ。

決眥舷頭夕日曛。臨風意気思奇勲。由来筆硯非吾志。
摩盾聊将比檄文。

実は通信と云ふ大役仰付けられて夫れがうるさ、に今更筆研非吾志なんど自分ながらも可笑しく候。

艦中能文の士少からず航海士に廣瀬武夫君なるものあり君曩きに扶桑艦乗組を命ぜらる、や発するに臨みて賦して曰く

生于扶桑。死于扶桑。一死酬国。七生護皇。

と其意気見るべきなり、此心是れ我の勝つ所以にあらずや。

一日諸君の後に従ふて大連湾の砲台を見る砲台は是れ清の客将漢納根の築く処なり、武夫君詩先つ成る曰く

巍々砲台擁塞垣。厳然東海大関門。秋風落日黯空壁。
今日誰憐漢納根。

蓋し東海大関門とは砲台門頭掲ぐる所の額銘なり生亦た悪詩あり。

厳疆辺戍陣雲屯。六里砲台扼海門。敗余誰識参帷幕。
病骨秋寒漢納根。

茫茫禹画暗氈塵。転戦縦横三百旬。遼左藩屏誰扼険。

海彊鎖鑰付他人。百年天地覇図尽。萬里山川王気新。
燕京自是応非遠。立馬関門望古秦。
御叱正可被下候。
又艦中の船匠師に福島秀光なるものあり好で文字を弄す歌あり曰く
名にしおは、やまと刀の鋳となれ清してふ国のしこのやつはら
優にやさしき増荒男ならずや又た曩きに黄海の役に戦死せしもの、中に木村熊蔵なるものあり第四分隊四等兵にして秋田鹿角郡花輪町の人なり頃者其父書を吉川少尉に贈りて厚情を謝す文に曰く

謹而愚翰奉拝呈候陳者豚児熊治儀客月十七日清国盛京省大羊河口沖に於ける海戦に戦死を遂げ候に付御鞅掌の御中より頗る御尊慮の以思召御明細なる状況遥々蒙御下命を候段生々世々難有奉合掌候就而故豚児儀平素の赤心に不悖戻健気にも当日の勇戦者の一人と御艦長御始御乗組の御各君方迄御感賞被下置候趣逐一奉拝承候段誠に九牛の一毛なる　御国恩を奉謝せる一端とも相成殊に祖先の霊魂まで同悦あらんと軍人の可為本望実以雀躍此事に奉存候因茲仰ぎ庶幾は尚不日北京王城御攻撃被為遊数日を不俟陥落滅亡の上速鎮定　御宸襟可奉休候半与四千万の同胞熱望に絶ざらんこと重畳恐多も奉謹祈候先は乱書蒙御高免御請旁御厚礼等奉上申度誠恐謹言。
明治廿七季十月廿七日
故海軍四等信号兵木村熊治父
木村富蔵　百拝
文中一語の悲字なし、是れ寧ろ極悲の余なるなからんや、文、体を得たり以て其人を想見すべし此父にして

此子ありと云ふべし。

艦中日記

「日本」明治二十七年十二月七日

於扶桑艦　特派員　嘯　月　生

敵を威海衛に誘ふて彼れ出でず満艦の壮士憾を呑で空しく大連湾に引上げしは十八日の事なりし、爾来我艦隊の動静果して如何なりしぞ其要部は既に摘録して諸君に致せり今ま更らに日を追ふて動静を録す、艦中無事に苦めばなり。

十九日

威海衛より帰へりし某翌日高千穂秋津洲亦た帰へり来る報じて曰く敵遂に出でずと。

此日金州陸軍の守衛隊警を伝へて援を求む曰く敵金州附近に来らんとすと、我海軍即ち第三遊撃隊より陸戦隊を上陸せしめ急に赴かしむ。

二十日

暁起甲板に上る時満面喜色を帯べる一士官あり左も愉快らしく予に語りて曰く愉快なる日は来れりと予其何の意たるを知らず反問すれば只た曰く旅順々々と扨ては愈《いよ》ゝ旅順進撃の命下りしよな、日は何日、時は何時嬉れしや喜ばしや待ちに待ちし旅順攻撃、ヨシ敵艦は出でざるも彼れは東洋無比の要港、水雷も敷かれたり砲台も堅固なり、殊には外人もありと聞く、生来始めて鉄砲丸の間を潜るは是れ此時、二十年来の俗腸を此の砲烟に洗ひ呉れんずと勇める折柄伊東司令長官が策せる旅順応援の次第は一片の書に依て予が手に移されたり、難有しと披き見れば。

旅順応援の次第

(一) 十一月十九日午後八重山ハ本地ヲ発シ廿日午前威海衛沖ニ至リ敵情ヲ偵察シ同日午後三時頃同地ヲ発シ二十一日午前五時ヨリ六時ノ間ニ於テ本隊ニ合シ之ヲ報スルコト。

但本隊ハ二十一日午前六時頃旅順沖ニ至ルベシ。

(二) 十一月廿一日午前一時本隊第一遊撃隊第二遊撃隊及筑紫大島鳥海赤城ハ順次本地ヲ発シ左ノ隊列ヲ以テ旅順沖ニ至リ陸軍ニ応援ヲナスコト。

本隊　第一遊撃隊　第二遊撃隊　第四遊撃隊

(三) 一筑紫、大島、鳥海、赤城ハ小浜島沖ニ至レバ本隊ヲ離レ陸岸ニ沿フテ進ミ(午前五時頃)適宜ノ距離ニ至レバ左翼砲台即チ老蠣北山及老蠣両嘴地砲台ヲ砲撃。

但砲撃ノ目的タルヤ該砲台旋回砲台ナル故背面ニ散在スル我陸兵ヲ砲撃スルノ恐アルヲ以テ海面ヨリ之ヲ牽制砲撃セン為メナリ砲撃ノ時恰モ我陸兵水営附近ニ散在スルヲ以テ砲撃ハ両方ニ向テスルヲ要ス。

(四) 右砲台ヲ占領シタルトキハ陸軍ハ直チニ日章旗ヲ該砲台ニ建ル筈ニ付キ之ヲ認メタルトキハ即時砲撃ヲ止メ而シテ筑紫ハ小蒸汽ヲ陸岸ニ遣ハシ陸軍ニ連絡ヲ通スルコト。

(五) 第一水雷艇第三水雷艇隊及山城丸ハ二十日本地ヲ発シ小浜島附近ニ至リテ二十一日午前六時本隊ニ合スルコト。

(六) 第三遊撃隊及摩耶、天城、近江及第二水雷艇ハ本地ニ留マルコト。

十一月十九日

伊東聯合艦隊司令長官

とこそは読まれたれ、戦略既に定まる、今は只だ出発の片時も早かれと祈るのみ、顧みれば満艦の兵気凜として刷新す。

二十一日

午前一時耳を劈く一声の喇叭に衾を蹴て起てば、イザヤと勇む将校士卒、イツに変はりて駆け上る段梯子、踏鳴らす靴の音さへも烈しく勇めり。

暁風寒くして肌を刺し北斗の光り燦として中天に響くホエスルの音は激しく、号令の声は厲なり、エンヤ〳〵と綱曳く威勢、轢轆たる滑車の響につれて艦は既に歩武を進めたり、正に是れ悲笳数声動、壮士惨不驕の慨あり、見渡せば四艦隊廿幾隻隊伍粛々白浪を蹴る。

天未だ明けず時針正に六時を指すの時本隊及遊撃隊は一列に開ひて旅順の港を掩ふ、砲門開けて将士各々配置に就く筑紫は深く入つて敵塁を摩せんと欲す、忽ちにして饅頭山砲台震雷炎火を噴て飛ふの機頭、筑紫は既に数発を放つ、惜むらくは砲短にして達せず、敵弾は往々艦を過ぎて馳す、過ぎたるは猶及ばざるが如し遥か彼方の陸上を見れば巨礮空に轟き閃花散乱陸戦正に酣なり、敵亦た精鋭を尽して死守す、想ふ独眼将軍激厲叱咤陣頭に立ちて三軍を指揮し乃木長谷川西の諸将奮戦力闘するを、而して阿兄今若何、暁露濃かなる処硯を磨し毫を揮ふや否や。

日暖かに風噪かず、陣氛天を蔽ふて虚空の微雲朦々たり、朝より晡に至て陸戦未だ決せず殷々たる砲声漠々たる硝烟天地を震蕩して分秒の間断なし、敵は専ら陸兵の攻撃に全力を傾注して未だ我艦の正陣に向て一砲を酬ひず、知らず彼は我を近きに誘はんと欲する乎、又たは水雷敷設の以て恃む所ある乎、将た又た戍卒遁逃堡塞人なき乎。

午後に至りて偵察艦八重山報を齎《もた》らして至る信号して曰く

旅順右側の砲台は我兵之を占領す敵は其軍旗を撤し右岸に沿ひ東に向て北く、砲声止む、右側の砲台は我騎兵の攻撃中なり。

と我艦隊は無事に厭けり、敵艦は固より来らず砲台は砲を放たず、今はソロ〳〵蜈蚣の如くに動き出しぬ、頃は早や黄昏近く暮色海上に満ちたり。

折柄一声ズドンと響く陸砲台是ぞ正しく敵兵が我艦隊に酬ひたる第一着の弾丸なり、一発二発三四発続いて打出す敵丸は憐れや悉く弾着を誤る我艦之を見て敢て応せず、敵は益〻ヤツキとなれば我は愈〻澄まし込む果ては真黒々と煤烟の影を留め、我艦は去る。

折しも白波を蹴立て、驀地に駆け来る一艇二艇スハ事こそ起りたれと思ふ間に左顧すれば又もや四隻の水雷艇は一串して走る跡より又一艇我れ後れじと黒烟噴き立て〳〵追懸け、る其光景さながら疾風矢を射るが如く見るまに肉眼に没したり、続て比叡高雄の二艦亦た列を離れて舟首を旋らし是も同じく水雷艇を追ふて駆け去りぬ、是れ我艦隊の去るを見て薄暮に乗じ二隻の水雷艇が私かに港門より遁れ出でんとしたるを逸早くも我艦隊に認められ扨ては此処に一場の駆逐を見るに至りたるなり。

敵もサル者我が追懸くる勢を見て取りコハ叶はじとや思ひけん舟首グルリと一回転し一目散に引返して遁去る処をサハ逃さじと追懸け〳〵我水雷艇は五六発もつゞけ打ちに打懸けしに扨ても殊勝やな彼も有らん限の砲門開て遁げながら滅多撃ちに撃ちたりけり、遁足とは言ひながら一発にても二発にても王師に向て抵抗する彼れ雷艇の健気さよ、チヤン〳〵坊主の其中には彼れ天晴の剛の者ぞ、油断なせぞソレ進めと一斉鯨波を作ればチヤン公何に血迷ひしか見る〳〵沙場に乗揚げたり、乗組の兵士は我れを先（一字不明）□と沙上に飛び降り一目散に遁げ去りける跡に気缶は轟然一声破裂して南無阿弥陀仏その儘立往生の御姿なるぞ憐れなり他の一隻遂に之く所を知らず。

是より先軍団参謀長の通牒あり飯田海軍大尉之を筑紫に報ず牒に曰く

我陸軍背面防禦の一部を陥る、今明日中両岸砲台に進む筈故に軍艦の砲撃止められたし。

我艦隊は此夜洋中に漂泊し時に出没して遥かに陸兵の声援をなし敵をして反顧の憂あらしめて以て其力を分たしめんと欲す夜半風濤俄頃に起り天地晦冥咫尺を弁ぜず海若躍り憑夷舞ひ暗兎時を得て跳躍跋扈す突兀として山を顕し朦朧として舟を見る虚空声あり白馬宙を駆る肌を劈くの風は剣の如く艦体蕩揺架檣皆鳴る、荒凄の状描けども成らず即ち風濤を大連湾に避く。

之れを海軍士官に聞く風濤の災厄は実に戦争よりも恐る可しと夫れ艦隊の進退開闔は総て信号を以て之れを標す昼間は旗色を聯ねて事を弁ず夜は火を吹て以て信号を相示す之れを発火信号と云ふ暗夜の航行最も必要なり此夜勁風発火を吹滅し信号用ゆる能はず艦隊殆んど航行の危険を極む若し速力の調和度を失せば列艦の衝触知るべからず風濤に阻へられ舵軸の機関運転自由ならざりせば衝突或は之れによらん各艦の位置相知らず衝突の恐れ謀るべからず艦長の苦慮想ふべく航海長の配慮知るべく諸将校の焦慮亦た察すべきなり夜半大連の屯泊に帰る。

廿二日

寒暖激変大空の冷気二十八度に下る風濤猶荒れ甲板水滴凝り楽器の□（開カ）闔円滑ならず軍楽隊遂に休止す頃来連日晴朗暖仲秋の如し急激の変候往々此の如きものあり想ふ陸上の遠征軍或は恐る指を堕す者なきや否や幸に健勝なれ。

武装山城丸は水雷艦隊の母艦なり雷艇の在る所必ず之を伴ふ此夜激浪果して如何母子共に安全なるや。旅順の攻撃果して目的を達せしや夜来風雨の声豈に多少の落花なからんや艦内の偶語総て是れ不平の声にあらずして心配の気合なり。

廿三日

風濤止む寒四十度に上らず午前九時抜錨旅順に向ふ。

小浜島沖に至て山城及び水雷艇を認む母子健在心初めて安し既にして報告伝はれり曰く

旅順カタヅケタ

と即ち探海艦隊を編制して水雷を探る。

須臾にして又報あり曰く敵艦見ゆと、本隊及第二遊撃と之を追ふ大連丸大の小蒸汽船にして英国の商船旗を掲ぐるものたり我艦隊の之を追ふを見るや遽に黒烟を揚げて遁走の状をなす廿一日旅順攻撃の時も亦た此汽艇沖合に出没しければ水雷艇及び艦隊は之れを追ふ彼れ急に走つて旅順の西口に入る水雷艇之を砲撃し遂に捕送して旗艦に至り之れを撿閲せしに別に兵器を蔵するにもあらざれども目から怪異の情を含む英艦アラクリチー号急に信号を掲げて馳せ来り直に旗艦の側に至り短艇を卸し来りてその商船なることを証明す因て之れを放ち遣る而して今又た此の如し。

此夜港口に漂泊。

廿四日

午前九時旅順を発して大連に向ふ石炭搭載の為めなり砲艦二隻旅順港内に在りと云ふ無しと云ふ不分明。

清兵毒薬を投ずるの報あり曰く

ため水に毒を投ずるの恐れあり注意せよ。

各艦水を試験せよと。

溜水とは小河を堰き水を湛ふ之れを斟み以て我艦隊及陸兵の飲用水に供するものなり。

先是か丶る悪業を働らく清兵あり我兵之れを覚り捕へて之を刑す。

廿五日

午前七時旅順に向ふ。

○英仏の艦隊九艘碇泊す英艦来り訪ふ頗る我軍を賞揚す礼に過ぐれば媚となる英の謂乎。

○饅頭山の砲台は艦隊の砲撃に敗走す陸軍兵に衄らずして之れを収むと云ふ、千代田高雄の両艦砲撃の結果なりと。

○旅順に於ける魚雷営の整頓せるは実に驚くべし器械完備敵兵之れを破壊するの遑なく原形依然たり。

○造船所は我小野浜造船所と近似す以て我用と為すに足る。

○三浦大佐山城艦長旅順の知港事に任ぜられたり。
○有栖川熾仁親王殿下には新発田丸にて御来着。
○砲台は之を大連に比すれば稍々旧式に係る。
○三艘の軍艦繫泊しあり孰れも皆砲艦なり。
○一隻の新造艦未だ成らず切組丈けなしありしと云ふ。
○浚港機械船一隻あり頗る丈夫なるものなりと云ふ。
○来遠艦は二十日の夜遁げ去りしと云ふ。
○我が陸兵の敵を殺すもの一人にして十一人の多きに及びし者ありと其の兵の談に一突き突けばブスリはまりウンとも言はずして斃る人間程よわき者はあらず。
○敵にも豪の者あり我兵の胸壁に攀ぢ上るを見て銃を振り上げ打ち据へんとす一兵憤懣に堪へず攀ぢ掛りし壁を下りて仰むけに放つ一発命中して敵はステンコロコロと落ちたり其様尤も小気味善かりき。
○見あり十二三歳許り線香を炷きて父の屍を祭る涕泣堪へざるもの、如し傍人久しく睹る能はず。
○山口五郎太小児の四五歳許りなるを抱き来る戯れて曰く我先づ此児を抱て敵塁に駆け込みし後児の尻を抓り其の号泣するに和し傍より訴へて倭兵に追はれ此処に遁げ来りたりと言はゞ彼直ちに我を殺さゞるべし其瞬間を以て敵塁を偵察するを得んと。
○我兵の敵に殺さる、者多く残忍を極む中に一屍の臓腑を抉出し満つるに小石を以てするものあり士官之を衆兵に示して曰く此仇報ぜずんば何の面あつて復び故山の同胞を見んや悲壮涙を揮ふ衆皆切歯踊躍是より我兵気前日に百倍し其の勢ひに乗じて一挙旅順を抜くを得たり。
○詩一首録して叱正を仰ぐ。
燧烽高挙駭胡廷。飲馬長城破鉄局。朔北剣鋩星吐気。

山東豪傑地生霊。波濤戦艦鬼声哭。草木礮台風色腥。
満目荒涼新戍塞。悲笳吹徹暁冥冥。
○又一首　鶴唳風声肝胆寒。頽瀾兵気欲挽難。帷謀不破心中賊。一巻虎韜春爛熳。伝へ云ふ敗将劉某以身免難
輿中図書春色爛熳呵々。
廿六日
昨夜十時警あり金州湾に軍艦見ゆ二三隻と旗艦命あり我第二遊撃隊をして之れに向はしむ即時発す蓋し昨一報あり敵金州を襲ふと或は此の転訛ならん、金州湾に至れば果して猫児の影もなし。
○旅順水雷庫には魚形水雷四十余箇あり又装置完備用ゆるに堪へたり。
○鉄道軌鉄あり之れを利用すれば最も便利なるべしと。
○石炭山堆しあれども極々下等の者なりと。
○桟橋あり港内深き故自由に松島橋立を艤すべし。
○ドックは鎮遠を容る、に足ると云へば我が松島厳島は充分に容れて余りあり外に水雷艇を修繕する小船渠あり。
○繋泊の軍艦は開鏡千四百噸あり高雄より小にして赤城に倍す敏勝五百噸摩耶大島と伯仲す三檣帆走艦あり練習艦にして我満珠艦位のものなり外に新匠の一艦は未だ全成せざるも大抵高雄艦に匹似すべし。
○福岡兵の砲塁を乗取る時には軍歌を奏して攀ぢ登りしと云ふ壮なる哉。
○捕虜の中婦女数人あり品格自ら高し疑ふらくは是れ高位の人の妾ならんと年紀概ね二十左右。
○嬰児の三歳可りと思しき者母の屍に倚りて乳房を啣むあり人のからかふ者あれば恨めし気に之を睨む真に憐むべし。
○小児三人長は十二三歳父の屍を繞つて泣く軍夫入り来れば小児ながら攫みか、らん勢ひなり軍夫其屍を引き

出さんとすれば一人屍に縋りて遣らじと争ふ殊勝至極なり。
○狗あり主人の屍を守る追へども威せども去らず引きずり去らるゝ死体を追ふて終に埋葬地に到ると狗素と恩を知るもの百万の豚尾終に此一狗に如かず。
廿七日
午前一時天初めて雪ふる已にして暴颷《ぼうひょう》瀾を捲て至る艦隊繋泊に堪へず錨を抜きて大連に向ふ雲色惨淡殺気自ら天地に満ち激浪空を排して甲板を洗ふ雨蕭々軍中皆な雨具を着す午後四時半着す夜に入つて風濤止まず舷に立て天を仰げば廿八宿森として羅《つら》ね闇夜の空浮雲の掩ふなく唯風励ふして濤怒る而して北斗の光は煌々として別に自ら一条の腥気を含む是れ唯事にあらじ平壌の戦後大連陥落の日而して旅順攻屠の夜風濤の悽荒已に三度就中旅順最も激しと称す此日又た旅順当時の荒涼に劣らず想ふに之れ亦た奉天降下の徴候か艦中皆な称して李鴻章の涙雨と云ふ。
廿八日
霰降る和尚山白雪を戴く。
○郡司大尉大連湾水雷布設部長に任せらる
廿九日
寒三十度金沢丸午前出帆托之。

「日本」明治二十七年十二月十六日

艦中日録(1)

艦隊異状なし日々無事に若しむ即ち手録を摘記して左に送る。

十二月七日於大連湾扶桑艦　嘯　月　生

十二月一日　大連碇泊
午前　波浪　無浪
天候　曇
寒暖計　三十七度四分（上甲板地図室内の寒暖計也甲板は大低十度の差あり船中は一切華氏制に係るものと知るべし）
風力　軟風
一時三十分　総員を起し次で「テーブルボイ」をして洗濯水を取らしむ
七時五十五分　大島□（二字不明）力の為め「カツター」二隻を遣る
九時十分　愛宕艦出艦
九時十五分　玄海丸錨地を変ず
十一時　前檣楼当番一名降下際堕落負傷（二時間一直手足凍冷を感ぜざるを得ず高廿尺弱）
十一時二十分　艦長帰船
午後　波浪　無浪
天候　曇
寒暖計　四十六度内外
風力　軽風
一時五分　神戸丸投錨
一時十七分　筑紫入港投錨
一時三十分　両艦□（直カ）シートケーブル釣り方及雑業
一時四十分　伊勢丸錨地を変す

二時　松島艦錨地を変す
二時二十七分　筑紫艦長来艦
三時三十分　艦長艇引揚ぐ
四時　筑紫艦長退艦
四時三十分　負傷者二等水兵佐藤徳蔵を神戸丸に送る（神戸丸は病院船なり）
四時四十五分　比叡錨地を変す
五時　比叡神戸丸錨地を変す
八時　微□（一字不明）来る
十一時　小蒸汽に点火せしむ天候険なるによる
二日
午前　浪　破浪　和浪
天候　曇、嵐、驟雨
風力　和風　軽風
寒暖計　四十五度内外
零時卅分五秒　天候悪き為め小蒸汽を陸岸にやる
二時十分　洗濯物を「フームス」の下に収む次で右舷錨を用意す（天候悪しが為め）
六時三十分　総員起床
九時三十分　分隊点検施行
十時　千代田錨地を変す（筑紫又同じ）
午後　浪　和浪　荒浪

天候　青空
風力　軽風
寒暖計　三十五度内外
零時三十分　艦□（欠字）旗艦松島に赴かる
四時三十分　風向変じて北々東となる
四時五十分　「カッター」を揚げ続て小蒸汽を揚ぐ
五時三十分　伊勢丸抜錨
六時四十分　艦長帰艦直に「カッター」を揚ぐ
七時三十分　摩耶入湾

摩耶信号に皮子窩異状なし

三日
午前　浪　無浪
天候　青天曇
風力　軽風
寒暖計　二十八度内外
七時四十五分　軍艦愛宕出港
八時三十分　錨場を換ゆる為め抜錨
八時三十五分　前進微速
九時七分　運転停止　八重山出港

九時十分　　　左舷錨を投ず
　水深　六尋、底質　泥土、錨鎖　二節半
　艦位　バンタウ島南々西八分の五西、西北西八分の三西、和尚島、サンプラン峰北八分の一東
九時三十六分　戦闘操練
十時十二分　　右終り
十時十五分　　第二遊撃隊信号稽古
十一時十五分　右止め
午後　浪　　　無浪、破浪
天　　　　　　青空　曇
風力　　　　　軽風
寒暖計　　　　二十八度内外
一時四分　　　金剛艦長来艦
一時　　　　　長官艦長参謀長金剛艦長厳島に赴かる
一時十五分　　小銃手入摩耶艦出港
一時三十五分　両舷に出港の雑業を命す
二時五分　　　長官一行帰艦す
二時十分　　　金剛艦長帰る
四時四十五分　陸軍運送船一隻出港
十一時　　　　微雨来る
四　日

午前　浪　和浪　正午　荒浪
天候　曇
風力　軟風軽風
寒暖計　三十七度内外
一時　天晴る
二時十五分頃より細雨来る時々雲間に星を認む
六時三十分総員起床　陸軍運送船一隻入港
七時四十五分上甲板を洗ふ
六時三十分軍艦愛宕出港　軍艦大島出港
九時十五分軍艦近江丸錨場を換ふ
十時　海軍大佐有栖川威仁親王殿下来艦　武器点撿
十時二十分両艦直に雑業を命ず
十時三十分威仁親王殿下退艦
十時三十五分司令長官艦長参謀長旗艦松島へ赴かる
午後　浪　荒浪　和浪
天候　青天
風力　軟風　和風
寒暖計　三十六度内外
正午五分物品搭載の為め第一カッターを玄海丸に送る
一時　比叡士官伺候の為め来艦直ちに帰艦す

一時十五分　総員衣服繕
二時　葛城武蔵天龍及運送船一隻入港
三時四十分　衣服繕ひてやむ
三時四十分　第一カッター帰艦搭品を揚る
七時五分　艦長司令長官参謀長帰艦
七時十五分　第二カッターを揚ぐ
五　日
午前　浪　無浪
天候　巻雲
風力　和風　軟風
風向　北に来る六時　正午南
寒暖計　三十三度内外
六時三十分　総員起床
七時十分　運送船千代丸入港
九時三十分　軍事点検（松島より千代丸搭載の海門小蒸汽艇を当分預けの信号あり）
九時四十分　戦争操練
十時十八分　戦争操練を止め　信号稽古を始む　両舷直雑業
十一時　信号稽古をやめ
二時四十五分　武蔵艦長退鑑
午後　浪　荒浪　和浪

天候　青空
風力　和風　軟風
寒暖計　三十五度内外
零時三十七分　軍艦愛宕錨地を換ゆ
一時十五分　独国軍艦入港
一時三十分　同艦より伊東司令長官に礼砲す旗艦松島答礼す
二時四十五分　英国軍艦伊東司令長官に礼砲す松島答砲す
二時五十分　英艦「スパータン」投錨
六時　英艦出港
十一時四十四分　月西山の背に没す
六　日
午前　浪　無浪
天候　青空曇
風力　軽風
寒暖計　四十二三度
六時十五分　第二カッターを出す
六時三十分　総員を起す（愛宕出港、兵站部小蒸汽出港）
七時四十五分　上甲板砂摺
八時四十分　参謀長松島旗艦に赴く
九時五十分　軍艦鳥海入港

一時　運送船千代丸錨地を変ず同時玄海丸出港
十時十分　高雄艦長来艦
十一時三十分　参謀長帰艦
十一時四十五分　高雄艦長退艦
午後　浪　無浪
天候　青空曇
風力　軽風
寒暖計　四十五六度
零時二十分　独国軍艦出港
零時三十五分　薩摩丸西口より入りヂヤンク湾に向ふ
一時五十分　千代丸其錨地を「ビクトリヤ」湾に換ゆ
二時十分　相模丸入港投錨
二時三十五分　摩耶入港投錨　千代丸錨を「ハンド」湾に抜き「ビクトリヤ」湾に入る
二時四十三分　相模丸艦長来艦
二時四十五分　旗艦命により錨地換方（ヂヤンク湾）
三時六分　ケーブル縮め方を始む
三時十分　相模丸艦長退艦
三時四十五分　錨揚げ方を始む
三時五十一分　錨を「エックビル」下し入れ方の準備を置く
四時　前進微速

五時十分　　　左舷錨を投す
　錨地　ウエストエンター　南微東四分の一東
　　和尚島　　　　東北東八分の三北
　　ロビンソンポイント北西微西四分一北
　　　深六尋底質軟泥錨鎖二節
六時　　　　第二「カッター」を揚ぐ舷内に取入る
三時二十分　本隊旗命「今錨地を示す」
本隊、単列にて錨泊各艦旗艦より北東に列し其距離三百「メートル」
第一遊撃隊、同右
　吉野は本隊旗艦より北西（列間常間隔）に□《（碇カ）》泊せよ
第二遊撃隊、単列にて錨泊又艦旗艦より北東に列し其距離三百米突扶桑は吉野の北西にて列し間隔常間隔
に錨泊せよ
七　日
浪　　　無浪
天候　　陰雲曇
風力　　軽風　寒風
寒暖計　四十三四度
六時三十分　総員起床

分捕書類、敵艦の消息

「日本」明治二十七年十二月十六日

左に□（録カ）する所のものは丁汝昌及其他の人々より李及盛道台に宛てたる書類にして我分捕に係るもの、海洋島大戦当時如何に彼れ艦体が破壊し如何に彼れ将校が煩悶せしや之を見るに於て余りあり今ま其萃を抜て左に送る。

於扶桑艦　嘯　月　生

其一

津院

中堂閣下電諭の趣委細敬承仕候各艦中損所の軽き者は平遠、廣丙、済遠、靖遠の四艘にて工事を取急ぎ候はば大抵半ケ月にて竣工可致定遠鎮遠二艘は舵機砲機錨機小汽缶等均く撃破せられ其余の損所も甚だ多く昼夜を分たず工事を急ぎ候も来月々末ならでは竣工の見込無之候来遠は艦尾半裂け二重の舟倉は全く焚燬し鉄梁も亦た焼け曲り候に付此工事は最大工事にて二ケ月の日子を要せず候ては迚も竣工の見込無之目下の処にては一艘も航海に堪候もの無之候此段上申候也（八月二十四日）。

其二

津院

中堂閣下台覧本海軍前に東溝に於て戦闘三時間の久しきに渉り候事実に欧州各国にも前例無之激戦にて互に損傷は有之候中日本軍艦の損傷最も重を以て彼先づ退却到候故に我軍は多少の勝を制し候事に御座候当時若し後隊散乱不致候はゞ必ず我軍の全勝に帰し可申存候凡そ行軍の道は必ず賞罰を厳に発すべきは勿論の儀に付戦闘中退縮致し候者は既に法律に依りて之を処罰し勇敢なる者は夫々旨を請ふて御賞与可有之は至当のことと奉

存候故に丁提督前に電報を以て昭璵と共に郵典あらんことを請求に及置候処今般電諭の趣にては丁提督は当局中なるを以て敢て上陳に及ばず但昭璵の電報を以て懇願せし定遠鎮遠は苦戦中最も勇戦の将士を択びて申出て再訓示を得て可然可取計旨委細承知仕候此段上申候也（八月二十八日）。

其三

済遠、靖遠、平遠、広丙の四艘竣工期の電報数日欠く若し敵を制する能はざるも亦湊外近辺に於て防禦し彼れをして手を束ねて死を待つにあらざるを知らしむべきは固より言を俟たざるなり詔勅の趣に依れば修繕の督促甚だ急にして決して主任官及職工等の怠慢を許さずと云ふ智利の軍艦一事は初め価を議し議定まる後に於て竟《つい》に之を謝絶し局外中立国の例を守る是れ或は日本の使嗾《しそう》に出しや未だ知る可からず禹廷（丁汝昌の号なるべし）の傷少く癒ゆ（るや否や）定遠鎮遠両艦乗組中の数名を賞与すべきの一事は已に電報を以て代奏す襲は応さに各営を督促して至急操練すべし日本は必ず志を金夏二島に逞ふせんと欲するべし故に該島近傍に於て之を防禦し深く隝辺（船渠のことなるべし）に入らしむることなきを至急とす云々（九月一日）。

其四

津海関

盛杏翁閣下昨日の電報に依れば至急靖、済、平、丙の四艦の修理を終へ出港の上防禦に従事すべき趣き承知致候思ふに右四艘の修理竣工期は現在日夜工事を取急き居り候得者大抵広丙は初二日、平遠は初三日、靖済の両艦は本月中旬前後に、定遠鎮遠は月末に成就すべく来遠は工事甚だ多く十月中旬ならでは成効六ケしかるべく存候、小生等（丁汝昌）再三の商議を遂げ候処蚊船（不詳）及水雷艇の不定なるにより右数艦悉く竣立致し候後にあらざれば共に出で、隊に合はし難く存候六船（不詳）若し小敵に出逢ひ候はゞ尚ほ迎撃べく存候万一大敵に御座候はゞ不得已防禦は可致候得共彼は速力早くして我は遅く候間勝も追難く敗るれば退き難く正に両難の間に処し居り申候小生は平生君相の厚恩を荷ひ居り候得ば当に身を以て国に報ずべく水火の難も敢て辞せざる処に御座候得共目下難に少補なく国家の元気を傷け候段は深く愧入候次第に御座候然るに済遠靖遠両艦の砲鋼底及鋼圏は已に破壊し平遠の榴霰弾は今に到着不致広丙の三快砲弾は才にて三十発に不過加之各艦の砲身には多く損所を生じ用に堪えべきものは幾何も無之候併し気力は未だ餒へ不申候に付小生等の考案にては今此難を靖めんとならば宣く鋼鉄艦二艘巡洋艦八艘を購ひ候より外有之間敷候電報の趣にては各国とも局外中立の列を守り候由に候得共庫費を惜まず充分利を以つて啗はしめ候はゞ随分購ひ得可申奉存候縦令全勝を得不申候共亦効を将来に収め得可申候近日は海路相塞り候に付き縦令陸軍をして勝を制せしむるも彼海軍は必ず各港を擾乱我兵力を疲労せしめ防禦の効も可無之奉存候中堂には御心情定めて御煩悶可被為在奉存候に付瑣事は一切言上不仕候へ共公は北洋の翼長にて被為入日夜機務に御参尽あらせられ候に付き茲に懇願致候は何卒右の趣御執奏の上内外各省の財力を集め或は外国債を募集し我海軍の拡張に御尽力相成其所の患を救ひ併せて後日の難を除き候様致度聊か管見を陳じ候間御斟酌被下度奉願候。

昌璵　百拝

其五

津関々着

盛大人閣下昨日は至急靖済丙平四艦の修理を終へ出港の上防禦可致旨電報委細敬承仕候目下右四艦の修理は昼夜を分たず工事を取急ぎ決して緩慢には付し不申候へ共靖済の二艦は砲用鋼底及鋼圏破壊に及び何分発砲出来兼ね候平遠の榴霰弾は尚未だ到着不致広丙の三快砲弾は才かに六十発に不過到底戦闘の望無之候尤も右四艘の修理を了へ候以上は出港防禦の儀は出来可申と存候得共万一敵に遇候節は彼の速力の甚だ速く之に反して我速力は甚だ鈍く候得者到底勝利の見込無之而して彼は声威に長じ候得者我より進んで一戦を快くする能はざるは勢の所不免に御座候若し強て戦を試み候得者徒らに艦を以て敵に質するのみに御座候元来我海軍の力は甚だ薄弱なる上鹿島の戦役に於て四艘は或は沈み或は焚し一艦は浅瀬に乗上げ目下更に薄弱を加へ現に定遠鎮遠靖

遠来遠済遠平遠等の諸艦有之候も平遠は速力甚だ遅鈍にして来遠は十月中旬ならでは竣工の見込無之加之各艦共砲身に非常の損所有之深く苦慮罷在候次第に御座候若当時靖済平丙等の内一二艦を失ひ候はゞ損害此上なきことと奉存候小生の考案にては負傷全く快癒致候はゞ直ちに力戦を試み身を以て国に報ずべく人も船も倶に亡び始めて小生の責任は茲に尽可申候得共事態に於ては何の裨益も無之事と奉存候小生等の考案にては日本は一万二千噸の鉄艦二艘明年は出来可致と存候間我軍は是非共四艦は購ひ申度少くも二艘は日本軍艦より一級上等なるものを要し候又た一等二等巡洋艦八艘は可成吉野艦の上に出で申度若し然らずして徒らに三四艘の軍艦のみ購求致候共国防上には何の利益も無之事と相信候右は可成至急を要し申候万一遅延に及び候はゞ到底戦闘は出来申間敷と奉存候最も右に付ては莫大の費用を要し可申候何卒陛下へ御執奏の上内外南北の財力を集め或は外債を募集してなりとも此目的を達し候御取計相成度此外には別に良策も有之間敷存候公は翼長に任ぜられ日に機務に御参画有之候と故何分とも可然御取計らひ被下此一大難局を結度候昌璵懇願の至りに不堪候。

「日本」明治二十七年十二月二十日

艦中日録(2)

扶桑艦にて　嘯　月　生

十二月七日　碇泊場大連湾「ジヤンク、ベイ」
午前　浪　無浪
天候　陰雲、曇
風力　一度
寒暖計　四十二度
六時三十分　総員起床

七時二十五分　総員洗濯を始む
八時二十分　第一カッターを卸す
八時四十分　司令長官松島へ赴かる
九時　西京丸艦長来艦「ガレー」を卸ろす
九時十分　艦長西京丸艦長と共に松島に赴かる
軍艦相摸丸錨場を換ゆ
七時三十分　千代丸出港　釜山丸入港
八時　軍艦秋津出港
九時四十五分　橋立錨地を換ゆ
十時　運送船万国丸出港
十時十五分　当直人員雑業を命ず
十一時十五分　艦長帰艦
十一時三十分　司令長官帰艦　事業止
午後　浪　無浪
天候　陰雲、曇
風力
寒暖計　四十四度
零時三十分　艦長出艦
一時十五分　当直整列　雑業
一時三十二分　司令長官吉野へ赴る

一時五十分　赤城入港投錨
三時　西京丸より被服を受取り来る
三時二十五分　赤城錨場を換ゆ
四時　大和出港
四時四十五分　第一カッター及「ガレー」を揚ぐ
五時十五分　軍艦高千穂西京丸出港
六時十三分　艦長帰艦
八日
午前　浪　無浪
天候　陰雲、曇
風　軽風
寒暖計　四十五度
六時三十分　総員起床
七時二十分　運送船明石丸江戸丸入港
七時五十五分　総員下甲板大掃除
八時　武蔵艦錨場を換ふ
八時二十七分　名古屋丸出帆
八時五十分　葛城艦長退艦　第一カッターを明石丸にやり荷物を受取る
九時五分　両舷整列上甲板砂摺り
五時五十五分　大和艦入港

十一時　　明石丸錨場を換ふ
午後　浪　　無浪
天候　　青雲、曇
風　　軽風
寒暖計　　四十五度
一時十五分　　大砲小銃手入を行ふ
二時三十二分　　雑業を命ず
三時三十分　　事業止め洗濯を行ふ
五時十五分　　第一カツター引上げ
九日
午前　浪　　無浪
天候　　青雲、曇
風　　一度
寒暖計　　三十三度
六時　　三池丸出港
六時三十分　　総員起床
七時　　立山丸
九時三十分　　分隊点検
十時四十分　　葛城副長来艦
十時四十五分　　デリツク用意

十一時十三分　運送船門司丸入港投錨
十一時二十五分　小蒸汽船を出す
午後零時五分　葛城艦長退艦
零時六分　運送船豊橋丸出港

「日本」明治二十七年十二月二十七日

於扶桑艦　嘯月生

艦中日録(3)

十二月十日
午前　風力　無風、疾風、軟風
浪　無浪、荒浪、和浪
寒暖計　四十二度
天候　陰雲曇
四時三十分　陸軍運送船一隻出帆するを認む
四時十分　月北西に没す
六時三十分　総員起床
七時二十分　艦長江戸丸に赴く相摸丸錨場を換ゆ
八時十五分　艦長帰艦
八時二十分　江戸丸出港同時大和錨場を換ふ
九時三十分　軍事点撿了る戦闘操練

十時三十五分　武蔵副長退艦
午後一時二十五分　右舷錨用意
一時三十分　当直雑業同時波浪を避くる為め小蒸汽を老竜頭海岸にやる
四時　錨鎖を延ばして三節となす小蒸汽に陸地近くさけしむ
風力　疾風
浪　和浪荒
寒暖計　三十二度
天候　青雲曇
十一日
午前　風力　六度
天候　青空曇
浪　和浪
寒暖計　二十七度
六時三十七分　総員起す
七時三十分　当直整列木金具磨き
八時十分　再小蒸汽船を陸地に近く去らしむ
　本朝一旦帰艦せしも風波未止
九時　小樽丸入港戎克湾に投錨
十時五十分　軍艦武蔵錨地を換へ戎克湾に投錨
十一時十二分　軍艦高千穂入港

午後　風力　五度
浪　和浪
天候　青空
寒暖　二十九度
一時四十五分　西京丸入港投錨
十二日
午前　風力　二度半
浪　荒和
天候　青雲曇
寒暖計　二十七度
七時　釜山丸出港
七時四十五分　豊橋丸入港投錨
八時二十分　小蒸汽本艦に帰る
八時三十分　岩崎参謀退艦、若松参謀来艦
八時四十五分　摩耶旅順に向ふ
八時五十五分　第一カツターを卸す
九時三十分　薩摩丸戎克湾に投錨
九時四十一分　戦闘操練始む
十時四分　右止め
午後　風力　二度

浪　和浪
天候　青空曇
寒暖計　三十二度
○時四十五分　ギクを陸地に遣はす
一時五十分　金剛艦長来艦
一時二十五分　松島艦長来艦
一時三十分　当直整列雑業
一時四十五分　司令長官比叡に赴かる
二時三十分　磐城入港投錨
二時四十分　長官帰艦同時金剛艦長退艦
三時二十五分　大和艦長来艦
五時四十五分　西京丸出港
十三日
午前　風力　五度
天候　陰雲曇
浪　荒浪
寒暖計　二十五度
三時　小蒸汽点火せしむ（風力稍《やや》増したるが為め）
五時五分　小蒸汽陸岸近く避けしむ
六時四十五分　総員起

六時五十五分　錨鎖を伸ばして三節となす右舷錨を用意す
八時　中下甲板洗ひ方
八時四十五分　陸軍運送船摂陽丸入港
九時三十五分　陸軍運送船立山丸抜錨
午後　風力　五度半
天候　陰雲曇
浪　和浪
寒暖計　三十二度
一時　右舷錨を投下す左舷錨鎖五節右舷二節
零時三十分　外国軍艦投錨祝砲を発す（国名未詳）
二時二十分　本隊より左の信号
便宜双錨
二時二十五分　通船一隻流れ走るを見る（金剛のものならん）
十四日
天候　青空曇
午前　風力　四度半
寒暖計　十九度
浪　和浪
六時四十分　哨兵を撤す

六時四十五分　総員起床
七時四十分　外国軍艦出港
八時三十分　陸軍運送船入港、新発田丸出港
九時　エスコルギヤを通し右舷錨を上ぐ葛城、赤城抜錨
十時　左舷錨を揚げ正撈を正し再ひ左舷錨を投す右舷錨はコツクピルの儘左舷錨を揚げある間暫時汽機を運転
十一時三十二分　天龍艦及水雷艇一隻入港
天候　午後　青雲曇
寒暖計　十六度
浪　和浪
風力　二度
一時二十分　比叡、武蔵、金剛、高雄来艦
一時四十三分　天龍艦長来艦
二時二十五分　錨号方用意（右舷）
二時三十分　大和艦長来艦
二時五十九分　右舷錨を上げ終へ両舷迄「エンコルキーア」を収む
二時三十五分　総員上へ右舷錨を上げ
三時　比叡艦長退艦
三時五十分　武蔵、金剛、高雄、大和、天龍艦長退艦
六時三十五分　哨兵四分の一を配す

一時五十分　本日より十時十二時二時及四時の哨兵交代の節衛生酒を服用せしむることに定む
　　　　　　交代したる哨兵掌帆長属信号兵取次へ衛生酒を与ふ
十五日
風力　午後　三半
天候　青空
浪　和荒
寒暖計　十六度
一時十五分　風力増加するを以て小蒸汽を陸岸近くさけしむ
六時三十分　総員起床、第一カツターを卸ろす用意をなす
七時十分　第一カツターを卸す
八時三十五分　軍艦厳島錨地を換ゆ
　　　　　　当分の内檣楼番兵を廃す
　　　　　　舷門番兵を取除き番兵を舷門の内側に立たしむ
十時十五分　第一カツターを揚ぐ

「日本」明治二十八年一月一日

艦中雑記(1)

扶桑艦に於て　嘯　月　生

○欲しきもの　鎮遠定遠、一万噸鋼鉄艦二艘、李鴻章の首一ツ、羊羹、葡萄酒、台湾省、
○聞き度きもの　陸軍の模様、大本営の評議、清廷の内情、松風の音、進軍喇叭の声、

○見たきもの　北京城の月、威海衛の湾内、李爺の泣面、戦闘、富士の山、和紙の返事、
○苦しきもの　無事、飯の咽につまる時、他の嘲罵を忍ぶ時、二重釣床、長官の前に長居す時、
○驚くべきもの　士卒の勇猛なる、艦内規律の正しき初めて大砲を見し時、気候激変、点撿の声、
○厭ふべきもの　缶詰、勃窣の理論、他人の悪口、兵士の家里を忍ぶ弱音、
○楽しきもの　当直の上り五分前、三度の飯の菜、陸上の砲台見物、本国よりの運送船の入港、
○おかしきもの　戦闘操練の負傷者の様、扶桑百首の募集、
○懼るべきもの　水雷艇の襲来、○○の諭達、
○操練と実戦　平生の操練は大抵二時間を越へず而して黄海の海戦は五時間に及ぶ、
○受勲者　左の如し

扶桑艦　一数分隊長高木大尉は勲六等端宝賞を賜ふ
同　　掌砲長加藤鐵太郎は勲七等を賜ふ
同　　一等兵曹石井大助は勲七等を賜ふ
同　　二等兵曹山田金次郎は勲八等を賜ふ
同　　二等兵曹松本玉吉は勲八等を賜ふ

○新陳代謝　参謀岩崎大尉去つて参謀吉松大尉来たる齋藤大機関士去つて大舘大機関士来る、星野機関長去つて山本大機関士来る、糸川少尉候補生来艦、航海士広瀬少尉来艦、士師少尉候補生来艦、四番分隊長吉川少尉大尉に昇進す、是れ皆な予が乗艦以来前後の移動なり。
○天候　頃来連月天候頗る快晴殆んど本日の如きは四十二度に上る寒温頗る人体に適す不知此の反動忽ち一転

激変せば寒氷点以下に降るを幾何か期して待つべし。
○食品　近頃頗る滋味に潤ふ牛肉、やぎ、鶏肉、鶏卵□（禽カ）、家鴨、かき、橙、鮪、メザシ、塩鮭、生魚、野菜、かずのこ、なづけ等なり鮭缶詰、牛肉缶詰等一切の缶詰人皆な之れに飽くこれは士官の食なり兵曹以下は此限にあらず。
○殿下の賜言　砲術長大尉伊知地季珍曩きに威仁親王殿下の本艦に御来艦ありし時大尉に御挨拶を賜ふ曰く永々の事無《さ》ぞ御苦労であろう猶ほ重ねて勉励ある様にと大尉恐縮感激して涙を揮ふ真摯の武士大尉当る。
○少佐恩恵　余の初めて来艦するや副□（欠字）新島少佐と面す少佐懇厚頗る至る爾後事に触れ時に応じその恩恵を蒙ること一方ならず熟〻少佐を見るにその能く士を撫し賢を愛する古将の風あり今や余その恩恵に浴し孤陋の才以て酬ゆる所を知らず只願くは身を以て君に致さんのみ頓首。
○大軍医切磋　中尾大軍医常に余が粗逸懶放を鞭ちて之れを警戒切磋せらる不堪多□（いカ）也
○余の従軍　余之従軍するや意私かに以謂らく千秋一時空前の盛時男児生れて風雲に会す万願則足ると深く自ら以て栄とす知人朋友一家亦以て然となす想ふに在外の貔貅応さに戦勝の威に拠る意気昂騰宙宇を呑睨するものあらん朝練夕磨風雨寒暑に暴露せしの筋骨を提げて滄海怒濤の上に馳駆一意奉公劬労を意とせざるべし余亦この間に周旋するを得しは天下の至快畢生の願足る風雨寒暑の如き苦楽何んぞ之れを云ふに足らんや況んや飲食の末をや臥薪嘗胆は古豪傑の士が忍ぶ所余不敏と雖も聊か以て期せざらんやと而して大連旅順彼の如し余今に至つて風雨寒暑身に切なるを感じ当初の意気自ら消磨せんとするに驚く噫吾ながら馬鹿〻〻し。
○将校異動　常備艦隊即ち本隊の参謀長として松島旗艦に乗組みありし鮫島大佐は少将に升進せられ司令官として第一遊撃隊吉野艦に転乗せられたり。
　青海艦隊参謀長心得出羽少佐は本艦扶桑より移りて旗艦松島へ転乗せられ鮫島少将の後任を受けて大佐に昇進せられたり。

本艦扶桑には伊藤少佐参謀長として大本営より来艦あるよし。

「日本」明治二十八年一月一日

艦中日録(4)

於扶桑艦　嘯　月　生

十二月十七日（火曜日）
浪　　和浪
天候　驟雨青空曇
寒暖計　十八度
六時四十分　総員起床
七時　千代田錨場を換ふ明石丸旅順に向ふ
七時四十分　第一カッターを卸ろす
七時四十五分　筑紫出帆
七時四十五分　天城錨場換ふ、鳥海出帆
九時　将旗を橋立に移す、松島出帆、千代田出帆
十一時　万国丸入港投錨
午後　風力　四度
浪　無浪
天候　青空曇
寒暖計　二十度

二時五十分　松島入港将旗を掲ぐ
三時　赤城入港投錨
九時　第一カッターを吊し水面より一米突程離れ小蒸汽を艦尾に繋ぐ
十八日（水曜日）
浪　無浪
寒暖計　三十二度
六時三十分　哨兵を撤す
六時四十分　総員起床
七時四十五分　艀船ブリック用意ピンネス出方準備
八時十五分　西京丸入港
八時二十五分　艦長他行
八時三十分　両舷直整列石炭積入準備
九時二十五分　大島艦長来艦
九時三十分　門司丸錨場換
十時　石炭ツミ込み方始む
十時十分　愛宕艦錨場を換ふ
十時二十五分　総員を以て大艇を出す
十時五十分　大島艦長退艦、同時ランチ艇出し方準備
十一時十五分　ランチを出す
十一時四十分　糧食積込み

十一時四十五分　大和艦長来艦
十一時五十分　土州丸錨場を換ふ
午後　風力　一度半
天候　青空曇
浪　無浪
寒暖計　三十二度
零時十五分　大和艦長退艦
零時五十分　葛城艦長来艦
一時二十分　同艦長退艦
二時十分　西海艦隊勲章授与式施行
四時　運送船薩摩丸出づ
四時三十分　玄海丸入港水夫一名西京丸へ転乗
五時　石炭積入方終「ランチ」「カツター」「キグ」「ピン子ス」揚
五時二十分　土州丸錨場換
五時四十分　大舘大機関士外一名乗艦
六時　総員釣床
七時十分　哨兵を配す
十九日
天候　青空曇
寒暖計　二十八度

六時三十分　哨兵を引く
六時四十分　総員起床
七時四十五分　中下甲板大掃除
八時二十分　千代田入港投錨
九時　大和出帆
九時三十分　石炭積込後片付けの為め軍事点撿戦闘操練止め
十時　ピン子ースを出し掃除す
十時八分　司令長官松島に赴く
十時四十三分　武蔵艦長来る
十時五十分　八重山錨場換
十一時十九分　司令長官帰艦
十一時二十八分　武蔵艦長退艦
十一時五十五分　風北々西より吹き初む其力一
午後　風力　二半
天候　青空曇
寒暖計　三十三度内外
一時三十分　両舷直員雑業ランム、ピン子ス、カッター　ガレー掃除木金具磨
二時二十分　大砲手入れ小銃手入れ
二時五分　玄海丸錨場換千代丸の左舷につく
三時二十分　総員ピン子ス上げ方終つて両舷直を以て「ブームス」を片付け第一カッターを内に廻はしギ

クを上ぐ
四時　明石丸入港投錨
四時三十分　比叡浪速出港
四時四十分　明石丸錨場を移す
六時四十五分　哨兵を配す当夜より支那靴着用許す此日千里鏡を受取る
二十日
零時二十分　月東空に出づ
六時四十一分　総員起床総員洗濯用意
七時四十五分　玄海錨場を換ゆ摩耶出港クロースライン張方
八時三十分　愛宕艦入港
八時三十五分　兵庫丸入港
八時四十分　海軍運送船河津丸入港、洗濯止め
八時四十五分　艦長他行
八時五十分　洗濯方乾し方終て甲板流し
九時四十分　両舷直外舷塗方を命ず
十時三十分　演習の為め魚形水雷発射
十時三十五分　筑紫艦入港投錨
十一時　陸軍運送船小樽丸入港投錨
十一時二十五分　鳥海艦入港ラヂシにて外舷をぬる
風力　一

天候　　　　　　青空
寒暖計　　　　　二十八度
午後　風力　　　一
天候　　　　　　青空
寒暖計　　　　　三十八度内外
零時二十分　　　艦長帰艦
零時三十七分　　伊勢丸の入港投錨
一時　　　　　　両舷直午前の事等引続き施行
二時　　　　　　錨交換事業をなす
四時　　　　　　錨を大連丸にて土州丸に送る
四時三十分　　　パウケーブルをアンカーにシヤツクルし各端艇を掃く
二十一日
天候　　　　　　青空
寒暖計　　　　　四十度
浪　　　　　　　無
六時四十三分　　総員起
七時　　　　　　第二カツターを土州丸に遣る錨交換事業の為
七時二十分　　　外国軍艦一隻湾口に横りて西方に走るを見る
七時三十分　　　両舷直整列シートエンクル取入方事業をなす
七時四十五分　　立山丸摂陽丸入港

八時　薩摩丸出港
一時　軍事点検を止む土州丸出港
一時十二分　武蔵艦長来艦
一時四十五分　武蔵艦長退艦
七時四十五分　シートアンカ取入れの為めテレツタをフオールマストに移す
十一時　大連丸は海の浦丸より本艦のシートアンカを持ち来る
十一時五十分　豊橋丸出港
午後　風力　二半
天候　青雲
寒暖計　四十五度内外
浪　無
零時二十六分　厳島入港抜錨
零時四十五分　参謀長旗艦松島に赴かる
一時三十分　シートアンカ収め南に懸る
一時四十九分　金剛艦長来艦
一時十二分　伊勢丸錨場換へ
二時零一分　参謀長帰艦
二時二十分　出雲丸出港
二時五十三分　シートエンクルを其位置に備へてリウクを元位置に復す
三時　金州艦長退艦

三時四十五分　舘山丸出港
五時三十分　ギノを揚け総員を以て小蒸汽をブームに収む終りて第二カッターを半揚
六時　艦内哨兵配置
十一時　高雄出港
廿二日
風　◯半
天候　青空
寒暖計　四十三度
浪　無
四時三十分　橋立出港
六時四十五分　総員起
八時四十三分　比叡入港浪速続て入る投錨明石錨揚
八時四十五分　参謀長旗艦に越える
十時一分　比叡艦長来艦
十時　三河丸入港名古屋丸出港
十時五十五分　比叡艦長退艦
二時五分　参謀長帰艦
二時十五分　千代丸入港

扶桑百首（上）

「日本」明治二十八年一月一日

明治廿七年十二月於盛京省大連湾扶桑艦内　嘯　月　生　記す

人生一代一句なかる可からず、況や聖世の鴻運に遭逢する者をや、又況や身兵を執て弾雨硝煙の間に立つ者をや、聞く黄海の役激戦五時間の久しきに亘り、我軍力戦遂に大に之れに勝つ、蓋し前古未曾有の快事とす此役我が扶桑艦は実に本隊に属して殿艦たり、而して戦闘最も力む彼の敵艦の殊に撰んで衝突を要せしものは我扶桑艦なり、彼の甲鉄艦をして運用の自由を得ざらしめたるものは亦実に我扶桑艦の力なり、咄嗟衝突転瞬の間敵をしてその志を逞うするを得ざらしめたるも亦我扶桑艦長新井大佐の手腕なり、発砲狙撃能く機に当つることを得しものは実に我扶桑艦士卒の勇気なり我扶桑艦は司令官を乗せし第四艦隊の旗艦として最後に本国を出発せしものなり、是を以て将卒精鋭殆んど此艦に集まるの観あり。

日本唯一の甲鉄艦を問へば人皆扶桑艦なることを知る黄海の役本隊殿艦たりしは恐くは世人多く之に注目せざるべし、更らに本艦が苦戦の状と敵の甲鉄艦を悩まし敵と衝突を避けし操縦の妙機とに至りては蓋し之れを知る者之れなからん、世人多くは死傷の多寡と艦体破損の大小とを以て優劣を其の間に置くもの、如し仰ゝ艦を全うし人を亡せず以て大に敵を苦しむ是れ則ち上乗なるもの、我扶桑艦の如きは之れに幾し。

余従軍以来熟ら〳〵艦内の規法を察し深かく素養の在るあるに感ず、謂ふ艦内の事一規一律悉く命に従ひ令に聴く、此裏別に深く文字を要せざるなり、櫛風沐雨劬労に堪へ夙夜警戒寒暑を問はず、抑ゝ何んの遑か風流雅懐を伸ぶるの余裕あらんやと、扶桑百首を募るに及びて投寄雲の如し思はざりき文字に通するの士此くの如それ□（多カ）らんとは、辞句固より粗笨を免れずと雖ども意気自ら言外に溢る、是れ皆な当時弾雨硝煙を冒して生死の間に従容談笑せしの人、彼の花鳥風月を詠して口々自ら喜ぶの徒と固より日を同うして語る可からず人其れ千篇一律として之れを笑ふ勿れ、是れ兵士精神の萃まる所、而して殊に之を将校以下に求むる所以のものは聊か微意の存するありてなり。

若し夫れ諸将校の吟詠に至りては、別に之れを録するの日あらんなり。

身はたとひ海の藻屑と成るとてもなとか撓まん大和魂
海軍二等水兵操砲員　辻田光三

おほけなや皇大君の御のり言賤が身にまでかゝる今日かな
海軍三等軍楽手　國分秀吉

寄らば射ん見えなば撃たん我砲にいなつま懸けて仇をこそ待て
海軍一等兵曹水雷術教員　福永左太郎

支那の□（海カ）やはる〳〵越えし甲斐ありて逢ふもうれしき朝嵐かな
海軍一等兵曹按針手　石井大助

あらうれし醜の夷を平らけて朝日輝く唐土の海
海軍一等水兵長七五砲員　江藤彌太六

指のほる旭背に負ひ東より西なる國の敵を追ふかな
海軍一等兵曹掌帆長□（属カ）勲八等　得丸早虎

凩に驚くからの夷等を木の葉武者ともいはゝ言はなん
海軍一等信号兵　渡邊清次郎

御祖より□（一字不明）ゝ伝へこし一振の劔にこめし大和魂
海軍船匠師　福永秀光

やしほちに皇御艦の影見えて旭てり添ふもろこしの空
海軍二等軍楽生　長谷川權平

命あらば立てよ勳其命絶えなば残せ芳はしき名を
海軍水平七五砲員　福原喜次郎

國の為め盡せや〳〵丈夫が國につくすはこのときそ是
海軍二等水兵短七五砲員　山内初次郎

武士のねらひ定めて打つ砲に仇の八十船碎けさらめや
海軍一等兵曹　山路彌十郎

海山をとよもす砲の音絶えて夕かせすゝし黄昏の海
海軍一等兵曹　小林喜教

旭子の御旗は遠くなみまより旭と共にてらす渤海
海軍三等兵曹　佐藤國吉

ふなはたにこてさしかさし武士が独り詠むる秋の夜の月
海軍二等水兵　佐藤敬三

たらちねの母のかふ児にあらなくに夷も今はふゆ籠りせむ
海軍電灯員一等水兵　藤田春吉

玉あられ□（狭カ）霧いかつちいなひかり仇も味方も一時にして
海軍機砲員三等兵曹　淡島弌

すめ國の御旗の下に外國の青人草も打□（靡カ）くなり　海軍一等水兵四七砲員　大窪平五郎
君の為め国の為めなり数ならぬ此身一つをなとて惜まん　海軍三等水兵弾薬庫員　朝倉酉之助
武士の数には洩れじわれもまた今日のいくさに揚くる鬨聲　海軍二等水兵　山口利光
艦のへにたてたる針を心にて只一筋にす、むもの、ふ　海軍二等水兵十七砲員　小川市次郎
日の御旗唐の都に立てん迄す、めや〳〵大丈夫の友　海軍三等水平　渡邊辨次郎
敷島の大和の太刀を我れ佩きてみぬもろこしの道ひらきせん　海軍一等水兵　古田金六
大船のたのみかひなき奴等かな打んとすれば出てもあはなくに　海軍二等水兵　安藤勘太
鞘のうちに夜な〳〵さやく劔太刀今や試さん時は來にけり　海軍二等火夫　高橋竹之助
芳はしき名をは留めてとことはに臣のか、みとならんとそ思ふ　海軍掌帆長　谷村正太郎
あたなみによせて砕くるもろこしの海原さむく秋風そ吹く　海軍二等水兵水雷員　石井平吉

偶題　二等看護卒　大井溜太郎

男児自有大和魂、一死誓期報聖恩、花是櫻花人武士、
堂堂正氣壓乾坤、

時事偶感　二等水兵　佐藤豊吉

海陸堂堂共進兵、山河震盪砲声□（一字不明）、如今休説媾和事、
只有北京城下盟、

軍中作　二等水兵　佐藤豊吉

朔風劈面邊軍袍、尊酒傾来意氣豪、夜半哨兵舷上立
邊雲寒月雁聲高

冬季碇泊日課

「日本」明治二十八年一月二日

嘯　月　生

（十一月一日より翌年三月十五日迄）

是れ日々の日課なり航海中に在るも只だ事業時間の差繰りのみ殊別の事あらざるなり同一の事業を習ふ六年、七年、八年、九年、十年乃至十七八九廿年朝磨夕練一意勤行習はざらんと欲するも豈得可けんや平生の修行即ち是れ今日の時機に用ゆるが為めのみ、今日の効力は即ち是れ平生修行の結果ならずや、一言一行一進一退悉く法律是れ遵ひ寸分尺度も範囲の外に超ゆるを得ず打てと言へば即ち打ち左向けと言へば則左向き叫べと言へば則叫ぶ此の如く風雨寒暑の嫌ひなく高きに登り危きに臨み事業迅速に運ばざる可らず慎重ならざるべからず而て激励叱咤相競ふて意気を磋す常此時同僚親疎の差別なし已にして事終り業了らば笑談歓語曩きの意気は全く融して影だにもなし噫是軍人至重の特色なるかな号令叱咤の下に馳駆身を忘れ死すとも悔ゆるなき是れ暴虎憑河の勇と異なり奉公忠勇の一念のみ皆な云ふ戦争は実に愉快です此時の一念上に天なく下に地なく中間已に我が身なく乃至一切万物皆無眼中唯是敵あるのみと是教別伝擾不立文字直指人心に達す見姓成仏是れ艦中の日課を録して世に示す所以なり。

○日曜日

払暁後五十分　　甲板掛士官、常帆長会、先任衛兵伍長釣床掛を起す

払暁後一時　　航発、喇叭、総員を起し、釣床を収め、上甲板を洗ひ或は掃除し、索具を飭《いましめ》る、外航掛は便宜朝食

但前日飾索をなし払暁後五時前なるときは総員を六時に起すに妨けなし

七時　士官衛兵釣床を収む、外航掛就業、朝食用意

七時十五分　朝食

七時四十五分　木金具磨き方中下甲板掃除、次に大砲磨き但し木金具磨きの令にて水雷部員は水雷掃除をなし大砲磨きは喇叭にて水雷部員は水雷発射管及電気灯の手入を為す

八時三十分　総員着替

九時　甲艦旗を掲ぐ、食卓長及卓食番並に諸倉庫掛（必用とする時は）の外総員を上甲板に出し副長巡見

九時三十分　分隊点撿、水雷、倉庫、甲板、食卓点撿

十時三十分　勅諭奉読、法令訓諭

十一時三十分　甲板掃除

十一時四十五分　午食用意

正午　午食

一時三十分　甲板掃除

三時三十分　甲板掃除

三時四十五分　夕食用意

四時　夕食、夜服に着替

四時三十分　甲板掃除

四時四十五分　軍事点撿、終て端艇索具を上け

日没　甲艦旗を下し銃発、喇叭

日没後五分　釣床掛整列、釣床覆の「レーヤング」を解く○士官、衛兵釣床下す
日没後二十分　会員釣床を下す
七時三十分　甲板掃除、下士卒部消灯
七時四十五分　巡見用意
八時　銃発喇叭、部長巡見
十時　士官次室准士官公私室消灯
十一時　士官公私室消灯

○月水木曜日

払暁後五十分　日曜日に同し
同　一時　銃発喇叭総員を起し、釣床を収め、外航掛便宜朝食
　此間時間あれば上甲板並に端艇を洗ひ索具を下す短日又は夜寒の候には上甲板を掃除し索具を下す
七時　日曜日に同じ
七時十五分　朝食、衣服着替
八時　中下甲板を拭ひ（木曜日には石鹸を用ひ甲板を洗ふ）木金具を磨き続て大砲小銃を磨く
　但木金具磨きの令にて水雷部員は水雷を掃除し大砲磨きの喇叭にて水雷発射管及電気灯の手入れをなす
八時　甲艦族（旗）を揚ぐ
九時三十分　軍事点撿終て操練、
　但木曜は四十五分
十一時　中朝上甲板を洗はざる日には此時索具を上げ上甲板端艇を洗ふ
十一時三十分　操練事業を止む、甲板掃除

十一時四十五分
正午　　　　　｝日曜日に同じ
一時　　　　木曜日寝具を乾したるときは之を収む
一時十五分　大砲磨き大砲磨きの喇叭にて水雷部員は水雷発射管及電気灯の手入れを為す
　但木曜日には之れを施行せず
八時三十分　操練を始む
三時三十分　操練事業止め甲板掃除
三時四十五分　以後日曜日に同じ
七時四十五分　以後日曜に同じ
　但月木両曜日には軍事点撿後乾物乾□（一字不明）張し

○火金曜日
払暁後五十分　日曜日に同し
払暁後一時　銃発喇叭総員を起し吊床を収めたる後洗濯を始む
　但払暁四時三十分後の時は五時三十分に甲板掛士官掌帆長属先任衛兵伍長釣床掛りを起し五時四十分に総員を起し吊床を収め終て洗濯を始む
六時四十五分　士官衛兵吊床を収む朝飯用意
七時　朝食衣服着替
七時四十五分　洗濯物を揚け外舷掛就業洗濯物を揚て「ポーライン」を取るや否非番直をして中下甲板を拭はしめ当直直外手をして上甲板を洗はしむ終て索具を下し木金具を磨く但木金具磨きの金にて水雷部員は水雷を掃除す又釣床を洗濯したるときは四十五分間延引して洗濯物揚げ方以下

の事業を八時三十分より始む

九時　甲艦旗を揚げ続て大砲小銃を磨く但大砲磨の喇叭にて水雷部員は水雷発射管及電気灯の手入れを為す

十時　軍事点検（火曜日には武器点検）後にて操練

十一時三十分　操練事業を止め甲板掃除

十一時四十五分
正午　｝日曜日に同じ

一時三十分
十時十五分　｝月水木曜日に同じ

三時　操練事業を止む

三時十分　洗濯物を下す

三時三十分　月水木曜日に同じ

三時四十五分　以後日曜日に同じ

○土曜日

払暁後五十分　日曜日に同じ

同一時　銃発喇叭総員を起し釣床を収めたる後大掃除を始む

七時　日曜日に同じ

七時十五分　朝食衣服着替

八時　就業

九時　軍艦旗を揚ぐ

十一時三十分　　事業を止む
十一時四十五分
正午　　　　　　日曜日はに同じ
一時十五分　　　就業
二時十五分　　　事業を止め時宜により日曜日の用意に飾索甲板掃除
三時四十五分　　以後日曜日に同じ

「日本」明治二十八年一月六日

大連湾上の近況

十二月廿三日発　嘯　月　生

○大連街　一回は一回より観を改め漸く整頓の緒に就けり余上陸已に四回此日は副長新島少佐航海長川合大尉一番分隊長高木大尉山本機関長三番分隊長千坂大尉大館大機関士吉村候補生等その役に従ふ。

○市場　柳樹屯より金州に至る道路市街の両側山神廟附近海岸とす。

販売品は食用品其他日用物品とす例せば魚鳥獣肉野菜菓物紙類木炭等。

開設時間は毎日午前七時より午後五時迄。

販売の代価は時価とす其貨幣大日本帝国と清国との割合如左。

清国人民にして日本の貨幣及び銅貨交換を望む者隔日（丁日）午後一時より同四時迄の内に当兵站金櫃《きんき》部に請求し銀貨と交換すべし。

大日本帝国明治廿七年十二月　　兵站監督部

日本貨幣　　国清老銭

一円（銀貨）	一吊二百五十文
五十銭	六百二十五文
二十銭	二百五十文
十銭	百二十五文
五銭	六十三文
五銭（白銅）	二十五文
二銭	十三文
一銭	六文
五厘	不覚
十円（紙幣）	十二吊五百文
五円（同）	六吊二百五十文
五十銭（同）	一吊二百五十文
二十銭（同）	不覚

以上倘有違者交署懲弁爾等其各凛遵勿致貽悔特示存也。

漢文に訳してか、げあり。

戸籍　各家皆其住人を定め主人名劉徳倫男〇人女〇人小人〇人都合〇人と貼札あり。

敬礼　軍陣敬礼に同じ。

洗湯　地を掘り石を畳みて水を湛ふ水黒ふして汚れ殆んどドブドロの如し軍夫兵士皆な之れに浴す。

阿片　大抵土蛮の嗜む所此内日本人入る可からずとの貼札あり烟毒を懸けるの為めなるべし。

床屋あり、饅頭店あり、淫売女あり。

○群司大尉　水雷布設部に至り諸事整頓舎内清掃大卓を房内に据へ厳然たる官舎なり大尉頻に地図を展へ画策する所あるもの、如し余は大尉を知らずと雖その英名は曾て赫々として天下を驚かしたるの豪傑なるを記臆せりその肖像の如き一時石版に写真に撮影して天下に紹介せらる、を以て我其の相貌を記す当年蒼莽の気未だ磨せずと雖もなにやら落付きたる風采を見るとは某士官の話なり曰ふ大尉当所水雷布設を大に拡張するあらんと欲して画図するなりと余大尉の豪図を欣慕する久し今図らざりき異域の天に大尉の馨《（謦）》咳を聞くを得んとは唯だ面晤するを得ざりしを遺憾とするのみ。

○捕虜　西砲台物なる所の頭数百二十余人蠢々蠕々人の伺ふに任せ一室の内に起臥す汚臭撲鼻今や捕虜をして役に就け道路を修繕せしむ。

○漁舟　海岸には漁舟十数艘ありクレーンあり大は五噸余の重量を揚ぐるに足るべし小は二噸不足の重量に堪ふべく今両ながら用ひず。

○大連丸　桟橋に艤して修繕中なり。

○綿火薬　水雷布設部の船庫にあるもの五万円の価あるべしと云ふ鋏刀一円然れども役にもた、ぬものを人夫の購求せんとするものあり一円と云ふ十銭にマケロとねぎる遂にまけず本国にては地金にしもならぬもの蛮民狎れて傲に懲らすべし。

○扶桑艦　汽缶修繕已に全く了る。

○寄贈品　近江婦人会贈る所のハンケチ本日一同へ配布せらる聞く欧米の俗婦人の歓迎を以て頗る名誉となすと是れ亦た彼に傚《なら》ふ所ある勲言是美人手所触。

○艦内点検　是日日曜日を以て艦内点検分隊点検あり相浦司令長官も臨検あり井上航海長出羽参謀長孰れも健在此日は艦長自ら点検せらる一瞥透徹戦略眼新非艦長の精識可驚ものあり。

艦中所感

「日本」明治二十八年一月七日

在扶桑艦　嘯　月　生

余乗艦以来已に二閲月その間戦闘に遭逢すること二回曰く大連曰く旅順孰れも陸軍の応援に過ぎず又た威海衛の敵艦に挑戦の挙ありと雖とも敵艦遂ひに応ぜず双方一砲を放たず強て戦闘と云ふ名目を求むれは其れ唯旅順応援乎。

抑も余の本国を発する時戦雲漠々天末に靉き陸軍大に平壌の激戦に勝ち直ちに長駆して義州に向はんとす恰も善し山地将軍は一万二千の兵を提げ一葦飛んで盛京省より上陸一馳九連城を衝かんとす其勢破竹の如し。

海軍は海洋島沖の一戦に敵艦をして復た起つ能はざらしむ従是り後遂に彼の窺窬を絶つ余は初め以意らく黄海の一戦能く敵を摧《くだ》くと雖も彼れ豈に捲土重来の勢なからんや若し彼れにして進抗の勢なきも旅順の険要は必ず死力を悉し陸海共に之れを嬰守す可し然らは海軍の激闘大に見るべきものあらんと。

夫れ国家士を養ふこと二千余年一旦緩急変あらば即ち之れか力に頼て不義を医し悪を懲らすべし　今上陛下の御宇に及び文武官の制を定め殊に武官に陸軍海軍の制を分立せられたる爾来已に廿余年陸軍に至つては之れを用ふる法已に旧し故に泰西の新法を採取して之れが改補をなせしのみ海軍は蓋し泰西の法に依て初めて之れを我に建設せし者故に之れが経験も亦た少し函館の役、台湾の征討、十年の乱皆な以て観るべきものなし唯函舘の役僅かに以て人の記臆に存するのみ。

海軍の事由来世の眼を照らすなし廿余年間の歴史已に如彼而して世は駸々《しんしん》として文明平和の域に進む海軍は唯国家の飾式に過ぎざるの観あり平時無時の際殆んど人をして之れを忘れしめんとす其兵士を募るや殊に之れが奨励勧誘を待たざるを得ざるなり。

漁夫蜑徒然らずんば□(世カ)の無頼者眼に一丁字なく世俗の礼習総て傚はず酔歌盤礴以て快となす所謂「舟乗」の一言は実に海軍兵士を卑視する世人の感情なりし甚哉我世人の妄見や語に曰ふ習ふて以て之れを用ゆれば一以当百諺に曰ふ氏より育ちと世人もし来つて我海軍の規律の厳正なるその士卒の勇敢なる意気と精神の純潔なると礼法の粛整なると細心周緻なると胆大雄豪なると又たその風流雅懐に富めるとを見ば実に舌を捲て驚嘆一見敬崇の念を起すべし。

　噫是軍人は国家の倚托する所殊に海軍は一国家を代表して樽俎《そんそ》の間に自ら折衝の義を含む一卒の言行猶ほ国家の文野を窺ふに足るものあり之れを奈何ぞ厳粛を保ざるを得んや男児世に立つ責任を負ふより快なるはなし海軍々人の如きはそれ近歟自重せずんばあるべからず士卒已然り況んや将校をや。

　之れに衣を与へ之れに食を与へ之れに居を与へ而して社会は之れに敬崇を置く人生の苦は衣食住の便なきより苦なるはなし人生の名誉は人に敬崇せらる、より名誉なるはなし今この二者を与へて平時に之れを教ふる所以のもの豈に他あらんや衣食住と名誉とは之れを措く抑〻国家の臣民たるの義は如何勉めざる可けんや。

　徴募せられらるものは問はず自ら奮ふて之れか籍に就きしもの、如きは初めより寒暑風雨の苦労あるを期せしならん夜波皎月の快楽あるを期せしならん然らば苟《いやしく》も以て之れか苦労を論ずべきものにあらず須らく自ら安心して可也人の己を知らざるを憂ふべからず天下の事苦楽相伴ふて初めて人世あり故に非常の苦あり以て非常の楽あり況んや邦家の大事苦楽は之れを度外に置くべきものなるをや。

　噫思愛なる軍人諸君よ漫に天下が諸君の功労を知らざるを憂る勿れ敢て同胞国民が海事思想なく従て海軍々人諸君に冷淡なりと云ふこと勿れ国民の多数は航海の危険を知る曰く板子一枚下は奈落の地獄なり此の一語以て数多国民が航海の危険に恐懼するを知るべし又国民の多数は航海の至楽を知る曰く朝には欧米の風月に嘯き夕には国土の山水に酔ふ或は皎月千里清影璧を沈むの興あるに至ては他の比類あらんやと応さに知るべし国民の多数は航海の至楽を知る休言国民遂に海事の思想なしと若夫艦の構造や砲の装置悉く之れを知らずんば以て

海事の思想なしと言はゞ是れ天下を挙げて悉く己れの職をなせと云ふに同し天下豈此愚あらん然らば国民をして諸君の功労を察し之れに酬ゆるものあれば則ち足る名誉の在る所は民皆な之れに赴く海事思想は之れより勃興せん況んや天下已に海軍拡張の必要を熟知するの秋をや諸君須らく勉むべし勉めてその実功を建てよ実功揚かれば人皆之れに就く黄海の一戦は実に天下の耳目を刷新せり諸君の功や大なり諸君の誠や至る是れ天下の具《ぐ》瞻する所諸君幸に自愛せよ国民の多数は実に双手を挙げて諸君の功労を頌賛す諸君幸に安慮せよ況んや聖明の天子上に在り而して野に遺賢なからんや諸君等その高材逸足をあらはして可なり。

　諸君もし余の言を信ぜずんば請ふ之れを事実に見よ彼の東京の祝捷大会と云ひ各地方の祝捷会全国到る処に之れあらざるなし是れ彼れ自身に狂喜するにあらずして直に諸君及び陸軍の功労を頌揚するものなりその一端の手拭一尺の布之れを諸君に寄贈するものは実に彼の真摯なる人民の額上より絞り出したる膏血なるを見れば彼の国民は之れを寄贈する以前幾多の考按会議を要したることを知れ決して端た金を捨てるが如くに之れを収拾して作り得たるものとすること勿れ実に彼の地方の細民草鞋を鬻き薪を売り而して得て以て之れを諸君に捧けし名誉の記念たるを知れ軍事費の如きに至つては国会の協賛と　陛下の宸慮より出てたるもの之れ諸君の已に知り得る処若し人情俗慮の起るあらば之れを思は、則ち消去らん。

　嗚呼余二ケ月六十日間艦中に在る久しからずと云うべからずその間目に視耳に聞き感に触る、こと一にして足らず砲の打方、装め方、弾声の在る所、硝薬の運び方消火の応急の処法、負傷運搬の道、艦内の習慣、生活乃至套語、朝間夕間得る処なきにあらず若し一朝不幸の際に会せば心窃《ひそ》かに万一の微力を致さんことを期す筆を取て亦遂に兵を握るの所なしと云ふこと勿れ余は実に大連旅順の攻撃に非常の多望を属せしなり余は唯だ之れを是れ希望せしなり余の最も力を致さんとし筆を揮はんとせしは最も此の間の戦機戦略戦術なりし苟も之れを写さはかの平生の生活風気、乃至は訓練等の如何は直ちに自ら顕著ならんと思ひたりしなり而して此機終に得べからざるか嗚呼此機終に得べからざるか。

艦中雑記(2)

「日本」明治二十八年一月九日

扶桑艦に於て　嘯　月　生

○艦員の美挙　横須賀要塞砲兵の喇叭卒病んで蓐臥す食喉を下らず大に困す書を清奴に托して滋養品を軍艦に求む奴書を載せて我扶桑艦に来る艦の下士之れを視て懐に堪へず相議して曰く呉越同舟猶相頼る況んや万里懸軍深く殊域に入る凍天冴地身は瘴癘《しようれい》に難《なや》む憾幾何ぞ抑ゝ海陸並立千城となりて国家を護る而して今此の悲境を聞く肉を割きても之に食はしめんと乃ちミルク及び水飴数缶を病者に送る想ふに病者之を得ば応さに其義に感泣すべし。

又一日憲兵数名相伴ふて来り訪ふ下士官之れを迎へ艦内を案内し能く兵器の運用等を説明す来者大に悦ぶ我下士官曰ふ僕等天恩の優渥《ゆうあく》に浴し恩賜屢ゝ至る感激実に酬ゆる所を知らず又た同胞諸君の厚意寄贈を得る屢ゝ也聞説陸軍兵站頗る便を欠くと此品粗末と雖も聊か諸君に頒つ幸に納められよとサンライス等を取て贈る来者皆な謝すらく僕等莨《たばこ》を吹かざる久し求めんと欲して得ず今此の賜を辱うす謝する所を知らず諸君亦大不便なるなからんやと価を投ぜんと為す我下士官謝して受けず噫斯の如きは同胞軍人たるに負かず。

○兵士画を写す　画に巧みなるものあり滑稽突梯能く人の頤を解く又た艦中の一楽事。

○武勇余談　黄海の役喇叭手木村熊蔵榴弾破裂の鉄片に右胴を射らる熊蔵手から之れを挟出し意気凛乎たり看護隊之れを擁して病室に到らしむ熊蔵肯ぜず手を以て傷痍を押し猶ほ命に従ふて喇叭を吹く已にして榴弾煙突の基を洞して破裂す熊蔵再び弾を受け後頭を奪ひ去られ脳味噌艦板に塗れて即死す。

○豪雄の兵士　一等水兵虎次郎長七五砲の一番砲員たり該砲を射る四人の定員を要す一時砲員或は斃れ或は傷者を扶持す左右部伍皆な散ず即ち自ら弾を装ひ砲基を回らし標準を定め牽索を牽く挙動快敏能く機を誤らず平

生の訓練以て徴するに足る。

　豪胆の兵士名を忘る榴弾の砕片右顋の骨に嵌入す即ち人をして之れを抜かしむ弾片固く穿つて力を要すその人痛痒を問ふ答て曰ふなんのなんのと。
○拍手喝采　致遠沈没の報司令筒を通じて来る星野機関士先づ拍手す斎藤大機関士之れに和し機関員一同従て之れに和す此の間機関は監督者を離れて独り運転回旋せしこそ面白けれ。
○船内の兵士　は戦況を知らず、弾薬庫員及び機関に関する兵士は弾丸の響を聞かず戦況如何か之れを見んと欲するも出づるを得ず既にして致遠沈没の報至るや拍手喝采暫く止まず弾箱も亦た躍り出さんと欲したり。
○本艦の首途　本艦は諸艦に後れて本国を出発せしを以てその乗組員は大抵教員及兵曹等の精鋭と諸艦に乗組むを得ざりし兵士とを以て組織せられたり時に清艦の勢力大に侮るべからざるの際なりしを以てもし途中敵艦に邂逅し遂に已むを得ざるの機に逼らば三番分隊長はその職を以てして薬庫を破裂するの術を取れと艦長の内諭もあり艦内は一心皆な死を決して勇みしと。
○只衝突あるのみ　天城艦の如きは已に然りもし敵に逢はゞ速力最も遁緩なるを以て到底走るもその功なかるべし故に只衝突あるのみと。
○ヤラレタ　本艦の分隊士内崎少尉腕上を擦過せられ従容《しようよう》笑て曰ふヤラレタヤラレタと而して神色自若たり。
○二候補生　遠矢勇之助山下義章共に薩南の健児なり遠矢生司令台に号令筒を守る到遠沈没チエースト山下生中甲板砲台にあり声に応じて云ふ愉快チエースト号令為めに破れんとす。
○自若不動斎藤候補生　もキスタントを持ち檣楼《しようろう》に立ち敵艦の距離を測る砲丸水にスベリ更らに飛んで数百尺の空に過ぐるもの数々候補生の頭辺耳辺を掠めて去る生自若不動曾て知らざるもの、如しと。
○夢の如し　十七日の戦争已に了り十九日大同江に帰る衆心初めて一休吐息相顧みて皆な茫然として顔色なし皆な硝烟煤烟に汚染殆んど之れを洗ふの勇気を失し能く腰支の痛困を感ずるに至りしと云ふ。

○無我夢中　戦争中は敵艦体の走る影を逐ひ令を待たずして砲台を回へし標準大抵定まる索く牽くその敏速可驚皆な云ふ無我夢中唯敵艦敵艦敵艦を狙撃するを知るのみ敵弾の如き飛来曾て之れを知らず腕力百倍平生重を覚へし回旋車の如きも軽きこと滑車の如しと。

○艦内規律　戦闘中と雖も少しも異動無く各その部署を守りて弾丸の供給運搬砲の装填負傷者の運搬等一も規律を乱たすものなく平生の操練と異なることなかりしと云ふ。

○艦内の近況　洗濯掃除浴湯食事時間部署曾て平時に異ならず唯戦争中は休養時間ヤ、寛を与ふるのみ他は一切仮寛する所なし暇あれば則ち忠勇なる軍人よ《（にカ）》など風詔をよみ上げて各〻自ら慰し任に勉むるもの、如し。

○昔話　今は昔し首途の話を回想して当時赴戦の雄心勃々として各争ふて艦隊の乗組みを志願せしことなどを話り合ひ恰かも旧話を守れるの感あり。

○草鞋の寄贈　海軍に草鞋の寄贈あり海軍は海上の戦争なるを以て別に草鞋を要せず唯陸戦の時或は用ゆべきものならん厚意雖可謝願くは之れを陸軍に献納あられんことを同胞忠勇の諸君に告ぐ。

○寄贈品　我海軍は幸に運輸の便あり且つ俸給の賜あれば之れを運送船に托して聊か本国に購ふことを得、又寒防具の如きは皆な給与あり幸に不自由を感ぜず家郷の父老之れを安ぜられよ寧ろ梅干、ならづけ、つけものの類を以て寄贈品の上乗とす彼の靴下の如きは既に充ち足て用を感ぜざるもの、如し（之れは華族の寄贈に係はる）。

○不踏土　八月本国を出でしより不踏土已に八ケ月と云ふ。

○廿六日　副長よりの注意あり航海日誌は少し差閊《さしつか》への廉《かど》なしと云ふべからざることもあればアレ丈けは止めらる、方宜かるべしと内諭あり謹んで命を聴く。

○宿将　加藤鉄太郎氏は掌砲長なり一日余に謂て曰く末永姓天下その族を聞く少し余が親姻に末永某あり佐賀之人なり足下豈其同族乎余曰ふ知らざるなりと談転して武夫心胆論に及ぶ氏云ふ僕曾て河村参軍に従ひ西南の

役薩隅の野に転戦す時に年二十四五意気壮烈死を軽んじ身を捐て命を鴻毛に比す爾来軍藉に在ると廿余年以て今日に到る今回征清の軍に従ひ黄海の役に絶世の快戦を極む之れを曩日《のうじつ》年少気鋭の当時に比するに戦争の意気少しも異なるなきを覚ふ此の快意気天下何を以て比するを得ん大丈夫久しく屈すべからず太平の世空しく髀肉の嘆あり今や腥風血雨に此の磊塊を洗う襟胸爽颯十年の癪痞一朝に除去る兵用ゆべし兵用ゆべしと言畢て意気軒昂更らに大に兵略を諭ず老将談兵の趣あり。

○羝羊触藩《ていようしよくはん》　余性粗放素礼節に習はず往々法度の外に逸す軍に従ふてより以来一意修飾最力む而かも猶習気を脱せざるあり心窃かに嘆息す。

「日本」明治二十八年一月十日

艦中雑記(3)

扶桑艦に於て　嘯月生

○艦中有暦日　寒漸深うして年の尽くる早からんを喜ぶ明年春に一たび氷を解かば「武士の鶯聞て立に梟《けり》」。

○十二月廿六日　寒暖計午前四十六七度雨あり甲板を洗う押送船の出入各艦の動静今は全く報ずるの便を得ず加之《しかのみならず》今や已に敵を拉してその胸に誇り剣を抱て喉に擬すの時艦隊の動静暫らく之れを細報するを得ず況や艦隊は進攻闘戦の任を全くすれは則ち足るその謀議の如きは大本営の参画する所なるべし余輩は之れより天候と寒暖と兵士の消息を伝ふることに勉め且つ黄海戦争の逸事を拾輯して世人に紹介せん事の旧聞に属するを笑ふ勿れ戦は未だ局を結ばざるなり。

○人情　号令叱咤の下に馳騁《ちてい》し身軀を労して働くもの今や閑却平時の操練を演ずるに留まるのみ人情人情噫彼人情を奈何人石仏にあらざるなり。

○坪井少将　は旅順鎮守府司令長官として本日午後四時軍艦吉野に乗じて任所に赴かる。

○出羽参謀長　も本艦を辞して任艦松島へ赴く。
○愛別　軍艦吉野は十数の短艇を集め旭旗翻々晩風に揺動し寒雲黯憺として乾坤自ら異象を見る已にして艇散じ煤烟揚るところ艦は進行を初む各艦の兵士皆な檣梯艫舷に雲屯し帽を振ひ奉拝大呼三連して之れを送る軍楽隊は奏を調す其音悲壮幾千の健児をして坐ろに無限の感懐を興さしむ。
○武勇余談の一流汗一升五合　時猶八月天未だ涼ならず昼間の熱蒸堪ゆべからず弾薬庫員庫中に在るもの七人激戦の間弾薬の供給実に繁忙を極む大砲の音双方入り乱れ人声殆んど弁ずべからず号令声枯れて咽乾く弾薬庫員流汗淋漓《りんり》或は向ふ鉢巻きして勇を振ふ手を以て汗を拭き之を絞りてバケケツトに溜るもの大凡一升五合余是れ七人の汗也。
○武勇余談の二お目出度　戦後黄昏涼を納めて甲板に逍遥するもの平生役を異にしてその面を識り未だ言語を交へざるものも猶ほ相逢ふてはイヤアお目出タウと述ぶ戦捷の光景想ふべし。
○武勇余談の三胸がさつぱり　敵艦砲を発して驀地に進みくるや兵員皆な踊躍して喜ぶ大軍医中尾氏出で、之れが戦況を視んと欲して甲板に上る加藤掌砲長 長揖《ちょうゆう》して曰く大軍篝火コレデ胸がスツトしましたと大軍後話次屢〻此の事を言ふアノ時コソ実に胸がスツトシマシタ。
○武勇余談の四悍馬羈《たずな》を脱す　鞍上勒を按ずれば悍馬騰鳴長鬣《たてがみ》を振ふて空に嘶《いなな》く一鞭轡を放ては奔逸快馳向ふ所敵なし根拠地の屯泊に兵気を養ふ実に此悦あり将軍機を知る。
○武勇余談の五剣を按して衆を制す　敵艦の沈没するや兵士皆な拍手喝采分隊長叱咤号令するも声枯れて透らず即ち剣を按し号令す衆初めて静まる敵艦の沈没するや我兵士心胆頓《とみ》に定まる。
○武勇余談の六敵は一揉耳　と思ひしに支那兵流石に戦闘に堪へんとは意外なりし苦戦難闘敵も容易に軽蔑すべきものか是一兵士が談なり。
○十二月廿七日　寒暖計二十八九度風力軟、疾、天候青空曇浪和荒。

○贈刀励児　海軍に陸戦隊あり我若し陸戦隊を率ゐて陣頭に立たば兵を指揮し敵を斫《き》る必らず鋭利の日本刀を要すべし此是伝家の宝刀なり我今老年軍に従はんと欲して得ず即ち之れを爾《なんじ》に付す爾之れを佩用して朝夕摩娑以て乃祖の功を思ひ上　聖明覆載《ふうさい》の恩に答ふるを飾励せよと来国光の業物一腰を贈り来ると吉川大尉の語るを聞く。

○廿八日　天候青空曇風力和、軟寒暖三十八九浪和、荒。

○天候　連日の暖晴小春の如しこの反動には必ず大寒の激変を見るべしと心配せしに一昨日よりは天色曇り風も起り波も揚り昨日の如きは微雪を降すさては寒さの気合かと気遣ひしに今日は又た晴れ初めり少しは心も安まりぬ。

○年の瀬　や水の流れも人の心もドウデ越さねはならぬ此の月日の関守にせきとめられて年末の仕用日録調製の忙はしき役目もあり僕不問正気とすまし込める人々もあり歳の数重なるを悔ゆるもあり聖代の幸運に逢ひて戦勝の余遠く異域の山河に年を迎ふるは実に愉快〳〵と来年のことを言ふて鬼に笑はる、を知らぬあり餅ずきと酒ずきと議論の華に真面目なるあり戯る、あり指をり数へてむかしを忍ぶもあり人はさま〴〵世はさま〴〵。

○廿九日　寒暖二十三、天候青空曇浪和、風力二度。

○寒気　殊に骨に徹するを覚ふ艦板の溢水皆な凍り往来の人屢ゝすべり倒る。

○仮装会の準備　本艦の軍楽隊は明日神戸丸に於ける海軍忘年会の仮装準備に忙はし異様奇態頗る意匠を凝らす出色第一番本艦にあらん歟。

○運送船　本国よりの運送船本日迄も来らず新年の用意もあり人々皆なコレは間に合ひません子ー。

○病人　一人もなし活潑壮健将校士卒。

艦中日録(5)（托伊勢丸便）

「日本」明治二十八年一月十五日

扶桑艦に於て　嘯　月　生

十二月卅日

○忘年会　午前十一時を以て会場神戸丸に参集す会衆四百余名招待賓位に斑せしもの陸軍の将校廿余名新聞記者七名あり非常に盛会なりし正午銅鑼の合図にて昇堂立食の饗応あり席定まるや軍楽隊は「君が代」を奏す了つて壇上より万歳の声を発する人あり相浦少将なり衆賓帽を捧げ之れに和す白衣の童あり周旋酒を行ふ白鼠の如く白鷺の如し各自随意に酌み且つ啖《くら》ふ余斯道に至つて敢て人後に落ちざるもの満腹鼓の如く撃ては手答へあり窃かに脾臻の断ぜんことを恐る衆賓漸く酔ふて眼底華を生じ瞼辺紅潮を湛ふ此時愉快なる楽声調曲頗る面白く衆皆な手足の跳り出すを知らす只見る場の一隅より紅粧一群隊を為して顕来る満堂覚へず失笑す喝采拍手の声盛に起る徐々と面白き拍子につれて場を一周すそれより一隊楽器をすて、舞踏に懸る他の一隊代つて囃子を吹けば一斉に跳り出す進退闔閤従横合離入りつ乱れつ変化を悉して舞踏し支那人跳り朝鮮人跳り外国婦人も跳り禰子も釈氏もゴタ〳〵になつて臂を把合ひ足を蹴出し左に回り右に避け後を追ひ前を睨み飛び跳ね跳ね飛ばして暫しが程は虚々実々陰々陽々と揉み合して満堂の賓客も微酔機嫌に心も身も共に囃子に浮き立てられ拍手喝采鳴りも止まざりける畢れは又も悠々と隊列を整へチイリヒヨウのウツタツタ〳〵〳〵ト□《（ドカ）》ンコ〳〵スツドツドン、チイリヒヨウのウツダツタと繰り回し〳〵囃立つ、幕の内へぞ入りにける一同着席久闊相叙し互に相献酬す興漸く佳境に入る曩《さ》きの貴婦人出で杯酌に侍す蓮歩揺曳《ようえい》故らに婀娜を装ふ某氏少年顔容あり仮装真に逼る頗る衆賓の款遇を得る年少亦た得意の色あり翻々として周旋至る軍人言ふ楽隊は実にゲイシヤなり然り実に芸者なり芸あるの人則ち芸多きの人愉快の楽譜は以て耳を奪ふに足る盛装の風儀は以て目を奪ふに足る而して醇濃の酒は以て人心を蕩するに足る余や三杯の酒に耳熱し頭岑々として痛むを覚ふ恰も好し我艇の迎ふに逢う匆々辞せずして去る帰つて爐前に横臥し黄昏に至つて眼初めて覚む、各新聞記者諸君失礼。

○武事談　此日第二軍兵站監督古川少佐の言とて本艦の水雷長の話に我兵の弾丸を一個に限るべしと云へり抑〻戦争は気を以て行るものなれば弾丸硝薬利器鋭具はその末也気先づ定れば金城鉄壁も破るべく堅甲利兵も撻つべし我戊辰の役に従ひ大に自ら験する所あり我麾下の兵士皆な授くるに弾丸三箇を以てし只突進吶喊《とつかん》敵塁を摩して逼る三発の弾丸已むを得ざるに非ざれば発せず発して虚発なし我之を以て勝を制す大小十余戦皆な此の法による若夫れ弾丸を与ふること多き時は虚放乱発して仕方なし戦争は全く腹一ツジヤと頗足傾聴。

十二月卅一日

　此夜水雷艇来襲の警戒あり電気灯用意をなす。

万国丸入港す齎らす所餅のみ。

野戦郵便来る日本新聞と藤島氏の信書を得。

入湯。

船内の光景別に平時に異ならず只歳末多忙の状を見るのみ。

一月一日（午前）

○天候は青空なり

（天候の種別　青空、曇、濛雨、霧、満天黲黒、霰、電雷、陰雲電、驟雨、嵐か〻りたる、雨、雪、雷、天候険悪なる模様、晴雨に拘はらず遠物を望み得る者霑沾）あり。

○浪は無浪なり

（浪の種類　激浪、無浪、荒浪、和浪、長濤、強濤、颱前濤、相闘て起伏する波、破浪）あり。

○風力は○一の間にあり九時頃より増して二となり正午は三より四の間にあり

（風力の種別　無風○、変向至軽風一、軽風二、軟風二、和風三、疾風五、雄風六、強風七、疾風八、大強風九、全強風十、暴風十一、颱風十二）あり二三四に至っては総帆を揚げて航海をするに最も適するも十二に至っては航海に堪へず片帆を揚ぐることをも能はざるものなりと云ふ。

風向一時南西なりしも八時頃に及んでは直に変じ十時に至つて西少南の方向より来る十一時頃よりは全く西の風と成りたり。

○海水温度　三十八度　三十六度　四十度

（海水温度　を計るには四時間毎に於てす即ち午前二時と六時と十時なり午後も同之）

寒暖計は一時三十三度、七時頃より、昇つて三十四度に至り正午又増して三十八度五分に至る（寒暖計華氏の三十二度を以て氷点とするものによると知るべし）。

此日は一月一日廿八年の元旦なれば異域の天地に戦勝の勢を以て大手を広げて置酒高会すべきものなるが如きも中か〱去る気楽の場所にあらず縦令敵の艦隊進撃的戦闘力之れなきとするも勝つて冑の緒を締めよとの語もあり未だ敵は全殲せず威海衛には現に敵の艦隊の屯泊すと云ふ威海衛相距たる近く一駆して来るべし豈に悠々置酒高会すべきの時ならんや畏くも　陛下は万の御不自由をも忍ばせ給ひて行在に此の新玉の歳を迎へさせ給ふを思ふも実に恐れ多きことならずや然るを国家の干城と許し　陛下の股肱《こげん》と頼ませ玉ふの軍人いかで遠征羈旅《きりよ》の中にあればとて悠遊逸楽の遑あらんや国家多費勤倹尚武の気風は益々是れより興らんとす嗚呼軍中の事実に不自由多し不自由多しと雖も何んかあらんや一心国を愛し至誠君に忠なるもの片言未た曾て苦と辛とを言はざるなり余従軍以来已に六十日此間耳聞目視する所悉く是れ剛健勇猛の事のみ二ケ月の間意気自ら薫陶せられて何時しか軍人同様の心持となり号令の声に姿正を取り喇叭の響に耳を欹《そばだ》つるに至りぬるもをかしそれ然り軍律は最も厳粛を尚ふ勇怯《たつと》をして心を一にせしむるものは規律なり規律は寸分の懈寛を容るさす軍中殊に然りとなす当是時兵士の意気激して昂る一麾水に投すべし火に趍《お》くべし苟も一点の懈寛を容さば之れより沛然と

して忽ち潰汜せんとす只我兵士の忠愛なる此の規律の下に立て些も違ふことなきは抑〻訓練素養の然らしむる所以歟何其れ整正として凛烈なるや皆な云ふ威海衛を掃蕩して直に山海関より上陸するに至らざれば我軍人の正月は来らざるなりと此日一人の酔放するものを見ず御目出タウ〳〵の声ばかりはハッキリと聞ゆ艦内静謐却て平日に勝る上甲板に出づれば撃剣の催しエイアウの懸声勇ましく太刀撃の声激げし司令長官よりは二樽を賜はりたるを以て兵士皆な酔を之れに取るのみ此日は元旦の事なれば成規を以て大砲手入れ木金具磨ありたり何にも軍中の事少しも懈怠と云ふものを許さゞれば兵士もその意気にて少しも不平苦情を洩らすものなく規律命令に従ふて励精す真に愛国忠君の至誠にあらずや軍楽隊も此日は劈頭に進軍の曲を吹奏す九時に軍艦の旗揚げあり「君が代」を奏する声も今朝はいつもに更りて難有感せられ心身の自ら戦栗たるを覚ふ司令長官以下の将校及相当官は皆な金モールの大礼服を旭に輝かし胸間の勲章と相映して人の目も眩せん計りなり兵士も皆な晴れ衣を飾り将卒三百余人一同上甲板に整列したるは実に目醒ましく檣頭の大旭旗は翻々として青空に揚がり少将旗は一際目立ちて見ゆ嚠喨《りゆうりよう》と吹き出す君が代の曲に兵士は脱帽姿正を取り将校は端拱して敬意を表す之れを畢れば　天皇陛下　皇后陛下　皇太子殿下の聖影を拝する遥拝の式ありと畢つて酒饌の饗あり休憩を取る本艦元旦の状況は此くの如しり雑煮餅、屠蘇酒に数の子、煮豆、塩鮭、御飾の鏡餅鱠は儀式の如く供はりぬその他献立の品々にはカステーラ（本艦にて製造す）フライ、密柑、ドロ〳〵、梨缶詰、ソツプ、ビステーキ、鶏ロース、鱈の吸物等あり結構なる佳味に飽き目出度年を迎へたり嗚呼余齢二十余歳□（飄カ）蕩轗軻の身を以て一朝此の聖代の鴻運に会し此の愉快得意なる新年を此の新天地に迎ふを得人生の大快何物か之れに加かんや奮戦勇闘は軍人諸君の任なり励精刻苦は吾人の務なり余輩も亦た墨を磨し毫を抽き大に軍人諸君の功労を叙するの快事近きにあらんとす本国の同胞も亦た目を刮え之れを待て。

艦中日録(6)（托伊勢丸便）

「日本」明治二十八年一月十六日

扶桑艦に於て　嘯　月　生

一月一日（午後）

○天候　は午前に同しく青空なり。

○浪　は無浪。

○風力　は三四の間を上下せしも四時頃に至り減して三となる次第に減して正午の刻は殆んと零となる。

○寒暖計　は四十度五なりしも五時の頃よりは四十度に降り十二時に至つては正さに三十七度五に達す。

○海水温度　は四十二度（三時）四十六度（十時）四十度（十二時）。

○風向　は一時西七時よりは□（一字不明）となりたり八時頃より北西より吹来る正午の刻に西少南に回はれり（□（一字不明）は風の方向定まらずと云ふ符号なり）。

○武事談　黄海役当時の話端は炉辺に一場の華をさかしむ耳を傾けて聴きけるに最初艦体の着色に付いては色々工夫せし末遂に鼠色が最も適当なるを認め今の姿に塗り替へたるなり第一激戦の当時に思ふ存分に敵艦を狙ひしは全く着色の点にてありし則ち彼我の艦隊能く瞭然として明なりしかはりに敵艦は最も我艦を狙ふに目標の標準に迷ひしなり且我が艦隊は始終日上を回はりたるを以て殊に光線の作用に変化を生ぜしむ之に引き代へ敵艦は真黒と思はる、ばかりに抹塗し居れば一際能く目立ちて見えしとぞ又た鼠色なれば夜中などは敵も之れを見認難かりしが敵艦中にも一艘鼠色塗りのものありければ扨てコソキヤツ早くも塗り替へて来りしか我艦隊にまぎれ込まんとは計りしよな油断なせそと相警戒せしも彼れは全く南洋艦隊中の一艘なりしに気付き後には一笑せしと云ふ又敵艦中烟突をば黄色に塗りしものありしが之れは最も能く光線を受けひか〳〵と光りて一番能く目に付きしとなん去れば着色の事は充分に注意すべき事ならんかし激戦の当日は天気も晴快にして風波も起らず海面鏡の如くベタナギなりしも全速力をかけて奔馳せしことなれば檣頭の旗は開きて凋まざりしと云ふ又其激迅を想ふべし従来海軍々事会議には随分種々異論の名説奇説争出し孰れも理屈上の議論にて一も実験的活用の説にあらざれば善しと云へば善し悪しと云へば悪しなりしもコレカラハ中々サウは行かぬ如何程敏才の人が理屈的議論を出すとも一経験の事実には如かずと云ふ人もありし之れは士官室にての話なり士官次室を伺ひしも別に耳新らしき話もなく雑多滑多の戯譚に打興じ相を崩して笑坪に入る流石は鳳雛龍駒の府なれば話も何となく軽快に覚えて不覚余も夜を深しぬ。

一月二日

天候は青空曇なりしが八時頃より青空になりぬ満天一碧繊雲を見ず浪は無浪に海面鏡の如く風力は〇より一の間に往来し時に連（漣）漪の皺波を揚ぐるのみ寒暖計は一時は三十五度程なりしも四時半に至る頃は三十四度に下り八時には三十二度までに達せしも九時頃よりは一度上り正午には三十四度となりぬ。

此日は天気最も快晴寒暖計は三十四度なり之れを本国に比ぶれば余程の差あるべしと思ふ当地にては之れが最上の暖日にて小春の如しなど云ふはこれらの日なるべし馴れたる加減か去る心地せらる可笑し此朝は雑煮餅を喰ひ寄贈品の日本酒を酌む昨日も同じげに同胞国民の熱血を思へば又格別の風味なり今日も丁々八四の太刀音は胴面小手の懸声と共に激励勇壮に聞ゆるなり海水の温度を験すれば三時四十八度、六時五十度、十時四十二度の表なり風の方向を験すれば二時の頃にして北、北々西に変ぜしは五時なり正午に至つて全く北となる。

同　日（午後）

午前八時に空晴れてより正午までは同し天候なり浪も同しく無浪なり風力も相変らず零より一の間なり四海波静かに治まる廿八年の瑞祥も顕はれたりと謂ふべし。

寒暖計は三十四度三時は上つて三十五度に至りしも五時には前に還りぬ六時には丁度三十度迄下る十二時に

之れを験すれば二十九度に縮まりぬ七枚の毛布に埋もる、如く包まれたる床中にも背筋の大骨なにとなう刺すが如くに覚えてつめたし。

一月三日

青空曇の天候も四時よりは青空に晴れ渡りしも十時よりは又た元の天候に復しけむ和浪の浪も十一時よりは荒浪に進みぬ風力も五時頃は三即岐風なりしが九時頃には三或は以上の風即面の力を以て宙を払ひ正午に至つて全く四となり海水の温度三十八度四十五度三十八度即ち三時と六時と十時に験せしもの一日六度午前三座午後三度猶午前の割合を以て験するものなり而して寒暖計は二十七度昨夜の正午よりは又一度下れり三時に及んで又下ること一度五時に及んで又一度次第に下つて二十度になりしは九時の頃なり毎朝起床は六時半なり五分以前には吊床毎日五分前なるを触れて一同を警醒す必ず定め時間に到れば士官と雖も一分の用捨なし鈴がら鳴れば大抵その頃には眼が覚めるそれより寝巻のま、にて浴室に入り手水を使ふ此の時手水の加減にて大凡今朝は幾度位の寒暖計なりと推想するを得べし兵士の甲板洗方をする時には皆なスボンをまくり徒跣となりて水を囁む時には砂を撒してブラシもて之れを摺るなり此の事了れば水はポンプより送られて甲板に流るゝなりホースの及ばぬ処にはバケットを以て水を運ぶその□（溜カ）水は忽ち凍りて氷柱となる水の流れし跡は又氷となり靴にて無用心に馳出せば忽ちスツテンコロリンたり寒国生れの水兵は能く之の上をすべり行くの技を知れり中に甲板を洗ふには石鹼を溶解してその汁を注ぎブラシもて磨するなり板敷を石鹼かけて洗ふとは陸居の人聞かは驚くことならん普進の商船にもその例なし是れは之れ軍艦にのみ之れあるなり故に軍艦の甲板は磨き〳〵て鏡の如し中に甲板は上甲板に比すればその寒温の度慥《たし》かに二十度は差異あるべし去れば十五六度にも下る寒に風の力か三四乃至五六もある夜さに二時間も上甲板に立つて銃を擁して哨兵の見張をなす兵士の能くも小言はずに交代々々の呼声にチヤント起き出で、その務めを尽すぞ殊勝なれヤレ五分後れたの三分も早く起したのと夜の当直が分秒を争ひ遂に喧嘩口論となる商船の水夫等が常態なり流石は軍人として訓練を受けたる兵士丈けありてその規律の厳行せられて聊かも不都合なきは天晴れ帝国の軍人なり余は深く下士卒の間に交はり此等の消息を窺ひ曾て商船に労役せし当時を併想して大に水兵の挙動言語に感あり今や瀝員掖済会機に乗じて大に拡張を図るその事や好し然れども彼の水夫たるや素と多くは無頼の士のみ飲酒賭博女郎買喧嘩口論なぐり合ひの外他に嗜好なきなり偶ゝ有為の士志を懐て之れに伍するあるも或は中途にしてその穢芥に堪へずして去る者あり不然滔々その流れを掬し不知不識の間にいつしか舟乗り根性とは化し了る水夫猶ほ可なりオフイシヤーなるもの猶且つ之れをなして恬として恥ぢざるに至つては噫已矣夫の掖済会の設けられてより幾年ぞ而してその間之れが改良進歩に益せしこと幾何ぞ議会の拡張を計るや大に好し願くば海員の風儀をして海軍軍人の如くならしむる能はずとするも之れが悪風穢習を矯正せんことに務められんことを余曾て商船に在り能く之れが事情を悉すを得るその細目の如きは他日大に之れを言はん偶ゝ感ずるありて筆の序に之れを書くのみ。

正午の寒暖は十一時より二十二度に上つて午後に引きつゞき一時は二十三度まで伸びたりしが四時に及んでは二十一度に下りぬ六時には二十三度に上り七時には下つて十八度となれり九時には二十三度に復す正午の刻には二十二度浪は荒浪午前に同じ十二時の頃は全無浪となり夕凪ぎなる天候も午前に同じく青空曇なりし風向は北の一天張にて午前一時より午後の八時迄九時の頃より北東に変じ又た北に移り遂に正午の頃は北西に変ず海水の温度は三十七度三十五度三十二度之れも矢張三六十の時間に験せしものと記臆せよ。

二時吉野艦よりの信号には威海衛敵艦異状なしと我艦隊は始終巡□（邏カ）哨兵偵察しつゝあるものなればこの信号ありしとて別に耳を欹て、聞く程もなし只艦の進退出入一々旗艦の指揮を受けざる可からざることなれば縦令錨場を換へて一二町動くとも皆な旗艦の指令を待たざるべからず一艦一人、艦の挙動は恰も兵の坐作進退と同様なるを知るべし。

凡そ軍艦の艦隊に列する皆な此の如し兵は直に声を以て令するを得るも艦は之れを得ず故に旗を以て相信号するなり夜間は旗に換ふるに発火信号と云ふものあり赤色の火焔と通常の火色との二種あり之れを吹起して縦

令へば電信の信号の如く長く吹き短く吹き短長相雑り赤白相混じ以て千言万語をなすを得る此の発火信号時として疾風に逢ひて用をなさゞることあり風の力強くして之れを吹き滅すればなり猶甚だしきは之を吹くにゴム管ありこのゴム管大凡人の大指位の管なり寒気の為め吐息中間に凝りて息通ぜざることあり為めに往々応答の機に後ると云ふ之も軍事経験の一なり此夜入湯。

一月四日

今日も亦た撃剣の催あり正日三ケ日は雑煮餅を喰ふ儀式もすみ今日は赤豆雑煮の馳走あり天下の味之れに比するものは羊肝カステーラ等のみ飲物類に至つては只葡萄の美酒あるのみ左に菓子を持し右に杯を捧げ前に道書を展へて胸に兵機を蔵し青眼天を睨んで風月に嘯き腰下剣に倚つて詩を按す天下の至快なり一日より日に運送船の出入を待てども更らに無之千代丸玉姫丸河浦丸門司丸江戸丸金沢丸玄海丸万国丸伊勢丸相摸丸之れが海軍付きの運送船にして迭る〳〵出入するとのことなり但し不定期航と知るべし今日異事なし上甲板の洗方あり氷にすべりて余は倒れぬ。

此日の天候を按するに二時の頃は青空なり四時に及んで青空曇と変ず十時よりは青空に復りたり青空とは天気の清涼又た霑湿に拘はらざるなり曇は断雲飛散して一定せざるを云ふ。

風力は零より一の間を上下し三時に至つては一と定まりぬ七時には二九時には一正午に達す風向は北西なり三時頃は不定の象あり四時に至つて北東より吹く七時北に変す八時忽転して北々東となり九時北東十一時東北東正午に至る寒暖計は二十二度二時には二十度に下る十九度遂に十六度暁の五時北東風北に変せんとするの候なれば寒きこと可知六時の頃よりは俄かに激昂して二十一度となり七時には又た二十度に下る九時よりは二十三度一時間一度つゝ上つて正午には二十五度五に達す海水の温度は三十度。

同　日（午後）

天候正午につゞきて青空なり五時より青空曇に変ず則ち青天にして断雲の飛散一定ならざるなり雲下影形あ

りその種別あり今之れを除く種別大抵数種に過ぎず海水温度三十四風力〇二一五時一と定む九時以降〇二一波和浪則ち午後一時より正午十二時迄は同様なり風向は風の吹き来る方位なり一時は不定三時に至つて南東と定まり四時は不定の符号なり五時南天の一方より吹き来ること五時間十一時に至つて忽変西となる掌を翻すが如し午子に及ぶ陰陽寒暑は遠近広狭と共に兵法の要する処定めずんばあるべからず是れ余が煩雑を厭はずしてこれを報ずる所以なり。

「日本」明治二十八年一月二十三日

艦中日録(7)（托伊勢丸便）

扶桑艦に於て　嘯　月　生

五日

此日大連湾水雷敷設部に至り郡司大尉を訪ふ大尉健在頗る多忙の状あり。

余は初め郡司大尉に千島事業の始末如何を問はんと欲せしが主眼なりし話頭に千島の気候と当地の気候との比較を問ひしに千島の方がまだ余程寒くありますとそれより一歩武を進めんとする機頭要用ありと別室に立ち去られたり遂に言を悉すを得ずして止みぬ。

余は初め郡司大尉が壮図に従はんと志させしことありき大尉が満都の士女に謡はれて墨水を下りし時余は之れを送らんと欲し事故ありてその意を果さざりき。

既にして余郵会社の和歌丸に在りし時大尉の尊厳令息乃奉効義会員一同与釈某師を載せて函館に送りしことありき当時余は幹事某氏に就て事の画図の大略を聞くことを得私かに彼等の家族たる児女子等の意気込みの妄なるに驚きぬ釈師と談せんと欲して遂にその機を得さりき。

是より後大尉の消息を新聞紙に伝ふ毎に実にその悲惨の境遇と辛苦の経営を想ふて未だ曽て大尉が心裏を付

度せずんばあらさるなり而て日清の事件起るに及んで陸軍の将校予備後備より徴起せらる、もの多し尚ほ是時大尉の境界益〻迫る余窃かに似て大尉の進退を窺ひ以て彼企図の前途を占はんと欲す。

果然大尉は北海深雪の中より起ちぬ余は於是大に大尉に失す抑〻事業の成敗は天の運の然らしむるものありと雖も亦た以て人の力にあらずんばあらざるなり況んや現代の雄図を画して大に邦家前途の為めに尽すあらんとするもの自ら任する須らく重ふせざる可からず出発進退の当さに慎むべき如きは正さに此の際にあるにあらずや。

大尉今大連湾に水雷敷設部分隊長とし駐在せり朝籌夕画する処果して如何その安逸之れを千島の悲惨苦辛なるに比して幾何ぞ敵は已に戦闘力を失ひて亦た出づる能はずその画策する処新事業たりと雖も遂に人の瀝糟を啜るを免れず大尉果して之れを屑として事に従ふもの歟。

大尉請ふその身辺を顧みよ足本の多魂は応さに夜々鬼哭の啾々たるを聞かんのみ天下の識者は足下か進退の重からざるを攻めんとす足下何の言辞か之れに答へんとするか。

然れ共大尉徒為にして止む者にあらず余熟〻その容色を見るに当年の意気尚ほ凛として存するものあるを認む是れ豈に不平の境なるなからんや若し夫の甘心満足して止むと言ふ時は蓋し彼れが此世に形骸を曝らす時ならんのみ。

余は初め大尉が意気相貌と共に勇敢豪烈気を以て人を圧する的人物ならんと思考へしに今日大尉に接するに及んで大にその意外に驚く礼を厚ふし言を卑ふし能く士に接すを見る人間克己の工夫あり初めて大に事を為すを得べし大尉今矯修飾厲の意気ありその期す所蓋し少小ならざるなり。

聞之大尉能く虚懐にして人言を容ると縦令は衛生の法之れを医官の説に聴き己れの知らざる処は則ち能く之れを討究して他の長に就くに勉むと以て見る可し大尉の如何に世故に熟達せしものを。

大尉再び徴起せられて敵地に新事業を試む果して得意と云ふべきか否な想ふに不平の極なるべし不平の激す

る処爆烈せば必ず天を燬《や》き地を翻さん余は今大尉の相貌と辞気とを察してその然るを知る大尉豈に徒為にして止まんや。

………色合は何がよかろう………赤が善いさ………時節柄余りハデヾはないか………ナアーニハデにやらなくツチヤア………ポンポンやる真中をシユウーと………ム、ソウサ子ー………

天機洩らすべからず神讚立ろに至らん穴賢。

媾和の使を逐へ山東の一角を掩有《えんゆう》して然る後にあらずんば媾和の使来るとも之を逐へ旭旗を劉公島頭に樹つる旬日を出でざるなり咽を扼して一たび之れを捉えば所謂活殺擒縦《きんしょう》在掌中者。

六日

此日天気快霽《かいせい》満碧瑠璃水天一色海面鑑の如し余檣樓に登て宇宙を傲睨す意気雄闊唯我独尊の趣あり去年一度錨を卸ろしてより艦亦た動かず朝に夕に只気象の変化に飽く此日磁針の改正を行ひ且つ機関修覆(復)結局試運転の為め湾内を縦横周旋すること大凡五時間許鬼の来ぬ間に洗濯出来たイツ来ても大丈夫イザ来れイザ行かん。

此日午前十一時二十分試運転の際英国軍艦セバン号入港し来る。

七日

此日午前九時昨の英艦抜錨去って行く処を知らず又た石炭積込の仕事あり海面波なく平凪にして且日和温暖なれば兵士孰れも踊躍して事に従ふ蓋し快事の漸く機熟して将さに為すあらんとするを知るを以てなりアナ勇ましのツハものやアナ頼もしのもの、ふや余此日後半は胡床に踞して坐禅す窓を鎖し室中闇然一点霊心冷於氷、殆んど三昧に入る、人あり呼醒飯を進む喫了舷に出づれば皎々たる□(塞カ)月大空に懸かつて影凍らんと欲す艦板洗去つて水未た乾かず恰も驟雨の一過して霽《は》れたるもの、如し心中粛清快不可言。

八日

西京丸入港新聞郵便来る朶雲《だうん》載来皆な好報吉報ならざるはなし又新年の賀状を見る日本新聞も一日発刊の一

紙を見る但し野戦郵便は未だしなり。

正誤一日の新聞中扶桑百首の序に第四艦隊云々は生か誤りなり正誤如左。

七月下旬に横須賀を発し常備艦隊に編入せられ佐世保に廻航し従軍の命をコ、に拝し在朝鮮隔音島の艦隊に合し本隊に編入せられて殿艦となりしなり又西海艦隊に編入せられしことは黄海の役を経て十月廿日にてありしと云ふ。

妻臥病床見叫飢一身起欲払戎夷今朝死別兼生別只有皇天后土知と慷然孤剣を提げて起つ血誠の男児血に千古の好丈夫西海艦隊軍医長海軍々医少監木村荘介君従軍の命を受くるや慈父禿□(白カ)古稀に近きの高齢を以て久しく臥して蓐に在り荘介君以意らく老病の余慈親或は余の遺行を慮かるあらん如かず実を諒みて以て慈親の意を慰籍せんにはと家を辞すの日慈親に謁して公務に暫らく他に就くを以て告ぐ尊厳君危坐襟を正ふし声を励まして曰く邦家大事あり老父猶ほ身を提げて起たんと欲す今病骨竦然《しょうぜん》深く以て恨となす日夕只皇軍の凱旋を祈る耳爾武士の家に生れ職に圭刀に就て海軍にあり何ぞ自ら請ふて艦に乗し彼の負傷を療することをせざるやと顔色頗激す荘介君即ち意を決して実を告ぐ父君莞爾笑て顔を解き荘介君を撫して曰く爾真我児なり余命旦夕に在り想ふに爾を視る応さに今日を以て終となさんのみ夫の平相国清盛が臨終の一語移して以て爾を送ると荘介君激励涙を揮つて出づ十二月に至つて訃音遠く伝へて天涯に到る鉄腸九回寸裂せんと欲するなきを得んや然れども少監固沈毅少しくも色に顕はさず余偶新聞の広告に見或は□□(木村カ)少監なるなからむやと就て之を質せば果然り剪灯話熟して主客共に襟を湿すを知らず此日一公子綈袍《ていほう》の贈あり拝謝に堪へず唯暫らくは僕が器天下の士ならざるを公子悠然として笑て曰く縦令君に范叔が弁なきも埋頭没尾豈に空く布衣の問に終るものならんやと相顧みて還一噱《いっきゃく》。

九　日

北風寒ふして面を劈《さ》き寒気已に十三度に達するあり岸汀氷塊を漂はし船側水準点は硝子を張りたるが如し此

極寒窮冬も身を刺し骨に透ふるを覚ふるの予想よりも甚しからず感ずる所以のものは他なし狎れたる加減と寒きとを覚悟したるものと活戦と云ふ観念とによりてなるべしと語合ふ。

此日戦闘操練あり兵士皆な口より火焰を吹く其彩七色虹の如し操練か操練か操練遂に操練にして止るべからず一大活劇の来る□（将カ）さに近きにあらんとす可遣々々。

十日

此日松島艦よりの報知あり第二軍の報告とて

今朝五時蓋平城を占領敵はカイサンサイの方向に退却す目下追撃中死傷未だ分らず。

此夜九時頃に至り使用に差押へたる支那帆船窃かに順風に乗じ錨を抜て逃げて港外に出つ忽ち哨兵の認むる処となり本船及他二三艦急に短艇を卸ろし競漕して先登□（一字不明）を期せんとし約せずして大に相力励す漸くにして追及し港内に引き戻せしは已に二時も半すぎんとする頃なりき航海士は復命して事の仔細を艦長に告ぐ艦長は能く之れが処置を問糺し畢んぬ余はこの問答に夢覚めて耳を欹て、事の始末を聞き得たり天地寂寥人の鼾眠の音も静まり果てる頃なれば一問一答艦内に響き渡りて手に取るが如くに明瞭に分かる先是短艇を卸して逃船差押への命下るや倔強の櫂夫を撰ぶ床中より蹶起して自ら進めて曰ふ私も遣つて下さい私も行きましよう此の頃久敷無事に飽き腕を撫して天を睨せる折柄なれば我先きにと争ひ出でぬその意に云ふもし彼命を拒んで抵抗せば只此一刀両断の決あるのみと血に渇したる兵士の意気こそ恐ろしけれ。

十一日

明朝十時千代丸旅順を経て佐世保に向ふの報あり郵便締切時限七時半までなりとの告知あり。

艦中日録(8)(托伊勢丸便)

「日本」明治二十八年一月二十四日

扶桑艦に於て　嘯月生

十二日

此日午前十時三十分米軍艦ヨークダン来る十五発の礼砲を放つ旗艦松島答礼す。

本艦士官所用あり金州に赴かる帰来蓋平占領の報を談す中に左の一節あり。

此度の戦は敵も余程熟練せしものと見ゆ我兵の創傷従来と全く趣きを異にせし従前は大抵敵丸に中るもの胸部肩部以上なりしも今は皆な腰臂以下にありと云ふ敵も余程練熟せしものと見ゆ是れ畢竟敵の弱点を掲けて新聞紙に笑柄の種となせしによるべし他の弱点をか、ぐるは却て彼れに教ゆるなり彼れの悟るは即ち我の損となる所以なりと。

又曰く蓋平城占領の時の如き非常の強勢にて一里許は退却したるも従来の如く容易には引かず双方今は睨み合ひの姿にて相持せり敵は十二営許にして敵を斬殺せしもの二百余名を下らず。

十三日

此日米国軍艦の艦長二士官を率て本艦に来訪仁礼少尉接伴たり此日軍艦秋津洲偵察の為め山東方面に向ふ。

久保田の書簡は感心なるものなり久保田の話に私に一人の老父ありて今年已に六十余歳家督私一人の外姉妹兄弟もなく曾て維新の際は勤王周旋し俠気以て時の俊髦に結交す実に細川の藩士なり水戸の浪士を庇保するの事顕はれ亡命して薩州に匿る無幾復古の大典に逢ひ自ら士籍を脱して長崎に往き剣を解き沽に従ふ茲に二十年私も海軍に入つてから十余年親を辞したることは十八歳の当時でありますが爾来東航西渡多くは遠洋航艦に乗じ家に帰つて老親を省するの遑《ひま》なし不孝の罪万死に当る哀情転惨然たらずんばあらず然るに従軍以来老父書を寄

せて生を励ます如此昨の書は臥病呻吟の報を載す老病或は恐る遂に起つの期なからんことを生や素軍人のみ職に斃る、は当然です而かし斯迄励ませる親心老後の一楽にか、る殊勝の者もあると新聞にでも貴下の力によつて天下に紹介せらる、ことを得ば憮そかし嬉しく存ずるであろうと思ひます名もなき私等雑兵死んでも殊功の録せらる、なし只子としてこの老父を生前一度此の名誉に接せしめ度これ私が志願に候と余熟らつら聞之その書を得て録すること爾り。

拙者事も無病にて有之故引取など等の義は更〻断念可被成下候如何なれば此節の義は楽みに参り居候義に無之　陛下の御為且人民の為斯の義出来候事故妻子は更なり親たりとも決て未練を掛け候場合には無之自分に於ても六十余歳に相成候へ共相叶候義に候はゞ出兵にても致度心得に有之位に候故此節は決して〳〵如何なる事故有之共帰宅等の義は更に思切り奉公第一たるべく候左無之迄は引取参り候共相祝ひ不申因て此上は支那国王にても生取召連目出度帰宅候はゞ其節相祝可申候得ども唯〻戻り候共拙者にては不本意に候其思召にて十分功名手柄被成度其義而巳日夜神仏へも相願居候間左様御承知可被成下候左無之ては久保田家の家名にも相掛り候義故願くは王にても生取左無くは李鴻章にても宜敷候間生取る心得にて御稼ぎ可給候………。

「日本」明治二十八年二月六日

艦隊従軍記

在扶桑艦　嘯　月　生

一月十九日午前十二時を合図として本隊及第二遊撃隊は最も勇ましく盛京省なる大連湾を発す続て廿余艘の運送船は第二師団の兵士を載せて磐城天城の諸艦に護せられて艦隊の跡を追ふて来る煤煙の影は天を掩ふ所謂舳艫相含むもの陣形は単縦陣とて念珠繋きに連絡せり目さず所は威海衛、向ふ所はサテ何処。

洋河口は曩きに玄海丸が測定せし上陸点と聞く支那の新聞紙にも倭兵此地より上陸せんとするもの、如しと警戒せる由を報しぬ訓令は去月の中旬よし敷かれ一切軍機の秘密を保ちて艦内誰一人口外するものなく知れとも言はず問へども知らずと答ふ余は早く此間に密雲の鬱積たるを推す一日副長は余を其室に招かれ此度の作戦経画次第書及び蒟蒻版の摺物報道を示され又た敵艦の写真をも示さる今は作戦の次第も之を領しぬさて見物の位置は何処が宜からん、司令台は狭ければ充分の観察には少し不便ならん、舳なりと艫なりと便宜の処ろに便宜を取らる、こと宜からんと副長は言ひ玉ふ余は前檣楼に上らんことを希望せしも、コ、も狭ければ或は砲手の邪魔になることありては不都合なり、されば檣棚の電気灯台に昇らんと請ひければ、先づソコなれば差問《さしつかえ》なしとのことにて、電気灯台を余か根拠地と仮定す、司令台よりは三尺余も高かくて、前檣の前方に張出しあれば、艦内は首より尾まで一目に見透すを得る独舞台なり、イザ我が望戦台も成りぬ。

発航と云ふ十九日イザ愈〻今日の正午が出航だと定まりては万事を忘れ攻撃の快談に余念なかりし折柄、玉の浦丸入港し来る郵便物ありの信号をなすピリ〳〵ヒユー第一カツター出し方ボードクリユウ整列の号令は艦内に伝へられ右へ習へ、直れ、番号一二三四五六七八と言葉短かく順送りに開ケオイ各配置に就くギーギーギー、ジヤブ上者はボートを卸す滑車の響下者は水面に艇底に触る、声人員は乗組むボート推□《(シカ)》、櫂を供へ右舷前へ左舷後へ、前へ、シユウー〳〵上櫂は軽く飛ぶが如くに馳せぬヤガテ還りぬと見へ荷物小包大包箱物蓆巻き色々種々士官室の前に駢べらる荷主はボーイに命じて包や箱を開かすればコ、に時ならぬ菓子店は開かれぬ菓子を喰ひ茶を飲み一層の戯譚に各笑坪に入りて打興じぬ今日は何となう心嬉れしく気晴れて進軍の曲も勇ましと言はんより寧ろ面白く快愉に感ぜらる、もおかし、嗚呼三週日余も冬籠りせし蟄龍今や時を得て春風に閉蔵を啓き忽ちに喚風起雲の快事を試みんとす、一士官曰く今日が初めてお正月の様な心持しますネー、誰も彼も人も吾も。

却説向ふ所は膠州湾にもあらず洋河口にもあらず威海衛の東の方山東岬角灯台の許なる栄州湾と云ふ所ぞ則

ち我兵の上陸点なり抑々此湾は水深六七尋より八九十尋にして底質泥土なれば船舶の繫泊には格好の港なり大連湾より南に東の針路一直線に山東岬角灯台に向けて航するなり此日の午前は先づ江戸丸西京丸相模丸は防材を載せ支那船を曳きて出航す第四遊撃隊も相続いて出づ正午に至れば旗艦松島信旗を以て直ちに出港し艦隊は番号の順、旗艦の跡を追ふと報ぜり、海面浪なく天候晴れ十二月空時に断雲の飛散するを見る寒暖計は三十度九時頃は十六度までも降りぬ、正午よりは二十二度位に上り十時頃は三十八度にも上る此夜別に変はりたることもなけれど器械の響き何にとなう勇ましく聞なされ上甲板に出れば前隊後隊相続いて烏羽玉の黒き暗夜に光る星の影も殊更北斗七星燦然として舷を射る緑光紅光白光などの中天に懸かり歴爛として独り飛行する様は実に龍宮界に旅行する思ひあらしむ。

明れば二十日兼ねて示めし合せし如く丁度朝の六時には山東岬角灯台を右舷に見て栄城湾へと闖入すれば外国軍艦一艘はお早うと云はぬばかりに待居たるもの、如し曩きには艦内に訓令ありて一切万事秘密を守られたるも今は外国軍艦の機敏さよ、如何にしてか之れを知りしか、但しは偶然の遭遇か、この頃よりして雪はちら〳〵降り初め暫しの間に前方見えぬ迄降り頻きる、此時初めて発砲の声を聞くサテは敵兵已に警戒せしよな、何程の事かあらん、イザ蹴散らして追払へと、陸戦隊の部曲の兵士は、腕を鳴らして小躍せりされど本艦は主戦艦なり、且つ陸戦隊上陸の部署は他艦に於て已に定まりあることなれば、孰れも皆な扼腕して空しく陸上を睥睨するのみ、去程に〇〇〇〇七時四十分頃曩きの外国軍艦は出港したり雪も止みて、満山満地白皚々、旭陽之れに映じて反つて人目を眩せんと欲す、已にして又た六花散乱六出繽紛、運送船は海岸近く泊屯し、各艦の小蒸汽単艇は、八重山敵ありの信号あるにも係はらず、サツ〳〵と兵士を陸岸に送りぬ、小倉丸広島丸なんどは本艦の右舷をすれ違ひに殆んど人顔を弁ずるまでに近き過ぎぬ、本艦よりは帽子を押へて頻りに彼れに敬意を表す、八重山は頻りに発砲して陸上の敵を威嚇す、敵亦た敢て来迫らずその後影も形も声も響もなし、消失せしか遁げ去りしか、砲声は確かなりしも果して敵の発砲なりしやも疑はれぬ陸上はズンズと進めり、騎馬の士も、歩兵も工兵も、隊をなし列を整へて進めり、進む方は栄城の堡是れより三里の道程なり、城壁平かに楼閣聳へたり、無人の境を行くとは即ち是れなむめり、知らず栄城の固め奴何陸軍是非共今夜中にコ、を占領せざれば舎営する処なければ先づ血祭りにもこの一城は屠らざる可らずと勇みに勇みし新手の兵士、向ふ所一敵なし。

港口には西京及其の他の曳来りし防材支那船をもて敵が水雷艇を以て夜間に乗じ我運送船を襲へばそれを生捕にするの見込を以て数日間経営参画を凝らし本艦新井艦長は之れが委員長として督励落成せしものにして之れを港口に敷設するなり随分の大工事なりし今日は晩景までには敷設の間に合せざるべからずとなり本艦より遠矢候補生古谷大尉等之れが監督に赴かれたり夜に入つては陸岸に篝火の影も凄まじく船舶の灯光星の如く閃き遥かに栄城域の方には火焔の炎々と天に漲ぎるを認むサテコソ人民は市街を焼払ふて奔竄《ほんざん》するよな陸兵の難儀実に想ひ遣らる、なり、舎栄すべき人家なく雪中に臥して戎衣《じゅうい》の冷かなるに夢や驚かんなど孰れも心配しつ、猶ほ彼地占領の如何をも気づかへり、雪中行軍の好題目、恨む我れ維摩の筆なきを。

曩きに大連湾を発するの時第一遊撃隊は加はらざりしが後れ□《(にカ)》牽制運動を取らんとて登州攻撃に出懸けたるを以て前日已に彼地に向て航したるなり本朝は当所に来りて艦隊に合したり。

艦隊は本夜は沖合に漂泊して警戒おさ〳〵怠らず。

二十一日運送船は十二隻相続いて入港す八時旗艦よりの信号あり第一遊撃隊第二遊撃隊本隊揚錨せよツイデ各艦の距離四百ヤードして旗艦の通り跡に付けと三十五分に進行を初む但し秋津洲は此の隊に加らず。

サテコソ愈々威海衛進撃と出懸けたり出る乎、降る乎、将た抗する乎降らは許さん、出づれば捕へん、懟に抗抵へば微塵に砕きて、奴原清兵底の水屑と打ち沈め魚の餌食に腹肥さして吾喰はん、縦令は嚢の中の鼠の如し、活すも殺すも今は吾三寸の掌にあり、窮鼠却て猫を噛むの諺もあれど、豈に伏鶏の狸を搏つに異ならんやと罵り笑ふも勇ましや、船は此等の雑話戯譚を載せて騁せ進みたり、一時四十五分には陣形を取りズラリと並ひ揃ふて威海の西の方より東の方にソロリ〳〵と乗り廻す航海士は檣林の上より千里鏡を懸けて怯魔の巣窟を窺ひぬ、確かに三艘の形は認められぬ、三時十三分劉公島の砲台より発砲し始む、十二三分の間可惜十五六発を徒消して何の功能もあらばこそ、七海里の沖津白波無覚束も一二発過不及の標点を誤りしそれ弾近く水烟サツト打立て藻屑へコソは沈みけれ、頃は三時半も近くなりける時、北西の針路は四点右開の合図と共に、船首を転し、ついて北東の針は定まりぬ、艦は徐ろに帰途に就く、敵艦隊に出ても来らず、我艦一丸を放たずして止みぬ、冷かされて周章狼狽せる敵の心根、思ひやるたに憐なり、六時過頃より吉野高千穂は引き返して敵艦の動静を偵察せんとて回航せり、此夜又々威海衛の方に発砲の声聞ゆるあり敵も警戒に怠らさらん歟かくて栄城湾に帰りて投錨せしは翌日の午後零時五十分なりき。

「日本」明治二十八年二月六日

上陸異聞

於扶桑艦　嘯　月　生

十九日午前十時を以て八重山は磐城、麻耶、愛宕の三艦と共に大連を発して山東岬角なる栄城湾にと向ふ、予定の通り翌二十日午前四時を以て目的地に到着す、途中は何の故障も生せざりしも、生憎や朝来の降雪甚敷き為めに方角を見迷ひ、兼ねて測量撰定ありし繋泊所及上陸点の確かならざりしより、已むことを得ず一時間余りも湾内に漂泊し居たり、やがて雪もやみたれば、早速ボートを浮べて陸に向ひ、四艦の陸戦隊兵は七十余人皆な武装に身を固め、敵の有無を探らんとて内に八重山のボートには一挺の連射砲をも載せたり、之れには陸軍の将□(校カ)も乗込み居られたり、やがてボートは岸に達し、纜《ともづな》を取つて舟を艤せんずる途端に、ズドンと響くは木谺ならで確に敵の打ち放せし砲声なりと、言ひも果てざるにボン〳〵パチ〳〵と、小銃の弾丸は篠つく雨の如くに注ぎ来ぬ、時は未だ暁昧爽《まいそう》の天、漸くに人顔を弁する頃なりしかば、砲火は花火の如く火花を散らしけり、我兵は敵の多寡をも計り兼ねたれば、愁に抗敵して可惜敵の虜となり犬死せんも口惜しと、直に号火を掲げて敵のあるよしを本艦へ信号に及びければ、本艦よりは又た直に還るべしとの信号あり、斯て件の三艘のボートは孰れも敵に背を見せるは残念なれど、剣を按じて起闘ふは是れ真の勇士の為すべき事にあらざればとて、渋々纜を解きて引還りける、還す〳〵打出すものは八重山のボートに載せし四十七ミルの速射砲にして、十分許りの間に十余発を打ち放ちぬ、手練の早業聞く人舌を捲かぬはなし、かくてボートも還り来りたれば磐城、八重山、麻耶、愛宕は近く陸岸より四ケーブル即ち六百メートル許りも進み寄り盛んに砲撃を初めければ何かは以て溜まる可き、陸上の敵兵は命から〴〵ホウ〳〵の体にて遁げ出す、夜も已に明けぬれば歴々としてその様を認むべし、我艦よりは之れを目懸けて散々に打散らしけり、兎角する内に運送船はズンズと相次て入り来り、見る間に十余艘の舟は錨を卸して碇泊せり、敵有りの信号もクソもこそあれ、敵あらばいでや追払へ血祭にせんと、新手の兵士は相励みボートを卸して上陸す、劈頭第一敵に逢ひ勇気百倍一時にサツト振ひけり、之れが為め上陸も意外に捗取りたり、かくして三日の間には已に上陸せしめ、兵器弾丸糧食皆な之れに叶ふ、げにこれは前代未聞の盛事なり、外国軍艦五六艘碇泊し居りたりしに、この敏速の運動を見て舌を捲き驚嘆せしと云ふ、げに天祐なる哉、此の数日間は最初に雪降りの障害ありしのみにて風なく波なく、大連湾に比すれば十一二度の差にて温暖なり、水は深し底質はよし、船は近く寄せ得るなり之れを花園河口の二哩もある遠干潟に比すれば、その難易天淵なり、且つ潮の干満も大凡六尺未満なれば大したる差はなし、ハシケの船頭も倔強のものを選抜し来りたれば、中々に仕事の捗取敏速なり、陸岸には二艘の支那船をつなぎ合せ、その上に板を敷きたる桟橋を幾箇となく浮ばせたれば、上り下りの便利は実に容易なり、兵士はその儘直ちに隊列を作り駈け足して進行せり、これより柴城までは二里半許りあれば、今日中に彼処を占領して舎営すべし、縦令敵は幾万あるとても何程の事やあらん、九州男児と関東武士との腕くらべ、コ、一息に蹴破らんと勇み立たるすさまじさ、聞くも心地能き次第ならずや、去るにても道路の困難なるは大なる障害と云ふべし、車は勿論馬匹にても困難なり、只人肩担夫を要するの一事こそ遺憾と云ふべけれ、栄城は抵抗なしに占領せり、初め土民の騒擾して奔鼠せんことを慮り、之れを綏撫安堵せん為め布告を制し、街頭廓門へ貼り付けるのつもりなりしも案外に落着きて遁げんともせずありしとなん、却説又た栄城湾は山東岬角灯台を距る僅かに半哩位の処なり海軍の陸戦隊上陸せばすぐに電信線を切断して敵の用をなさしめざるの計画なりしもかく容易に上陸も出来敵も避易したれば今は我の占領内に属すれば別に切断に及ぶまじけれど折角来た序なれば切り離し置かん何れ我れの用に供すべきものなれば続き合すは何時にても出来るとなりとてかくは切断したりと云ふ、却説又この海岸線二間許りの処に最も新式のクルツプ砲四門を供へたり、ホン出来立ちのホヤ〳〵にて塗物などもぴか〳〵と光り居りたり、孰れ此度の戦争に付てドコからか買入れしものなりと見ゆ、長七五サンチ二門、短七五サンチ二門なりしと云ふ該灯台には二人の洋人監守し居りしよしその洋人の話に敵兵は大凡五六百人もありたらんと云へども僕等が見たのは百四五十人位でもあろうかと思ふ位なりし、マア彼是三百余人も居たでもあろうか該灯台には支那の海軍士官二人ありしよし学問あるものと見えて此度日清戦争の事に関して書綴りしもの数百枚もありたり、且つ秘密信号書なども領収せり、該洋人の話には今朝二時頃已に舷灯などの盛に見えければサテコソ倭人押寄せ来りしとて早くも彼二士官は遁げ去りたりと灯台は已に我の専有に帰したれば洋人はそのマヽ支那政府の雇ひたりし給料を与ふることとして監督せしめたり、洋人は云ふ願くは給料の半分丈け余等の家族に贈り呉れよとその手続をなし呉れよと要請せしよし、以前此地を測量に来りし時上陸して山河の形勢を彼れ是れ取調べられたりその時何国の人たるやと問ひしかば英吉利斯の海軍士官なりと答へにき今この洋人の話には曩日日本の海軍士官来りしよし故に早くも倭人英人とイツハリ沿海の要地を測量す見付次第に追払へとの布告は栄城市内に触れ出されしと云ふアブナイコトジヤツタと笑はれたり先きの二士官が手紙ありたり開展するに海上は危険なれど今は海上勤務致し居れば安全なり御両親も御安心可被召云々と認めたりしと云へり五人ころして一人生捕にす野砲は分捕して八重山に持還る硝薬は極々粗末のものなれば海中に投じ弾丸は多くもあらざりしと云ふ上陸も予定より捗取れば陸軍の進行もまた余程日取りも進みしと云ふ却説人夫は大抵一日の内十五六時間位働きしならん晩餐は七時頃より休みそれにて却て斯の如くに捗取りたり人夫も大工も余程訓練を経しものと見えたり皆な号令づくにて仕事なす彼の大工が桟橋をつくるにも一の号令にて木材を揃へ二の号令に槌を取り三の号令にて釘を打つその手際の敏速なること驚くに堪へたり訓練を経るものにあらざるよりは安んぞ能く斯の如くなるを得んと嘆称久之せし栄城は大連湾を距る百二十哩許にして威海衛よりは二十哩許東南山東岬角の一欠せし処なり陸路十四五里ありと云ふ底質は泥土六七尋より十尋までありと云ふ潮流は早き処にして一時間四哩許りあり潮の干満は大抵六尺未満なり大連より一度半程南方に突出しその温度殆んと十度内外の差あり運送船軍艦のかく一時に込み入りしはこの天地開けて以来今度□《（かカ）》初めてなるべし寂寞荒涼の浜俄かに帆檣林立人馬絡繹は海神も山霊も驚き走るなるべしまして心魂なき蠢爾たる彼の兵士をや余りとは云へ実に馬鹿々々敷次第なり却説又コヽに説くべきは彼の運送船の船長が舟をば進退自由に乗廻はす手際は中々巧妙熟練したるものなり初めは船と船との間隔大抵一ケーブル半の定めなりしも殆んど彼等自身に半ケーブル位の距離を取るその逼き間をば先繰り〳〵揚げ終り次第に数十艘の間を何の苦もなしに左右前後の他船に触れず障らずズンズと出て行くその手際の巧熟なるは之れ商船の船長が得意の特技にして海軍士官も及ばざる所なりと感賞されたり。

悪詩あり御一笑

大連灣所感

皇宗立極敷王道、混一區寰帝業恢、殊域版圖謳聖徳、
坤輿曠野闢蒿莱、溟氣蒼茫三山嶋、繞繚陵形六砲臺、
天險要樞餘地勢、商機兵略促時來、

偶懐

聖教來尋堯帝國、無為三代笑唐虞、風懷自古屬騷客、
詩魄多看混酒徒、一點禪心窮死劫、半生俠氣奈狂愚、
浩歌□(一字不明)劍夜剪燭、史筆千秋慙吾儒、

山東省榮城灣臥龍村

古來天下稱山東、無復應秦豪傑風、滿眼艸盧總落寞、
臥龍村裏臥龍空、

威海衛海戦記(1)

明治二十八年二月十六日

於扶桑　嘯　月　生

一月廿八日我海軍艦隊は威海衛を攻撃す可き予定なりしに何故か当日に至り延期せられ頗る失望の念あり而かも其理由全く相分らず媾和使来朝休戦申込みの為めにあらざるは勿論なれ□(欠字)多分天候の模様によることならん歟或は陸軍道路困難の為め進行の期日予定通りに行かざりし為歟但しは他に事由の存するある歟と臆測を費し候も別段深き仔細のあるべくも見えざれば孰れ二三日の内には遅くとも出発することになるべしと思ひ居候翌廿九日は朝八時頃より降雪模様あり寒気は十八度風力も暁の頃は恰も二六にも相成り従て海面の波浪も起り候第一遊撃隊は入港致し候が無程旗艦よりは威海衛異□(常カ)なしとの信号有之候英国軍艦アラクリチー号□(不明)八時半頃錨を抜て北に向け出帆す十一時半頃降雪盛に有之暫時にて相止み候も一旦収まりし風力又も増加の勢有之折柄水雷艇十八号も入港致し候何にか至急緊要の命令を齎らし候事に相見え出発の際錨鎖切断致し探り取るの遑なく錨はその儘打棄て、馳け来り候よしにて本艦よりはボートエンコル及百斤バラストを貸し候同時に本日午後五時出発すと伝へらる初めて昨来の鬱積相霽《は》れ胸中実に愉快々々を覚え雀躍至極に堪へず昼飯頃は又た

降雪甚敷風力も一層増加の勢有之寒気は二十五六度内外にて午前よりは少しく温度なりし一時三十分旗艦よりの信号に「明日未明陸軍は百尺崖《ひやくせきがい》南西の山手を攻撃すべし」とあり仏国軍艦一隻入港す続いて英国軍艦一隻亦入港す名はアーチヤー号なり英国軍艦二隻又た復た投錨す五時十五分揚錨同二十五分前進す五時四十五日舷灯を延し七時十五分艦内の哨兵配置に就く一隻軍艦に逢ふ独逸軍艦なり七時五十分山東岬角灯台を南四哩に見て警戒線に入る此頃よりは各隊より毎夜交代を以て敵艦の遁走を警戒し威海の敵艦をして一歩も外に動くこと能はざらしめ一戦に鏖殺せんと相期し候本夜は我隊の当番に相当りぬ警戒線は山東岬角より二十哩沖合に各艦の距離大抵四哩の間隔を以て回帰運動を取り夜八時二十七分日没し威海衛の方より電気灯相照し候十一時北々雨に針路を転ず威海衛又た電気灯を照らす毎夜毎暁数回の電気灯を照らし敵もおさ〳〵警戒に怠りなく只管水雷艇の襲来を懼る、者の如し今夜午後十二時出発すべしと旗艦よりの命令は三時に得られたり又翌朝未明キミン島沖にて本隊に合せよと。

三十日〇時五十分正東に針路を変し一時南一、二分の一西二時卅分始て山東岬角灯台を艦首に見る三時南西□(微カ)南に針を変じ半速力となす三時四十五分本隊第一遊撃隊に逢ひ遂に之れと並んで航進す五時十六分西南北五時四十五分総員起床坐速を取る己にして原速力となり六時五十分航海灯を消す夜已に明く第三第四遊撃隊はキミン島山沖に乗合するを見る又た水雷艇の航行するを認む又た英国軍艦二隻東より来るを見る六時三十分劉公島の沖合に当り各隊ともに旋回運動を初(始)めたり我隊は劉公島の東十海里許の沖に位置を占め第三第四の両隊は百尺崖の東キミン島の間に在りて連りに陸上砲台を攻撃し以て陸軍に応援をなす敵は又其艦隊の応援に頼て砲台を掩護し頻りに発砲し以て我陸軍を狙へり敵艦の見ゆる者靖遠、来遠、済遠及水雷艇四五隻なり十一時十分水雷艇は報じ曰ふ「陸軍は曰ふ百尺崖攻撃中敵艦は出るの模様なし」と四時十分騰然として地上万丈の濃烟を揚ぐその状峰巒の突兀として立つが如く凝つて散せず合して消へず遂に空に棚引きて只一抹の雲となる暫くにして復た発す其状前と異なることなし只地盤の震ひ艦体にドツト応へしを覚ふるのみ或は敵の地雷火の爆発せしものならんとの説もあれど火薬庫の爆裂せしものならんとも評し合へり後にて聞けば後説の方なり此の時一隻の軍艦は芝罘の方より満孕の風帆を飽張し悠然として曾て戦事あるを知らざるもの、如く恰んど港口を窺ひ過ぐ独逸の軍艦アレキサンドリヤス号即ち是なり一時二十分二十《(ママ)》分日島砲台より発砲頻に激し二時十分旗艦令を伝ふ第二陣形造れ半速力く已にして「各艦の間隔四百メートル」との令あり又速力原速力隊形全く成り第三第四の両隊は劉公島の前面に闖航し陸上に向て発砲す此時正に三時なり旗艦忽ち信号すらく百尺崖を占領すと百尺崖の陥落するや忽ち日章旗を高く掲けて我皇威の輝くを示す曩きに砲台を掩護砲撃せし敵の艦隊は百尺崖下近く出でしも此の風色を望見して忽ち此の艦頭を回らし倉皇として湾内に入れり恰も少鼠の竄るが如し三時二十七分旗艦松嶋は列外に出で其任務を指示艦千代田に托したり蓋し各隊各艦に令する処あらんと欲してなり三時四十分北西に針を取り松島は指定艦の通路に従へと各隊へ信号せり四時四十一分戦闘の喇叭声勇ましく艦内に響き渡りて淀む調もなし兵士は馳足を以て各其配置に就く迅速快敏規律の兵訓練の士余は操練を見る毎に深く感嘆措く能はず機械的規則的とは或一流の人士が最も排斥する処なるも焉んぞ知らん軍の強弱は規律厳正に行はる、と否とに由ることを勇者独り進むを得ず怯者独り退くことを得ず強弱一軀多々益々弁ず是れ文明の兵制なり左舷砲照準距離五千四百の懸声は叫はれぬ同二十七分日島砲台に向ひ砲撃す先つ上甲板左舷の十七サンチ砲を放ち中甲板左舷の四番砲廿四サンチを放ち同四十四分敵亦た応撃し四十三分又た左舷の二番砲十七サンチを放つ従て又た左舷一番砲廿四番サンチを放つ是を二回転放撃とす。

（此間は図あるも略す）

彼我の距離遠きに過ぎ双方の弾丸中途に落つ高雄は最も新式の砲を備ふるを以て該艦の砲弾々着我艦中の第一なり発砲大に力む比叡、金剛又た大に放撃す此日風向悪しくして砲烟舷に横はり甚だ弾着を見るに苦ましむ然れども他艦の発砲は能く見ゆることを得べし五時十五分夕陽は将さに百尺崖の嶺に懸かり暮色蒼然湾中に満つ「弾薬収メー」の令は出づ舵を転じて則ち回り以て本隊に復命す、三十一日予定運動によりて威海衛沖にあり○時「左十六点、針路正南」の信号あり此時威海衛頻りに発砲の響を聞く二時十五分我艦左十六点に開く風勢増す模様あり外国軍艦一隻航行するを見る電気灯を点して之れを照らす三時三十分南西微西に向ふ五時総員起床し六時三十分旗艦信号「左十六点に到る方向変換」と六時四十分哨兵を撤す舷灯も同じく撤す七時本隊及第一遊撃隊は廻旋運動をなす八時旗艦命あり「第五陣形作れ方位南に来れ」と甲板洗方は四十五分戦闘操練昨日は活戦今日は操練又明日活戦に接するやも知れず平時の規定今日は操練を行ふの日なるを以てその規定に従ふなり甲板の洗方是れ亦た規定に従ふなり寒中に在りと雖も軍中に在りと雖も人生の衛生は一日もゆるかせにす可からず一人一分時間に一鏖を作りて四百余人廿四時間に積む所幾何ぞや加ふるにや炭烟烟塵の絶へず飛散せるもの皆な積んで塵芥となる邦家大事の時に際し局に当り身を持するもの豈に自ら珍重愛養せざる可けんや艦内衛生予防法の至れるサボンを以て甲板を洗ふの一事に見て知るべし既にして千代田列外に出づ威海衛方面盛に砲声を聞く陸軍戦闘の状察するに堪へたり九時二十五分左十六点に変す信号あり「予定運動」と即はち各隊各自旋回運動を取る但第三第四の両隊は前日と同し九時二十分操練止めり五十分大砲取入れ十一時頃ミゾン降りて寒三十五六度に上下す。

今日俸給を渡されたり文臣銭を愛し武臣死を惜む利の在る所は水火且避けず是れ清国の人民是れ清の末子なり我神国の男児清廉高潔利慾に淡忠肝義胆その天性に出て以身殉国生太軽と唱ふ今や遠軍異境朝劬夕労物の以てその耳目を喜ばしむるなくその心胸を楽ましむるもなきも而かも少しも不平怨恨を念頭に感ずるなく益々奮励して一心殉国を思ふその俸給の如きは之れをその慈親に奉じ弟妹に遺り或は生命保険会社に投じ或は貯蓄銀行に預け以て進退の節を誤らざるの善図を為す嗚呼進んで国に尽し退て家を保ち忠孝両全余は今諸君に於て見之彼の清国の人民臣子の愚なるを見往昔我徒暴勇大に跋扈を極めて風教を壊り治安を害せしを思ひ実に諸君の高尚潔達能く文明の人士たるの品格に負かざるを感ず二十分頃より降雪甚だ盛に天地冥濛北風漸く強く寒気刻々に下る浪に従て荒る景象次第に悪兆を顕はす一時十分舵を転じて北に向ふ遂に旋回運動を止めて旗艦の後

を追ひて進航す激浪浩蕩艦の動揺甚敷潮濤屢〻前甲板を洗ふ艦上甲板皆な索綱を縦横に張り頼て以て歩行の便を取る五時四十五分舷灯を点す六時哨兵を配す八時砲声威海衛の方角に響くを聞く夜に入つて満天鬱黒雨となり雪となり風力は五より六、七に達し寒気は十六度に下る唯海水は四十二度より三十八度の間なり春王正月茲に全く尽く。

二月春城落梅花梅花処が唯の雑木灌木さえも見でもろこしの大津原唯黄草の茫々たる計りにて浪に花くふかみの潮唯蒼々として限れる隅もなし早く敵をば落花の如くに討散らして我名は梅香の芳はしきを遺留めんと勇みに逸る益ら雄の頼敷や一時三十分針路南六時二十分更に北六時三十分総員起床四十五分哨兵を引く九時橋立旗艦の命を伝へて信号す「便宜栄城湾に帰れ」風浪激荒艦隊列を保つ能はず且つ降雪乗之航途冥塞速力亦た調和を得ず遂に警戒を解て而して栄城湾に回る九時三十分南々東に向ふ橋立厳島の山東岬角に進むを見る十時二十分風浪の故を以て軍事点検を行ふ能はず此時キミン島及山東岬角を見る高雄列を離れて独航行山東岬角灯台を右舷正横に見てより南微西に針を折り岬角を回つて針路不定寒気正午十三度風力七より減じて五午後零時五分投錨用意同三十分投錨々頭三節底砂泥水深七尋一時三十分赤城入港二時五十分松島入港三時三十分比叡金剛入港益〻悪兆を呈するが為め左舷錨入方の号令あり同時哨兵配置に就く六時五十分降雪の為め四面鬱黒咫尺を弁ぜず風六より七寒十三度而して海水は三十四度午後六時三十分筑紫信号して報して曰く「威海衛東口の水雷電線を切断すと軍司令部よりの報知」艦隊の最も恐るる処は水雷と水雷艇のみ、五時三十分松島よりの信号「第二遊挙（撃）隊は明日石炭を積み夕刻迄に本隊に合すべしと」以是麾下の各艦へ「明日午後二時出艦」の令を伝ふ。

二日暁五時に威海衛の向に当て電灯を照らすを見る独逸軍艦壱隻入港又た英国軍艦一隻入港す寒気正午十八度風力五北より吹く午後一時四十分錨場を渡す石炭積方をなす思ふに石炭の汽船に於ける猶ほ人の飲食に於けるが如し一日も一時も之れなくんば行動挙止する能はず人の労働するや労働の度高ければ従て飲食を要する亦

た多量ならざるべからず汽機も亦た然り況んや今敵を眼前に控へて敵は正に窮鼠の如し若し来て反噬するあらば一撃して之れを破るべしと雖も其間の運動快速迅急を要することなれば石炭を消費することも非常なり万一中途之れが不足を訴ふる如き事之れありてはゆ、敷き大事なり天候風浪の陰晴を問はず戦闘の前是非共之が不足なきを期せざるべからず已に明日威海衛攻撃の手筈に定まりたることなれば何条猶予なるべきや我忠勇なる兵士は此の風浪寒雪も物の数とせず石炭積みの事業をなす時或は掃除人となり或は塗具師となり或はボーイとなり或は清潔社となり洗濯屋となり裁縫師となり而して人足となつて石炭を積み兵士となつて敵軍に臨み生を愛まず死を恐れず逸を貪らず労を辞せず一心国に尽し一身君に捧す至誠至忠天は誠忠に与みす。

三日一時三十分試運転を得ず総員起二時十分第一遊撃隊錨を抜て先つ発す三時十五分我隊次て進航航海灯を出す針路を東に定む五十分北東に変じ五時十分北西微西四分一西に転ず六時四十分ケ(キ)ミン島の西に本隊の碇泊するを見て本隊の傍に向て航す六時四十分舷灯を得ず八時より以後或は停止或は微速英国軍艦一隻の航行し去るものを見る威海衛の方角に砲声盛に聞ゆ九時五十五分戦闘の号令喇叭は響き配置は定りぬ兵士は悠然たり従容たり意気少しくも逼らず激昂踴躍の態なく最も沈静荘重の風を見る暫時休憩して攻撃点に達するを待つ小鷹艇報告あり「砲台も艦隊も其マ、」と先是蜚語あり伝へて満艦を聳動す沈毅の兵士も至是憤然剣を地に抛ちて嘆するものあり余も亦た筆を執りて馬首を東せんと欲したりき何事ぞ「敵艦八隻皆な降る朝来彼艦の黒烟を揚け徘徊してありしは即ち我が兵士の已に乗込めるなり則威海衛全占領す是陸軍の報告による」事意外に出で信疑相半ばす既にして其誤聞たるを知り意始めて解けぬ十時四十分面舵に開く則ち劉公島東砲台に向て発砲す敵亦た応撃頗る務む距離大抵四千三四百(米)突敵艦之れを掩護して我に発砲するを太だ頻りなり我隊一回転の後取楫を取り遂に三回々旋運動砲撃をなす塁堅ふして容易に動くの色なし此日暁来暄温攻撃一時間前より西の風その力一、戦闘大抵二時間許敵艦遂に出でず砲台容易に動かす我進んで逼る能はず水雷の危険あり防材の障害あり而して陸上の砲台射撃最も便なり午後二時三十分予定運動の旗艦命あり四十分第四遊撃隊代つて進撃す三時三十分第二遊撃隊又た代つて進撃す敵艦又陸上の砲台に向つて放砲頻なり砲声全く止む時恰も五時なり此進撃は之れを三十日に比すれば稍《やや》痛快を覚ふと雖も要するに攻撃は攻撃に過ぎざるなり「今夜はキシ(ミ)ン嶋沖に碇泊すべし」との命令ありたるを以て六時十五分指定の地に泊す。

八時三十五分旗艦命あり「第二陣形作れ旗艦に継け」九時三十分「威海衛占領」の報旗艦より至る同四十分「第二遊撃隊は劉公島を攻撃せよ」との命あり。

四日四時二十分頃威海衛電気を照らす六時二十五分揚錨同四十五分進航同五十五分哨兵引八時沖合に於て左回旋運動をなす本隊は百尺崖に在て左回旋運動をなす九時右旋回となす大凡艦隊の運動は学生の休隊列運動と異なることなしと一層適切に之れを言へば騎兵操練と殆んど同然たり船は意志なき活物なり操縦唯人の力に任て行くことを得るものなり然れども人亦往々舟に致さるゝことあり即ち此意志なき活物は必ず各箇一斉を共ふに猶ほ馬に順良の者あり驍悍の者あるが如し能く之れを知るものは危に臨んで免るを得之れを知らざる者覆没立所に到る仏国軍艦一隻来る十一時十分松島信号あり「日島劉公島を除くの外は海岸線総て占領」独逸軍艦来る。

午後仏国軍艦一隻来る海門天龍の二艦相率ひて芝罘に向ふ不知何事の要件か敵艦来遠陸上に向て砲撃するを見る我幾回の攻撃は却て彼れをして射的の演習を実地に習はしめたるやの観あり彼れが根拠たる劉公島の砲台は一回は一回よりその発射の技熟練せるを見即彼れが発射の弾着能く軌に外れざるは是其証となすに足る聞く我陸軍の百尺崖を攻むるや一隊の敵兵頗る猛勇両々相逼つて相睥睨我兵吶喊之れを衝く相触るに至つて初て漸くに退却せしものありと今敵が海軍の精鋭は皆な地に集まる此地一たび守を失せば敵亦た海軍なからんとす而して渤海々上の権は全く彼れの有にあらず縦令彼をして進んで闘ふの勇気なしとするも退て守るの余力なしとするも彼れ八隻の艨艟《もうどう》が此地を死拠する間は我海軍豈に枕を高ふするを得んや況んや彼猶十四艘の水雷艇を有す風雨の夜暗に乗じ畑に雑ぎれ来らざるなきを保せんや我海軍畏る、所は唯之れのみ故に彼れが陰然として存在する限りは則ち不言の間に我海軍を牽制するの威力を備へたるものと之れ云ふ可きなり。

「日本」明治二十八年二月二十一日

威海衛海戦記(2)

扶桑に於て　嘯　月　生

四日午後四時旗艦信号して曰く「貴隊は今夜威海衛西口十哩の処に於て南東に引ける線十海里の間を警戒せらるべし、本隊は鶏明島に碇泊す」六時警戒に就く此夜月暈《げつうん》を見る荊軻匕首を挟て秦に入れば白虹《はつこう》日を貫き子陵足を以て帝腹に加ふれば客星為めに動く余舷に立ち軈《やが》て熟〳〵天象を窺ふに塞空一碧氷輪影凝りて光輝自ら悽殺の□(象カ)を含む不思議や朦朧として一条の白気は月を繞《まと》ふて環の如く現出す暫〻白雲之れを掩ふて徂徠頻りに、時々鏬間を洩れて形影を露はす余窃かに嘆じて曰く有之哉〳〵果有之と、火箭一発劉公島に揚るを見る。

五日零時九十分劉公島又た火箭を揚ぐるを見る二時五十分月没す三時五分劉公島電気灯を照らす四時十五分劉公島に火箭一発を揚ぐれば砲火盛に起つて砲声頗る激し五時十五分劉公島又電気灯を照らす火箭電灯、砲声激、是れ只事ならじ六時四十五分夜全く明く英国軍艦一隻独逸軍艦一隻沖合にあり三時廿分定遠の周辺八隻の水雷艇を集むるを見る定遠旗□(欠字)旗を揚く蓋し艦長を会して攻守の謀議を定むるもの歟唯怪むべきは其艦体の傾ひて左方に偏せる事を五時三十分旗艦より「今夜便宜碇泊」の信号ありたり六時二十分鶏明嶋に投錨水深十尋錨鎖三節底質泥土八時四十二分揚錨十時五十分山東灯台を右舷の艦首に見る十一時東に針路を取る寒二十七度より三十二度の間を上下す天候は晴空曇。

六日二時零五分山東灯台を右航正横に見て進行針路を正面に定む日没四零二分威海衛電気灯を照らし砲声三四撃電気灯屢〻閃く五時五十五分烈げしくつゞく砲撃の声間断なく殆んど卅分間余に亘りて聞ゆ当直の一士官はブリツヂに運動の足を停め身を側て耳を澄まして暫し砲音を考へやがてホツト一吐息意味ありげの体「ハア

ヤツタナヤツタナ」と言つて亦たも足を運んで眼を四方に配りつ、運動を初めたり六時哨兵を引く七時三十分百尺崖沖に運動航八重山及水雷艇二隻北に向て馳せるを見る九時旗艦より碇泊用意の信号あり九時十分本隊及第一遊撃隊は百尺崖に泊す但し本隊の千代田及第一遊撃隊の浪速はこの中に見えず九時四十七分投錨錨鎖二節半水深九尋半底質泥土英国軍艦二隻あり愈〻明日は総進撃進撃の前コ、に我艦隊の編制を□（略カ）し置かんと欲す亦も我艦隊は五艦隊を以て成立たり即ち本隊、第一遊撃隊第二遊撃隊、第三遊撃隊、第四遊撃隊是れなり外に特務艦なるものあり特務艦は八重山之を率ひ全艦隊は松島之れを統ふ故に単に旗艦と言へば即ち松島たることを知るべし松島は全艦隊の旗艦を以て本隊の旗艦に兼ね司令長官伊東中将之れに在り第一遊撃隊は吉野之れを率ゆ吉野は常備艦隊の旗艦たり鮫島少将之れにあり第二遊撃隊は扶桑之を率ゆ扶桑は西海艦隊の旗艦なり松浦少将之れに在り第三遊撃隊は先任艦を大和として艦長上村大佐之を率ゆ第四遊撃隊は同じく先任艦を筑紫として艦長三善大佐之てを率ゆ而して水雷艇隊は別に三艇隊を以て編制せられて旗艦に直隷す第一艦隊司令餅原少佐、第二艇隊司令藤田少佐、第三艇隊司令今井大尉なり他に工作船、病院船、兵箭船、水雷艇隊附属船、海軍運送船の種類あり運送船は皆な海軍士官之れが監督将校として海兵を率ゐて之れに乗組みあり且つ万一の用に供して野砲、速射砲、数門を据へ付け兵士は軍艦に在りて同じく規律に遵奉せりと云ふ午後三時英国軍艦一隻出航するを見る三時四十分旗艦信号した遍ねく同艦隊に報知せり余は室内に籠屈して頻りに明日総進撃の事を想像暗搆する折柄人々の声は戸外に高く満艦ドヨメキ立ち笑ふ声罵る声喃々呶々足音高く踏鳴らして梯子を駆け上る抔騒々敷聞ゆればサテは唯事ならじと考ふる途端報ずるものあり意気快然大声呼はつて曰く記者記者新聞記者速かに出でよ意鬱として何の思ふ所そ速かに出でよ「好き種あり好き種子あり」と余徐ろに亦た上海電報歟と問へば否な〳〵確かに旗艦の通知なり今已に掲示して公報せらるものなりと然らば事実如何艦長之れを語れと言未た了らざるに先づ数を呼んで四隻の敵艦を沈没せしむ定遠、来遠、威遠外一隻を余曰ふ如何にして歟水雷艇突入冒難の奇功なり余曰ふ何日何時歟未だ時日を詳にせずと雖も想ふに今暁か昨暁ならん余不覚案を柏ちて曰く果して然る乎果して然る乎蓋し必す応さに然るべき也□（一字不明）然起て士官室に至れば諸将満面喜悦を湛え応さに余を持ちしもの、如くなりき余は敵艦四隻沈没しましたかと叫ふハーヤッツケマシタと詳報委細之れを知るべからずと雖も四隻をして沈没せしめしは確実なる報なりと云ふ因て当時の状況を問ふ敵の防材は堅牢鞏《きよう》固《こ》容易に破壊すべからず我水雷艇之れを破壊せんとし屢〻危難を凌犯して雨の如くに打注く弾丸の下を潜ぐつて遂に今日迄もその目的を達する能はず遺憾にも往々にして水雷艇隊遂に一人決死の士なきかとまで罵られたるに至る然るに這回の挙防材を破壊せず日落に乗じ直ちに突入敵艦に当り定遠を打つ確かに手答あり四隻の艦発砲雨の如くに注ぐ敵の水雷艇亦た発砲頻也即ち舵を転して回る幸にして人を傷けず船を破らず唯十五六発の弾丸集注せしのみ実に十五号艇となす十五号艇は中村大尉之が艇長たり大尉名は静その翌暁亦た突入し威遠来遠外一隻を沈没せしむ敵の弾丸夕立の如くに注ぎ懸けぬ或艇の如きは定遠の艦体に触るまでに近接せしと云ふ或艇は再度までも発射せられ□（凝カ）ふて水雷半身を出でしのみにて目的を達する能はずして退きたるものもありたりと云ふ二十二号艇の如きは敵の水雷艇生捕り呉れんとて之れを追ひ回はし敵は能く湾内を熟知せるを以て縦横無尽に遁け回はれり我廿二号は躍気となりて之れに付けし処誤て浅瀬に乗り上げ進退維谷此際敵弾来て艇を揺かす艇の鈴木少尉誤て身を海中に投ず叫んで曰ふ敵弾の鋳とならんより自ら殺すに若かずと水忽ち四肢凍痺せしめ遂に溺れて而して死す時年廿九少尉好んで詩文を愛す書あり之れを録す。

氏は遠州笠岡の人なり俊秀心胸頗る磊落にして平生能く人を翻弄す我が艦武内少尉と同級断金の好みありしと云ふ不日少尉に請ふてその擇蹟を揚けんと欲す九号艦は敵丸にその機関部を破壊せられ機関部員一人残らず即死す艇進退自由を失す敵の水雷艇逼つて之れを撃砕せんとす我艇後より撃て之れを沈没せしむ九号艇猶ほ八人を残す翌朝陸上より之れを認め即ちてんまを押し之れに載せて上陸せしむ救援発するの時令して曰く縦令七八人を助け得ざるも四人は必ず之れを救ふべしと幸にして八人を援くるを得しは実に幸福至極なり而かして諸船の出入往来せしは防材と岸汀との間三間余の空隙なりしと云ふ宇内海軍の初まりてより水雷艇を利用し危険

を冒し之が功を建てしは実に我這回の挙を以て第一となさん仏国艦隊嘗て外装水雷を以て清艦を沈没せしめしことありと雖ども此時清国の海軍最も幼稚為りしに比すれば実に天壌の差と云ふべしと壮なるかな烈なる哉。

「第一遊撃隊は午後八時に出航せよ」と旗船の命なり四時五十七分揚錨前進六時十分旗艦命なり「其隊は今夜鶏明島沖を警戒せよ」又た「本隊第一遊撃隊は劉公嶋（島）の東岸砲台を攻撃せよ第二遊撃隊は第三第四と共に日島を攻撃せよ」六時十五分哨兵を配置し舷灯を出す則ち日没後一時三十分間を経たるものと知るべし劉公島東砲台数回の発砲を聞く八時本隊及び第一遊撃隊出航は五十分我隊列に就く十時鶏明島を右舷正横に見る。

七日進撃進撃愈進撃一時十分山東岬角を十哩に見る四時四十分に月落ち劉公島電気灯を照らす五時四十五分総員起立し七時十分戦闘の喇叭を聞く半速力となり七時二十分本隊及第一遊撃隊は合して一軍となり劉公島を距る大凡四千五百米突の処に於て斜めに睨んで砲台を射る第二第三第四の三遊撃隊は日島を距る大凡四千五百米突迄接近し側面に狙ふて右回旋射撃に備ふ此日我海軍の三隊を左軍とし他二隊を右軍とし両翼を開て敵に当る速力八節四時三十二分千代田初めて発砲す之れを両軍開戦の第一砲とす千代田は本隊の第二番艦なり敵則ち劉公島の西岸砲台より一発を酬ふ之れより両軍砲撃相雑はる敵艦の三隻は蠢爾として港内を旋航運動を初め殊更に悠游を粧ふもの、如し又た我急射激発の勢力を分たしめんとなすに似たり我艦隊の目的をする処固より彼れにあらずして此にあり四十三分「打方初メイ右舷独立打方し距離四千五百との号令は砲術長唇を破て絶呼せらる満艦従軍動視線は一方に注がれ斉しく敵艦の位置に集まりて右軍の二隊は我海軍の精華その迅速その堅牢その幸麗その整備その鋭利速力なり艦体なり装飾なり装置なり砲礮なり皆な以て之れに悉くす両隊一体各艦一致運動意の如く恰も手の指を使ふが如し殊に各艦速射砲の効用は更に迅速激烈人をして数るの隙なからしむ黄海の役敵人舌を捲て満艦皆砲と驚嘆せしも宜なる哉余数て四に至り目眩聾声筆を抛て呆然眸を転ずれば敵艦の周囲水沫倒に迸白を騰けて銀箭の下るが如し我右軍の前隊は見る間に烟に捲込られ其後隊は一艦一艦次第に烟霧に蔵れ去り模糊朦朧の間微か馬頭首を認る処恰も蛟龍の雲を起し霧を吹き半身を露はして金鱗爪甲電光を発し雷鳴を轟すが如き是れ吉野が無烟火薬の発射して殊に一際目立ちて見えし時に一発天柱地軸を砕かんばかりの大震動は烟務の裏に一道の濃烟を迸はらすを見るは是れなむ旗艦松島の最大巨砲卅二珊にて蛟龍の澎然一吐息するに似たり陸の方威海を望めば漠々茫々として烟氛冥塞して日島全く影を没す武夫少尉広瀬航海士掀髯一番威風爽颯呼んで曰く「日島砲台何処」と「哨烟弾雨戦氛冥」と和し時に威海西口数簇の煤煙を認む両眼鏡を照らせばまかふ方なく敵の水雷艇が馳せ出づるものなりスハコソ敵の雷艇は砲烟に乗じて襲来よな油断なせぞもし後れ走るものなれば遁しなせぞと八方に目配り張りて警戒す遥に旗艦を望めば曾て知らざるもの、如く或は知て避くるものか艦を沖合に向け更らに転して回り来るが如く見え又転して進むが如し蓋し敵を沖合に誘出して一挙に鏖砕せんと勉めたる也已にして第一遊撃は其一隊を抜て驀地に水雷艇も蹤を追躡《ついじょう》したるが発砲の響遠く轟き砲火閃々硝烟の裏より発するを見る猶ほ追逐して進航し遂に影も見へずなりぬ本隊も暫時にして其後を追ふて進航せりこれより乾坤賭抛戦争の舞台は全く左軍の活劇に帰せり。

　敵は日島劉公島の砲台とその敵艦隊と全力を尽して我れに当りければ攻守の勢を茲に全一変して敵弾丸降るが如くに打懸けられたり鳥の飛が如き弾丸は宙空を蜻蜓頻に躍り渡り其の響凄まじく潮の花を散らして水中に落ち海面紋輪を盪す十中七八水面に破裂してその鉄片は又小鴨の飛ぶが如くに見ゆ我隊中発射の数最も多く弾着の距離遠く達するは唯高雄あるのみ先頭隊は一撃を了り舳を回らすの処第三第四続き海上三哩許の大圏線を横きりたり我隊の一旋して我艦の発射距に達するの時赤城鳥海は猶発砲せり赤城は小艦なるにも係はらず其の弾丸能く彼岸に達す此の如くにして発射砲撃すること二回敵弾の艦を掠むるもの四五にして足らず忽にして日島砲台鬱烟の騰るをみる蓋し火庫の破裂せしものなり本艦は三回の砲撃を終へ第三番艦及第四艦は正に発射の最中なりしが劉公島東洪砲台の一丸は正さしく我艦に向て狙ひしがそら来たぞと言ふ間もなくドンと響きゆるぎて右舷艦首より例の鳥は躍り込みぬゲルンフオクスクデツキは裂捲して一尺余の窓を明けたりコロリと人は倒れぬ左舷甲板は大工場の如く木片散乱信号兵は白木綿を以てその顔を包みながら其顔色蒼白而かも速力表を

ば守て冷かに笑ひ看護隊はイツの間にか負傷者を運びぬ甲板の塵芥は跡もなく掃き清められ血痕は露だになく梯子の破壊は取換へられぬその手早き敏速なる挙動に余は実に舌を捲く余は始終檣楼に立て観察を遂げ得たり余は休憩の暇を以て降つて負傷損害の跡を観んとすれば早已に如彼先生損害の状形を語らん弾丸は左舷艦首より飛入り経一寸四五分鉄棒の頭を過ぎてその棒は僅かに頭を押へられその処に腰を屈めたりそれよりデッキを打ち破り厚三分許の鉄梁二枚を打ち貫き梯子を砕ひて鍛冶の要するなる鉄製のフイゴを透し豚艦を壊ぶり一分は左舷の内側を破てコ、に止まり一片は飛んで司令塔の鉄壁に触れて穴を穿ち遂に透過するの力なく返て甲板に堕て而して止む如此にして而して人を傷くること七名の多に及べり一人は脳頭を破られ脳噌味迸出時を経て死す一人は腹胴を破られ九腸を扶出せられ目の中に絶す一人は額一を真一文字に擦過せられて重傷に苦悩す生死計るべからず或は□（摧カ）創に艱むあり一発の弾丸損害を与る此の如き夥多にて創傷最も惨酷を極む余素より死以て軍に従ふ弾丸畏る、所にあらず覆溺懼る、所にあらず否な寧ろ進んで之れに当らんを希ふ暴虎憑河共に世嘲を容れて辞せざるを誓ふ而かるに傷者満身滴瀝壮血の衣を染め呻吟苦悩を極む治療の室燭光影淡く看護の人面相黄に手甲悉く血に塗れ石炭酸の臭気は薫々鼻を撲つ余は光章に対して竦然として戦栗（慄）し曩きに死を以て誓ひし意気今は全く消え去りぬ之れ抑も人情歟将た素養の足らざる歟已にして再び檣楼に登れば戦争止メーの号令は布かれて艦は沖に向て進航し無程午餐を伝ふ時正に二時ならんとす五時三十分暮色靄然として夕陽は西山の頂に沈みんとす松島は檣頭翻々とて信号旗を靡かせ各艦列を整へ悠揚として馳け来る報に曰ふ「敵の水雷艇八隻慥かに取押へたり」 此日英艦独艦皆な沖に在て戦況を視察せり松島秋津浪速の三艦皆な損傷あり独り浪速のみは艦体の破損に止まり人に負傷なかりしと云ふ是を黄海以後の一快戦となす黄海の戦激は則ち激と雖も要するに偶然の遭遇に過ざるのみ作戦計画時を期し所を定め以て戦に臨みしは我海軍死を以て初となすと云ふ此日天気快晴一天織翳なり海面波なく風力僅に皺鱗を湛ふのみ寒暖計三十度より二十九度の間に在り。

十日第二第三遊撃は劉公嶋《(島)》を砲撃す由来彼の防禦斯くの如く猛烈なりしものが今日終に一弾をも酬ひず蓋し彼れ今弾竭き力屈して復た我に抗する能はざる也、思に此一役を結了し凱歌の声砲碩の響に代るは三日の外に出でざる可し。

威海衛海戦記(3)

「日本」明治二十八年二月廿三日

扶桑艦に於て　嘯　月　生

八日　七日の攻撃は実に激戦なりしなり勢実に激戦ならざる可らざるなり抑〻海軍の戦は至是已に三回となす一戦して敵艦を打沈め再戦して敵の艦隊をして復た起つ能はざらしめ三戦して敵の艦隊根拠地を覆さんとす豊島洋に海洋島沖に今正に威海衛に、威海衛一たび陥らば清国又た海軍なからんとす海軍一たび靡かば清国の兵事は全く去らんなり至是清国遂に城下の盟あるのみ素車白馬以て命を我軍門に待つあらんのみ。

夫れ威海衛の形勢たる背に摩天嶺の険を負ひ余勢陵巒繚繞して劉公島の小嶼嵬然虎の伏するが如く前に横はる以て風波を避くるを得べし湾大凡三周里水深大抵七八尋浅き処は二三尋西より入つて東に通ずべし東口広一哩西又一哩日東《(島)》の砲台は東口の正面に在り黄島の砲台は西口に在て少しく内に偏す敵は西東両口に防材を敷設し且つ又た水雷を敷設し以て防禦の術を尽す実に是れ金城湯池の固也宜なり激戦なるや。

此戦也我艦隊に多少の損傷あり然れども敵の水雷艇を捕獲し尽す敵は確かに其防禦力の七分を失したるなり抑〻我艦隊の昼夜警戒に焦心配慮せしものは実に水雷艇の在るによる今や已に如斯亦た何の畏る所かあらんや我艦隊は実に砲台に向つて戦争するの損多くして功を収むるの少きを知る然れ共今や之れを行はざる可からざるの機に会す敵艦は深く□《(鼠カ)》潜して遂に出でず出でずと雖も八隻の艨艟《もうどう》は厳として存す威海湾は実に渤海の関門たり之の関門を打破せざれば海路未だ以て安全と言ふを得ざるなり宜なるかな戦の激なるや。

弾丸黒子の地に拠守すとは余之れを史書に見る今初めて之れを実地に見る彼の日島砲台の如きは周囲僅かに五町に足らざるべし劉公島又た漸く三里に達すと云ふ我艦隊の之を攻撃する前後幾回ぞ而して今は艦隊を悉くして大挙来り攻む加之彼等の大艦は已に破滅せられ背面の諸砲台は全く占領せられ殆んど孤軍重囲の中に在り而かも屈せず彼将た何の恃む所ぞ。

汝昌武運已に去る天の爾を亡ぼすにあらず実に爾が戦の罪なり若夫れ然らずと云は、爾何ぞ奮闘奮戦重囲を決潰し一条の血路を開て走らざる大風大濤大雪の夜険を犯せば南勢北走其志を逞ふするを得べし然後其甲兵を繕ひ其舟楫を修め捲土重来の勢を以て来るべし去一日の如き大濤は艦を洗ひ艦は動揺甲板は悉く凍り砲門皆な雪氷に閉塞せらる我々の艱む処は他も亦た艱む艱を犯し難に堪ゆ犯す者は勝ち堪ゆるものは勝つ何為れぞ此時を以て走らざる徒らに計此に出でず空算を懐て苦節を守る何ぞ其の迂にして且愚なるや然れども三万の兵と二十余隻の軍艦とを以てして一日猶之れを抜く能はず丁汝昌も亦人傑なるかな。

聞く我陸軍の海岸砲台を占領するや彼その海軍より精兵を抜て夜潜かに陸に上り西岸砲台の大砲を悉く破壊し去り以て背面攻撃の利用を得ざらしむ東岸に上陸せし敵の兵は我軍の暁る所となり鏖殺して一人残さゞりしと云ふ。

又大寺少将の斃れしは實に敵艦の砲弾なり大抵我陸軍の死傷多くは敵艦のその砲台を掩護するの砲撃による敵艦の砲撃は我陸軍の為めに少からぬ障害を与へたり我捕獲せし水雷艇福龍の艇長捕へられて我陸軍にあり艇長頗る気骨あり頻りに死を請ふて止まず遂に之を許さず諭て曰く我軍漫に殺戮を行ふて以て快とするものにあらず王者の師膺懲の典仁義是拠る何ぞ一人を殺して以て甘心するものならんや幸に安心せよと彼答て曰ふ聞く旅順の戦貴軍殺戮を擅にし頗る惨忍を極むと今何ぞ其言の悖れるやと即ち清兵の我斥候を待つは実に亡状を極め禽獣猶忍びざるの酷を行ふ以是我兵激昂憤怒の余至是耳実に不得巳の勢なりと曰ふ艇長聞之喟然嘆して曰ふ噫我陸兵事理を解せず敢て此の暴毒を逞ふす我実に慨然に堪へざるなり雖然我海軍は未だ曾つて此の暴を行は

ず嚢きに貴軍の兵士死するもの漂ふて岸に着す皆な拾ふて以て之れが棺を製し葬りて以て待つ貴軍幸に安心せよ而して彼又自ら念ふ米国に在ること九年と能く仏英の語に習ひ会語頗る巧なりと云ふ。

九日　九時陰山口に投錨碇泊す独逸軍艦一隻入港仏国軍艦又た入港す午後碇泊し居りし英艦二隻出港すエヂサー及びヂブラルダル即ち是なり碇泊の仏国軍艦々長我艦を訪問す吉松参謀例に拠り又た仏国軍艦に答礼す我水雷艇五号捕獲の水雷艇を曳き我艦に来る祝声を発して之れを犒《ねぎら》ふ英国軍艦又た入港す第一遊撃隊々を抜て出づ碇泊の独国軍艦出港す此日又た石炭積をなす昨日負傷者小田島□（一字不明）夫を病院船神戸丸に送る戦死者福原水兵山川水兵の櫃を陸上に送る千坂大尉堀田少尉及その同郷の友同隊の士数人之に随ふ福原水兵を初めて相識る日猶ほ浅しと雖も一片の交情猶多少の縁豈に人掬の涙なからんや福原水兵名は喜二郎曾て一詠あり扶桑百首に載す歌に曰く

生あらば立てよ勲其命絶へなば残せ芳はしき名を

と噫君は実に名誉の戦死を遂げたるなり喜二郎絶する時精神乱さず詳かに後事を語て同僚に依托す言了つて而して瞑すと云ふ山川水兵余確かにその面相を知らずと雖も平生寡言又た交親甚だ多からずと云ふ以是其の姓行の詳を考ふるに由なし名は伸太扶桑百首の内又た一詠を留む（未だ掲載せざりしもの）。

此時夜は火葬の為め海浜の白砂の上に天幕を張て露営す同行の人終夜寝ねず千坂大尉堀田分隊士皆その部下の兵士たりしを以て殊に丁重に擁護せられ二兵士身後の処置等手落ちなく運ばせられたり軍人なればこそ我等如き者までも大尉少尉の手を煩はし死して後の骸骨までも拾はせらる我等遂に死して遺憾なし況して陛下の御宸念を察し奉ればこのみ砕きてもつん劈きても足らぬなりと同行の兵士皆な感涙をぞ掬しけるげに殊勝の至りなりけりこの辺は百尺崖の砲台の陰にてソアフと云へる村落にして人家百四五十軒もあり田圃は能く開け薩摩芋は当地の名産なり猶ほ不逞の徒の潜伏するものありて夜はウツカリ独行は出来ず暗に乗じて石を投じ鎗など

を揮ひもの蔭より躍り出で、不図に襲ひ来ることあり我同行の兵士このオドシを喰され鎗を奪ひ拳骨を以て凶徒の頭を砕くるはかりに打ちて懲らして放ち遣りけれは手を合わせ拝み去りしと云ふ。

十日　五時頃ろ威海衛の方に砲撃の声激けしく突然雨のふるが如くに響く天幕の中に坐睡しつゝ、ありし大尉はこの物音にバッチリと眼を打開きヤア水雷艇防禦の砲声よな言ひ了て又た目蓋を閉ぢぬ流石は軍陣に慣れし武人の心得かな余はナンダカ頻りに砲声が聞ゆるが陸軍でも此の暁に早くヤッテ居るべしと思ひたりしが後にて聞けば第一遊撃隊より小蒸汽を以て外に短艇三隻を率ゐ港口の防材を破壊せんと乗込みし時なりき敵の水雷艇は已に捕獲せられ又た哨艇の顧慮する処なきにせよ敵艦五隻は已に用をなさゞるにもせよ猶ほ三四隻の艦隊あり島上の砲台は猶ほ射撃の力あり島上猶電気灯の使用すべきありこれを是れ避けずしてこの危険を冒す壮絶快絶真に日本男児の気象なるかな六時頃夜は全く明けぬ骨を収め器具を巻ひて本艦に帰る八時陸上の砲台より敵の艦隊を砲撃するを見る第三遊撃隊の行て劉公島を砲撃するなり我隊は之れを掩護の為め派遣せらる即刻発す英艦出港す十時三十分戦闘用意配置に就けーの喇叭は例の如く伝へられたり十一時十五分弾薬収めー遂に一発せずして止みぬ午後二時五十五分第三遊撃隊は劉公島に近く進んで砲撃最も熾《さかん》なるを見る八時雪降る十一時頃又た発撃の声を聞く寒三十二度より二十六度の間を上下す午後よりは三十六度より三十四度の間を往来す三時雪甚敷咫尺《しせき》晦濛九時陰山口に入る午後二時英艦出港す海上王の尊号を載て全世界を横行し維覇殆んど一世に睥睨す彼英国の威赫々たるものは実に海軍の力なり彼眇乎たる一小国を以てその版図の全世界の各処に散在し而かも要港重島の以て関鍵を握り彼サクソン人種の足跡の到る処寂寞荒寥の地忽まち化して繁華隆昌の郷となる何んぞ夫れ雄快なるや之れ皆な海軍の力に待つ彼の海軍は開戦以来日として夜として我艦隊の動静を視察せずんばあらざるなり如何に秘密を以てするも我の為さんと欲する処は彼已に之を知る常に我れに先つて我為さんと欲する処に出づ快敏と言はざるべけんや彼東洋艦隊は年々の冬季皆な寒を避けて南辺の暖に就くを以て例とせり独り今年のみ猶ほ留まつて我艦隊と共に進退せり亦た勉めたりと謂はざるべけんや世界の確強独仏露米皆な当今に覇を称するもの各犄角の勢を以て版図の尺寸を東洋に争ふ其状恰も一臠《れん》の肉を群狼の攫んて狺々たるに異ならず而して軍備拡張に年々その消す処幾何ぞ兵力の拮抗僅かに以て今日の平和を一髪に繋ぐのみそれ然り而して日清の開戦に際し之れが視察を要するは最とも必要となす処然るに今日来観るのもの独仏両国の軍艦各一隻のみ英独り四隻の艦隊を率ゐて一挙一動詳かに之れを視察す彼れの海軍の軍事眼又た殊種の経験を得しならん。

十一日　紀元二千五百五十五年第二月十一日遥拝式あり実に紀元節の佳辰なり舟は陰山口に繋ぐ一嘴角を繞れば即ち威海衛なり所謂敵艦咫尺なるもの歟八時第三遊撃掩護の為め回航す十一時戦闘配置同卅分葛城負傷陰山口に回へる中島軍医長の報告あり。

二等水兵　河村伊三郎　（即死）
三等兵曹　今井愛二郎　（軽傷）
一等水兵　河村峰槌　（同上）
同　山下源二郎　（同上）
三等水兵　西川初太郎　（同上）
同　高田富吉　（同上）
同　村尾吉彦　（同上）

○天　龍

副長以下四名少機関士も負傷す。

左舷独立打方距離五千速力九節初め第三遊撃隊の進むや敵猶ほ発砲す我隊の逼まる時敵遂ひに一砲を放たず能く砲台に命中す着弾破裂突然火光発して烟を揚ぐるを見る第三遊撃は最も力む五十分「弾薬収めー」の命あり此日の攻撃は最も趣味ある戦にて弾丸能く命中せり蓋し敵を悩ますこと多からん敵漸く弾丸尽き発射するも

の大抵堅鉄弾を用ひ通常榴弾を見す堅鉄弾は甲鉄艦を打ち貫くに用ゆるものなり敵豈に之れを知らざらんや知て而して之れをなす弾丸の尽きなんとするの証拠なり捕虜の言に拠るに劉公島現兵四千人丁汝昌病んで船にあらずして島に在りと又た言ふ我船破砕定遠已に用に堪へず我等逃走せんと欲して遂に時機を得ず而して昼は艦内の器具を運搬して之を島に送り夜は哨艇に夜を徹す頼みに頼みし防材も用をなさずむざ〳〵乗越へられて突入せらる沖を望めは艦隊は昼となく夜となく来て砲撃せらる我徒何以て堪へんや時機あらば一条の血路を遁走せんと欲せしも之れを本艦等に見付らるれば則ち一撃に打沈めらるいつがな〳〵と窺ひ居りし折総進撃に逢ひ敵味方の砲烟にまぎれ遁れ出でんと一隻の艇動き出せば余は一同に□(動カ)き先を競ふて駆け出したりと之れは水兵の捕虜に聞く所深く信を措くに足らざるなり然れどもその労動に苦むと云ふの点は或は之れあらん歟午後三時三十五分陰山口に入る五時五十分千代田浪速出港す威海衛襲の為めと伝ふ英艦来る伊太利の軍艦一隻来る十時威海に砲声聞く寒二十五度より三十九度の間を上下す。

十二日　一時二十分頃威海衛の方砲声激し蓋し千代田浪速の之れを砲撃するなり八時十八分一隻の砲艦白旗を掲げてノコリ〳〵と来る檣頭の画播は凋んで力なく蒼龍長へに死して玉を争ふの勢今何にか在る雲天朦朧日光を蔵し満眼の象景自ら無限の凄寥を含む「噫弾殫《っ》き力屈し自ら出で降を軍門に請ふ人と船と共に亡びて臣が事畢る」と歌ひし丁将軍も武運の果ての悲しさは遂に其言の翻す可らざるに至りし歟去にし廿四年の秋の頃北洋艦隊の精を悉し鎮遠、定遠旗艦をして六隻の艨艟堂々と示威的運動に我が挙国の人民をして実に彼の海軍の整備確大に驚かしめたり爾来海軍の兵備を論するもの皆な権衡を彼れに取る当時北□(洋カ)艦隊の勢威は実に我朝野をして震羨せしめたりき四年の今日敗残□(一字不明)没見る影もなきに至る様さても憐れ果なき次第ならずや嗚呼丁汝昌は自ら来りしか但しは別にオン大将が代参せしかと口々に罵り合い双眼鏡を□(攫カ)つて眺むれば使者は定かに分からねど数人は確かにボートに乗込みて我が水雷艇に曳きづられて旗艦松島へと馳け付けぬ同時に一聯の旗は松嶋の檣頭に掲けられ陸岸近く碇泊しありし水雷艇は隊を作つて一斉に駆け来る摩耶は進んで敵を側近く回はり水雷艇の一隻は舷を摩せんばかりに近つき寄りスワと言へはウンとは云はせじと待ち構へたる光景は実に一髪千鈞の機とはこの時をや言はん我が艦は已に揚錨用意出航の準備を整へ艫頭の一砲は狙ひを定めて砲手は眼を皿の如くに睽《そむ》りけり敵艦も来てこそ今ま更ら我が艦隊の森然たるに驚きしならん威海の一隅に蟄居して二週の間陸上の音信は絶せられ本国の景勢は全く知るを得ず出て、敵艦の模様は之を探るを得ず日〻夜〻攻撃を受け四千の人命は空しく死を待つて一時一刻ヂリ〳〵ヂリ攻寄せられ今か今かと昼には夜の無事を語り夜には明日の運命を気遣ひに時分秒も安き心はなかりしなるべしサテモ如何なる談判かサテ其のオン大将の風采は又如何にと人々皆な首を翹けて旗艦の檣を睨め参謀官の旗艦をぞ待たりける我艦の参謀吉松大尉は之れが応接委員なりしが定めて委細の事柄は就て聞くを得べしと硯を磨して余は待ちに待ちたりけり午後三時頃に至りてその消息は伝へられぬ。

明日十時迄に彼れの決答を要する筈なり

と委細の条件は聞くを得ざれども之れに附属せる話は頗る聴くべきもの多し該艦は鎮中鎮南など、唱ふる六鎮艦の一なる鎮北と号する砲艦なり使者のオン大将は程璧光となむ呼れて廣丙号の艦長たり年紀未だ四十に満たず官位は我国の少佐相当なり廣丙は支那粤東艦隊に属するものにして今は北洋艦隊に雑はつて現に威海衛に碇泊し居れりと云ふ程璧光弁才あり曾て米国に留学すること四年巧に洋語を操る璧光曰ふ聞く黄海の役貴軍は之れを写真せりと願くは一覧を得んと彼れ如何にして之れを識得しか松島は之れを蔵せざりしを以て其由を答ふ其他黄海戦争中彼我の運動に関する形況の疑はしき点など初めて分明なりしこともありしと云ふ曩きに我艦隊長官と陸軍司令官より寄贈せし勧降状は如何と問ひたるに彼答て曰く丁汝昌は彼の書翰を得るや則ち大に将士を会して之れを披露し読み上けたり人心一時殆んと動く汝昌即ち言ふ事已に此に至る万生理なし降らんと為すものは則降れ日本の将士素皆な余に厚誼あり降らば皆な首領を全ふして生を得ん然れとも諸君降らんと欲せは先づ汝昌が頭を斬て而る後ち降るべし汝昌にして存するあらは決して降を言ふべからざるなり且つや力屈し弾殫き而る後止む素臣子の分耳敢て降を言ふものあらは即ち去れと言了て意気頗る激す於是乎将士奮然死を以て誓ふと汝昌の人望可知也。

又た彼の要す所の一条に曰ふ兵器軍艦皆な之れを致すべし唯我兵士に至つては一人たりとも之れを渡すを得ず若し兵士を要して捕虜となさんと欲せば我輩寧ろ死あるのみ我れ即ち曰ふ縦令捕虜となるとも将卒各〻其分に依て之れを待たん且つや暫らく我国に来て其筋骨を休め以て平和修盟の機を待つ又た好からずやと彼れ曰ふ好し修盟平和の約成つて国に帰るも遂に刑罰を免れ得ざるなり況んや今敗余の身を以て帰るをやと我れ曰ふ然らば今生を全ふして何処に帰せんと欲する乎答て曰ふ遠く身を南方に潜めて時機の至るを待たんと為すと我れ曰ふ寧ろ我国に帰化して永く其国籍を脱しては如何と壁光至此唖然として大笑す其談笑従容少しくも逼らず以て大事を抵掌の中に定むるの処壁(璧)光確かに一人物たるの価直を有するを認む談問屢〻朝廷が頑固偏執を慨するの語を洩らすと云ふ噫尨大の老帝国唯海軍の一局僅かに語るべきを見るのみ　汝昌今病んで蓐に臥す自ら来て事を議すべきも勢遂に然るを得す幸に宥恕を給へと冒頭に彼使者は謝せしと云ふ劉公島には八人の洋人ありて帷幕に参画せり又参謀の話に福龍艇長の一事あり今爾を放ちやらば爾は再び其朝廷に仕へて我に敵するか如何と問ふ艇長答て曰ふ無論と又た爾何を以て水雷艇の利器を擁して一回だにも攻撃せざりしやと答て曰ふその機なかりしなり然れども七日の激戦は即ちその乗すべきの機なるを以て砲烟に乗じて攻撃を試みんとせり不幸にして貴艦隊の認むる所となり且つ吉野の迅速と利砲とを以て我に臨む我実にその敵すべからざるを知り走つて而して遁る天運斯に尽き今如此と気色慨然たりしと云ふ。

十三日午前十一時丁汝昌死す艦隊に令して鳴物を停めしむ蓋し敵将の礼を以て之を遇するなり劉公島敵の負傷者七十名あり之れを受け取り呉へ送る筈なりと云ふ明日あたり深海掃海を行ひ劉公島愈〻占領の旭旗を見るべし海軍は至是一段落となす南洋艦隊の如きは言ふに足らざるなり。

威海衛海戦記(4)

「日本」明治二十八年二月二十六日

扶桑艦に於て　嘯　月　生

十三日　窮鳥懐に入れば猟夫も之れを殺さず今や乞降の使は軍門に冑を脱す曰く兵器弾薬及砲台軍艦謹んで之を致さん願くば幸に死を宥されて義軍寛仁大度の恩典に預るを得んと七擒七縦は史伝の偉談古今の称して美とする処活殺与奪の権已に我握に帰す彼の鼠肝虫臂何んか有らん好し捲土重来の勢あらば掀濤翻瀾又た一番の快ならずや。

程璧光は其営に復命し嗣で道台牛昶炳は乞降談判の全権を帯びて来る其要件は之れを知るを得ずと雖も兎に角我の指命する処は彼唯々として之を聴くと聞く因て我が艦隊は即日港内に入つて之れを処置せんと欲す彼伏請して曰く已に吾徒の請ふ所を許可せらる吾徒今に於て又何をか言はん唯命のまゝなり只願くは三日の猶予を与へられよ則ち来る二十二日を以て悉皆明渡しの実を致さんと我亦た之れが請を容れ以て王師征伐の意を明にす彼大に喜び則ち誓を樹て、還こと二十二日は即ち我太陽暦十六日に相当る丁提督報を得大に感喜し因て将士を会し之れに告けて曰く命窮して茲に至る亦た奈何ともすべきなし諸君の苦節と孤忠は昊天豈に之を憐まざらんや而して日軍義あり能く吾を遇するに礼を以てす高誼真に可泣也今吾死して以て諸君の罪を贖ふ諸君幸に吾が為めに日軍に謝せよと自ら薬を仰て而して死す鎮遠艦長劉も又た従て死す。

報伝へて我旗艦に至る因て艦隊に令して鳴物を止め将の礼を以て之れを弔す。

噫丁汝昌が心情忖度するに余あり噫汝昌一たび逝て清国亦た海軍なし清国海軍尽きて北京天津遂に支へず可憐哉愛親覚羅氏の命運や汝昌は確かに支那に於ける文明の一人傑たるを失はず噫天茫々地漠々風色悲んで雲亦た愁ふ。

十四日　天候曇り勝ちにて晴れやらず降りみ降らずみの景色自ら悲涼の感あり。

仏独英伊の軍艦来泊す。

英国士官の話なりとて威海衛の陥落するや敗兵走て芝罘に集まる芝罘道台直ちに敗将を執へて之を斬る余兵大に憤激して曰ふ我朝廷の命を奉して讐寇を禦ぐ一旦利あらず則ち来つて茲に投ず応さに共に力を協せて大に敵に当るべし況んや勝敗は素兵家の常敗る、亦何の愧かあらん若夫れ事以聞朝廷命を下して刑を正さば則ち吾徒甘んじて□（一字不明）に就くべし然るに一道台彼何者ぞ敢て擅に誅を以て吾徒に擬す吾れ寧ろ爾と共に戦はんと於是乎千有余人大に相戦ひ則ち同志打を為せしなりと云ふ。

旗艦信号あり「各新聞記者本艦に来れ」と蓋し乞降使の状況に関する委細の報を得るならんと因て木筆と手帖を携へて参艦すれば島村参謀は衆に告げて曰く

御承知の通り劉公島の砲台は僅かに二門にてアレ程の死傷もあり艦体の損害もある程にて中〳〵寄り付かる、ものにあらず元と台場と撃合するは我に損多くして彼れに得あり実に馬鹿らしき事なるは知れ切つた事なり急に之れを落さんとすれば徒らに艦体の損破と人員の死傷を見るのみにて誠につまらぬ訳なり且つ陸軍は已に彼の背面の砲台を一切領してありその砲台より砲撃して我艦隊に応援せしが敵艦は劉公島を掩護するとその艦隊を自衛するとの点よりして頻りに陸上の我兵に向て砲撃し中〳〵に能く命中せしもの、如し之れが為め我陸軍の死傷者も亦尠少ならざりしもの、如しされど出で戦ふの実際は所詮艦より見るを得ず唯我艦隊の押寄せたる時は彼れも亦た正面に出で来るの状ありき是に於て我艦隊敵艦を沖合に誘ひ出して相決戦するの方略を取り砲台の攻撃は先づ敵艦誘出の手段となれり然るに敵艦は中〳〵出で来らず因て七日の総攻撃となり一面には艦隊にて牽制し一方には陸軍より彼の背面を攻撃することになりき先是四日五日に懸けて彼の三隻の軍艦は我水雷艇の為めに破壊せられ敵の兵気も大に堕ちたるならんと思ひしに彼の如く猶ほ強く屈せず激烈に戦ひたり其の節水雷艇は白昼にヒヨコ〳〵激闘中に飛び出でたり因て之れを悉皆捕獲せり艦隊は之れにて先づ一つの心配の根を絶ちぬ然れども劉公島の砲台と残余二三の艦隊は未だ中〳〵屈せず乍《しかしながら》併到底降参をするか自滅するか遁走するより外に策なきに至り我艦隊はこゝに至つて兎も角も時日を要しても成丈け人を傷けず舟を損ぜず唯遠攻に攻懸けて敵を屈せしむるの策を決したりき無論その間は水雷艇は港口に警戒して断へず敵艦の挙動を窺ひ居りし又た時機によれば突入して破壊するとに勉めしかども敵は中〳〵出でん模様あらず遂に各艦隊更る〳〵昼夜砲撃することとはなれり然るに昨日に至り白旗を掲げて来り其の使者としては程壁光と申す人之に当れり此人は廣丙の艦長にて我少佐相当官なり因て我れよりは更らに乞降談判に関する全権を委任せられたる人を遣はす様申含めたるに道台の牛昶炳と申す人更に来り万事談判都合能く相運び彼れの哀請も亦容れ遣はしぬ扨彼の引渡しに就ては準備もあることなれば清暦の二十二日まで猶予を戴きたいと願ひたれば亦之れを容れやりしに彼も大に喜び早速に帰て丁提督にその次第を告げしかば汝昌も大に感喜して遂に自殺し鎮遠の艦長及び陸軍総台張文宣も之に殉しぬまづこれにて海軍戦争は一段落つきたりと謂ふべし。

敵艦受取り委員は定まれり我艦よりは高木大尉之れが主任として済遠に当る武野少尉、兼常少機関士、仁礼少尉、土師候補生、伊集院候補生、福永兵曹は水雷に鈴木兵曹は弾薬及銃砲に、団兵曹は信号に、大日機関士は兼常少機関士に従ひ火夫十三人其他看護手主帳四分隊各十三人を合せて一行の部署已に定まる敵若火薬庫に火し自ら死を甘んせば一行六十余人皆な共に水底の藻屑とならん支那人の陰険なる或は之れなしとも必し難し然れども天の縦す所の英雄は中〳〵に死ぬものでなし余已に弾丸の厄を遁る今将た何の畏る、処やはあるイデヤ行てオン城明渡しの段を見物するも又た快事なりと即ち請ふて之れに従ふを許さる鎮遠は旅順に於て修繕をなすことに定まりたれば之れを其地に回航せしむべし是れは船底の破損を僅かにセメントを以て埋合せし由なれば汽関も右方のみ使用すべきも左方は使用に堪えずもし風波に逢へば忽ちにしてセメントを壊して沈没立ろに至ると云ふ頗る危険の処あるものなり去れは之れを回航せしむるは余程の老練家にあらざれば能はざるなりとサテ其人は誰あろう三艦長とは人も知つたる我艦長新井大佐なり野間口参謀之れが航海長として廣瀬少尉之れが航海士として石井兵曹之れが按針手として其余は知らず。

探海掃海は田中少尉之れを命せられたり。

十五日　康済は丁汝昌の遺骸を載せたるもの也その装置の武器を致し然る後その欲する処に向て航するを許す将士皆な柩を守て之れに従ふと云ふ此日来つて撿視を受く可きの筈なりしが暁頃風濤俄然として大に起り陰山口の碇泊堪ゆべからず五時五十分抜錨用意あり八時五十分半速力を以て前進遂に栄城湾に向ふ於是今日撿視の事果さず引渡受取り方も亦従て一日を遷延せざる可からざるに至る噫是れ汝昌が亡霊去つて天に昇るか君臣相抱て朝に泣く清廷の余響なる歟何ぞ其れ光景の悽殺なるや碇泊の英艦二隻亦た栄城湾に向ふを見る我艦隊出征以来初めて此の動揺に逢ひしと云ふ其激可忽。

十六日　四時四十五分出港五時第一遊撃隊出航す九時四十五分陰山口に投錨康済又々出入す英艦一隻来る一隻は頻りに海底を探る蓋し昨の大風濤にその錨を海中に落せしによると云ふ海水温度三十二度より三十八度の間に在り寒暖計二十五度より三十三度の間を上下す此日入湯。

十七日　陰山口より威海衛湾内に入る。

七時三十分旗艦信号あり。

本隊　第一遊撃隊、第二遊撃隊、直に出港

第二陣形作れ

次で第三遊撃隊出港す。

八時三十分戦闘操練即ち戦闘の準備に就くなり一士官は曰ふ之れを威海衛に対する我艦隊の戦闘準備の最終となすとて笑ふ九時二十分止む旗艦信号あり。

高千穂、浪速、便宜入港せよ

と言ひすて、松島は港口に向ふ之に嗣では千代田、橋立、厳島、之れを本隊とし吉野、高千穂、浪速之れを第一遊撃隊とす而して第二遊撃隊は扶桑、比叡、葛城、高雄なり以上を主戦艦とす主戦艦は西口より一より順番に繰込み〳〵繰込みて各々其位置に錨を投じたり、高千穂、浪速の二艦は港口の左に碇泊するを見る蓋し警戒に備ふるものならん歟我艦は徐ろに乗入り初たり此の間の光景実に壮絶快絶左に草帽山の砲台を望み右に劉公島を仰き一点の青螺黄島の砲台は其麓に踞す磊々落々巌礁はその頭角を潮面に浮べて巨□(鼈カ)の仰いで嘯ふくが如し船漸く深く入るに従つて水雷は点々水面に散在碁布雷□(鉄カ)蠣殼封じ苔草の蒸すを見る又た入れば我の最も苦慮してその破壊を勉めんとせし処の防材は思ひし程のものならで実に予想外の粗雑なりし水雷防材の敷設の愚なる之れを港口に於てせすして殆んど港内に於てするの観あり恰も敵の来らざるを恃むもの、如し其草帽山の砲台は威海衛第一の塞塁と可謂之れに拠て以て港の内外を砲撃せば港内の敵は一瞰の下にあり俯して之れを射るを得べし港外の敵は撰んで以て之れを撃つべし港内の水雷防材は以て其の下を容易に通過するを得ず港口に近けば黄島の砲台と相ひ待つて黄島は平面に草帽山は眼下に之れを射るを得べし草帽山は我馬関海峡の砲台の如く威海衛の西口は馬関海峡の如し砲台は四段に備へたり所謂一夫之を守て万夫不能過の険要なり噫如此阻山坐付他人の嘆は独千古詩人の歎のみにあらざるなり聞く清兵の標悍夜に乗じて陸戦隊を折き以て此の占領せられし砲台を悉く破壊し去りしと敵亦た眼ありと可謂なり若夫れこの砲台にして我兵の占領拠守する固かりせば敵は今日を待たずして亡びしならん敵の海軍が其陸軍の怯懦に憤慨して陥落の夜直ちに之れを襲ふて其志を逞ふするを得しは又た以て多とするに足る劉公島を回顧せば官舎庁房甍を列ね軒を並べ石炭堆積邱陵の如し靖遠は沈んで双檣波上に龍宮に入るの門を描く一艇の短舟懸けて門にあり蓋し浮んで以て行くにあらずして飛乗て之を沈むるもの翻々たる三角旗は乙姫の織る処か幽寂の光景実に人をして懐惋の感を興さしむ更らに定遠は東口に近く海波之れを洗ふて艙間応さに蛟龍の宮闕を占むるものあるべし来遠は倒しまに没して漂蕩する処赤鯨の背を曝らすが如し桟頭の尽頭亦た一個の小艦を没す烟突斜に傾き帆檣影なく鎮遠は独り儼然として峨艦鉄台山の如し済遠平遠は猛獣の懾伏して低頭揺尾以て我を拝するが如し於是初めて澎然として雄闊の気宇乾坤に磅礴《ほうはく》し祝声一時殊域の山河を撼動す。

君臨宇内建鴻猷。國是定謨王道悠。實土地靈鐘秀氣。
聖皇天祐饒神籌。三奏漢武疆圖甓。五覇稱雄威勢収。
獨立渾圓球地表。八荒萬古輝金甌。

聊か以て徳を称するの微意耳五時三十分暮に入つて康済は出づ喪家の狗角□□（二字不明）として何処に向ふ所ぞ春雨粛条夜寂寥。

葛城艦奮闘の詳報

葛城艦奮戦の事は屢〻報道せしが今ま当時の目撃者より詳報を得たれば左に記す。

威海衛の陸地砲台は早く已に我軍の手に落ちたれども敵の軍艦並に劉公島に於ける砲台は容易に陥落すべき様もなく頑固にも死守して応砲を断たず俘虜の言によるに敵は味方陸兵の恃む可らざるを看破し海軍兵のみを以て此劉公島の砲台と艦隊とにて死守するの決心をなし同島には糧食六ケ月分を貯へ兵員は四千の海兵を以て守禦せる由なり斯る有様なれば我艦隊は去月三十日より攻撃を始め昼夜砲撃殆んど止む時なく昼は艦隊より夜は水雷艇にて猛烈に攻撃すると雖ども尚ほ強情にも激しき抵抗をなし我が諸艦も為めに種々の損害を蒙りたり。

就中威海衛攻撃に於て最も目覚しく奮闘せしは軍艦葛城なり随て同艦の損害は最も酷し昨十一日も常の如く激戦の中に葛城艦の前部に当て巨弾破裂し海水は黒煙と共に上空に飛揚するを見る此状を目撃する者誰か奮慨に堪えん余は以て前部火薬庫の破裂となし大に同艦の運命を心配せり忽ちにして同艦は徐々に陣列を出で来れり於是旗艦松島よりは直に信号を以て其状況を問ひたるに同艦は左舷側に於ける諸砲は悉皆用をなさず前部なる追撃砲は敵弾のために破壊されたるを答ふ余は終始此等の信号に注目し居れり此時旗艦よりは直に港内に入り碇泊して死者の手当をなす可きを命じたり。

同艦の入港し来るや余は直ちに同艦を訪問せり余は巨弾の来りて前部に破裂せし事なれば前砲台の指揮官たる栗田大尉は死傷者の一人には非ざるかと思ひ同艦に到るや先づ栗田大尉を訪ふ幸にして同大尉は足部に軽傷を負ひ辛ふして歩行するの有様なりしかども別段重傷の様もなかりしかば余は同氏のために之を祝せり是れより余は同大尉の案内にて前記の巨弾の破裂したる場処に至り見るに十七珊なる追撃砲は中身より折断せられ注退機俯仰機等は悉く破壊せられ舷側□（とカ）は大孔を穿ち鉄材木材の飛片至る所に狼藉たり且つ□（甲カ）板の処々流血淋漓として腥風鼻を衝く其他帆桁は□□（二字不明）され四番砲六番砲八番砲何れも皆破損し奮闘の状□□（二字不明）遺られたり仰此前部なる追撃砲には十四名の砲手を使用する事なれば指揮官を合して十五名なるに幸なるかな即死者は僅に一名にして負傷者は七名なりとの事なり即死者は身体粉砕せられ頭部の如きは反対側に飛散し武夫の本分とは云へ見る者をして酸鼻に堪えざらしめたり而して爰に最も賞す可き者あり此砲員中運薬手なる三等水兵高田某は此巨弾の砲身に中るや直ちに反対側に向き身を以て其薬台を覆ひたれば弾丸の飛片は其身に中りたりと云僅に三等水兵の身を以て咄嗟の際能く此働をなす皇国の臣民に非れば能はざるなり如此きもの宜しく特に賞励されんことを企望して止ざるなり過日来艦隊にて廻転打方をなすに葛城は常に特更に敵の砲台に接近して猛撃をなす故に其弾は常に敵の砲台に命中したり是れ実に葛城艦の名誉と云ふ可し。（二月十二日発）

【附記】正岡子規「末永節書を贈る」

末永嘯月博多より書を贈る。其中に

送子規子従軍于時余亦經威海激戦而還

嘯月生

萬里風濤征戦途。帰來意氣睨江湖。
欝盤山水好邦國。莽蕩邱陵新版圖。
州郡英雄任割拠。乾坤皇帝定規模。
雍々大雅誰揚握。待爾縦横揮筆摸。

子規子従軍を送る。時に余亦、威海激戦を経て還る

狼嘯生

萬里風濤征戦の途。帰來意氣江湖を睨む。
欝盤山水、好邦國。莽蕩邱陵新版圖。
州郡英雄割拠に任ず。乾坤、皇帝規模を定む。
雍々大雅、誰ぞ揚握。爾を待つ、縦横筆摸を揮う。

（新聞「日本」明治二十八年四月二十八日）

雲濤日録

二月八日　威海衛に於て

扶桑艦乗組　末永　節

「福陵新報」明治二十八年二月十四日

威海衛の大海戦（一）

車轔々《くるまりん〳〵》馬蒼々《うまそう〳〵》、東奥《とうおう》の罷熊《ひゆう》と鎮西《ちんぜい》の貔貅《ひそう》と共に一緶洶濤《べんけふとう》を乱して直ちに山東岬角《こうかく》の栄城湾より上陸す、船舶四十余隻、艨艟之を擁護したり、実に是れ一月二十日の事なりし、陸軍已に発す、是れより先き海軍は航途之を擁護するの任と輜重上陸の務とを負ひ三日の間三万の馬匹と三万の兵員として安全に到達せしむるを得たり、此間又た艦隊の一部は威海衛港を封鎖警戒しその南遁の路を絶ち、一部は殊更らに登州に航して之を砲撃し我軍該府に上陸するの擬勢を張り又た本隊及び第一、第二の両遊撃艦隊と水雷艇の全力とを威海の方面に出で示威運動を為し以て敵の力を分たしめんことに勉めたり、所謂牽制運動を行ひたり、則ち吉野、高千穂、浪速の三艦は命を含んで登州《とうしう》に赴く敵兵果して大に震駭、盛んに発砲したり、我より発射したる弾丸は府中に達し烟焔数処に起るを見る、廿五日海門、天龍の二艦亦た往て登州府を騒がす、天龍一弾を舷に載せて帰る。

待ちに待ちし一月廿八日は来りぬ、予は鉛筆を削り手帳を開きて風雲の変化を待てり、ア、戦意勃々たる帝国軍艦は那辺に馳走して何等の活劇を演ぜんとする乎、計らざりき「出発見合せ」の命を耳にせんとは、予は呆然半晌《はんしよう》、心平かなるを能はず窓外を窺へば風雪漫々、波際《はさい》の連檣《れんしよう》影動揺して時に白鷗の無心に舷頭に舞ふを見るのみ、晩餐の時は来れり、各々一堂に会す。笑語嘻々《せうごきき》一士官曰ふ「明日午後出発すべし」と、予突然箸を捨て問ふて曰く「愈々《いよいよ》明日出発するに極《きま》りしや」士官曰く「ソウです」予輾然として破顔微笑す。

廿九日は来れり、愈よ午後十二時、本隊、第一遊撃隊は進発せよとの旗艦の信号は正さしく三時に伝へられたり、十五分を過ぎて又た旗艦は信号して曰く「其の隊は明朝未明キミン嶋沖にて本隊に合せよ」と、キミン嶋は威海衛の○○○の処にある一小嶋なり、此に記憶すべきは我艦隊の編制なり、本隊は則ち松嶋の率る処の一隊なり、第一遊撃隊は吉野を先頭艦とし第二遊撃隊は扶桑を旗艦とす、第三は大和を先頭艦とし第四は筑紫を先頭艦と為し別に特務艦なるものあり八重山之を率ゆ、予が乗れるは扶桑にして扶桑は別に西海艦隊の旗艦として相浦少将以下幕僚数人を載せ居るなり、読者よ、本通信中我隊とあるは則ち第二遊撃艦隊にして本隊とは則ち本隊、我艦隊とは則ち全艦隊、而して我が全艦隊の旗艦は則ち松島なるを記憶せよ。

是より先き午後一時三十分、旗艦よりの信号に曰く「明日未明陸軍は百尺崖南西の山の手を攻撃する筈なり」と、ア、、陸軍の消息は知るを得たり、我艦隊の運動は如何、蓋し作戦計画案を見るに

各艦隊

陸軍の威海衛東岸砲台を攻撃する時、艦隊の一部（筑紫、赤城、摩耶、愛宕、武蔵、葛城、大和）をして東岸砲台若くは劉公島東側の砲台及び日島砲台を砲撃し陸軍に援助を与へんとす、若し砲撃中敵艦隊の出づるあらば努めて之を沖合に誘出する如く運動し主戦艦隊の交戦は不利ならざる位置に退すべし、主戦艦隊は沖合に在つて適宜の運動を取り敵艦隊の闘線に供へんとす。

水雷艦隊

第一、第二水雷艇隊は主戦艦隊と共に運動せしめ敵艦隊の出て闘戦せば時機に乗じて之に当らしめ又た第三水雷艇□（隊カ）をして威海衛東口東岸砲台附近の海面にあらしめ陸軍の東口東岸砲台を占領するも尚艦隊の出来らざる時は同夜防材を破壊し港内に突進敵艦隊を破壊せしめんとす、又た昼間第三水雷艇隊は我艦隊が敵艦隊と交戦の時は機に乗じ敵艦隊に当らしめんとす。

陸戦隊

筑紫外六艦をして陸戦隊を編制せしめ時機により之を上陸せしめ劉公島を占領せしめんとす。

敵砲利用

陸軍の威海衛東岸砲台を占領したる時は直に該砲台を利用して敵艦隊劉公嶋若くは日嶋砲台を砲撃せしむる目的を以て之に要する人員若干名を六艦（八重山、天龍、海門、磐城、大嶋、天城）より出し予じめ陸軍と協議し陸軍の上陸点を進発せると同時に派遣せしめんとす。

又

威海衛東口東岸砲台攻撃の当日、敵艦の破壊を了せざる時は之が目的を達する迄は我艦隊及び水雷艇隊は夜中（午後六時より翌朝六時頃まで）在項に準して運動すべし。

本隊及び第二遊撃隊はキミン嶋沖に在つて単縦陣と為り各艦大約《おほよそ》二海里の距離を以て南北に引きある線上大約三十海里（キシ《（キミン）》嶋より）の間を回帰運動（左旋）警戒し翌朝威海衛港外十海里の処に集会すべし。

第一遊《（撃）》隊は威海衛西口の沖大約廿海里の処よりエデー嶋に引ける線上に在つて単縦線となり各艦大約二海里の距離を以て回帰運動（左旋）警戒し翌朝威海衛港外大約十海里の処に集合本隊に合すべし。

第三、第四遊撃隊はキミン嶋附近碇泊（天候の許す時）若くは栄城湾に帰航、翌朝未明威海衛港外に進行すべし。

第三、第四遊撃隊の残艦及び特務艦は昼夜栄城湾に在つて警戒すべし（海軍の運送船は栄城湾に碇泊すること、知るべし）。

敵艦の警戒線を航走するときは之を認めたる艦は「敵艦見ゆ」の信号を為すと同時に電気灯を頂天に照らし時機により砲撃すべし、他艦は務めて混雑せざるやう旗艦の通跡を守り速力を増加し常距離に復すべし、但し旗艦と隊形を整へ敵艦に追尾せんとす。

日中は本隊、第一、第二遊撃隊をして臨時適宜の運動を取らしめんとす。

威海衛の大海戦（二）

「福陵新報」明治二十八年二月十五日

作戦の計画は略定りぬ、我艦隊は先づ威海衛の沖合凡そ七八里の処に於て左の如き運動を執んとす。

二十八日午後、原田陸軍大佐よりの通知に曰く

　二十七日の戦況、橋頭集の首力は昨夜より退去し其一部約一千八百は橋頭集と報信との間にて我軍を防ぐ、前衛は五中隊にて漸次之を撃退す敵は報信より寗海《ねいかい》に通ずる道を取り報信の西方一千五百米突の有利地に拠守す、明朝師団は此敵情を偵察する予定なり。

二十九日、又た左の報知を得たり。

　右翼縦隊の先頭は百尺崖を距る大凡五千メートルの処まで達したり、本日海岸へ旗を建てたれども天候暗きが為めに見えざらん。

　一月廿九日　出羽聯合艦隊参謀長

其所謂る百尺崖とは威海衛東岑《とうしん》の砲台なり、勇ましや我陸軍は既に雪を踏み氷を蹴つて百尺崖所に近かんとす、奮撃快戦、絶代の風流は却て此の艱苦の中に在り、其豪興は迚も朱門肉食者流《しゅもんにくしょくしゃりゅう》の知る所にあらざるなり。

　我隊は二十九日午後五時十五分抜錨、七時五十分には山東角灯台を南四哩に見て警戒線に入る、警戒線とは本隊及び第一、第二遊撃隊が交代して山東岬角灯台より北に引ける線上凡そ二十哩の間に於て旋回運動をし敵艦の動静を見張ることとなり、各艦の距離は五哩、去る二十二日より施行し来れるものにして今夜は我隊此番に当りしなり、此夜敵は二度まで威海衛の電灯を照らして沖合を探り警戒少しも怠らざるものと見ゆ、此頃の敵情を察するに受身の太刀に付入り〳〵撃込まる、には嘸《さぞ》や胸胆を冷やすらん、魂魄身に添はず早や有頂天にも飛び去らんかと察しやるだに哀れなり、迚も勝算の無きを知りながら何ぞ速かに降旗を樹《た》てざる、去りとて城を枕にして斃る、の決心なるか、果して然らば縦令退守して窮死するとも丁提督の末路は天晴れなりとて一掬の吊涙《てうるい》を灑《そゝ》ぎ呉れん、イデ其手際を拝見せんと勇みに勇む兵士の健気さ、此日天候悪しく風浪怒り夜半頃より降雪甚しく晴陰定まらず、寒暖計は二十四度より二十八度の間を上下せり、我隊は後十一時より針路を変して零時五十分には正東に転し三時微速力より半速力に進み又た其針路を南西微南に転ず、夜は未だ明けざれども、卅日の暁となりぬ海上遥かに舷灯の閃くは敵艦ならで我艦隊のキミン嶋に向航するなり、四時四十分頃より漸次針路を転じ先の光を追て之と並行航進す、六時廿五分には原速力にて進航し航海灯を取入る、時夜は全く明たり、此時、第三、第四遊撃隊は既にキミン嶋に集合し又た水雷艇の航行するを認めぬ、七時卅分よりは劉公嶋の前方に於て各隊各自に旋回運動を初め我隊は劉公嶋の東十哩前後に位置を占めたり、時に、第三、第四遊撃隊は百尺崖の東方キミン島の間に進みて熾んに陸上砲撃をなし陸軍に応援せり、陸軍は正に酣戦《かんせん》中と見えて敵の砲声炮烟は轟々簇々《ごうくぞくぞく》、陸岸の炮台に注ぎ懸られて我艦隊には目も呉れざる有様なり敵艦は又た其味方の炮台を掩護する為め頻りに陸上に向て発砲せり、十一時半頃には第三、第四の両隊も沖合に回航して又た旋回運動を取れり。

初め百尺崖の攻撃せらる、や、敵艦靖遠、威遠、来遠其外砲艦及び水雷艇は百尺崖近く進みて発炮し砲台の掩護に勉めしも砲台の陥落するや否や蒼黄鼠《そうこうねづみ》の如く又た湾内深く逃げ込みたるぞ笑止なれ、十一時我水雷艇より左の信号ありたり。

陸軍は目下百尺崖攻撃の最中なり、敵艦は出づる模様なし。

ア、如何に彼の渋太きや、「城を枕にして死せん」と云い、「人も艦も共に亡びて臣が事異矣(畢)」と叫びし丁提

督、彼の葉聶輩に比すれば寧ろ稍骨ありと称せんか、去りとは出戦の意気地なきは如何、
我艦隊は遠くなり近くなり一大環線を描き旋回して敵の動静を窺ふ、水雷艇は又た蛇の蛙を狙ふ如く隙あらば機あらば一発の下に敵艦を砕きて天晴の功名を占めんものとジット沈んで窺ひけり、敵も兼てより我邦人の猛勇なるを懼れて殊に水雷艇の動静に注意したれば容易に好機を見出すこと能はず彼の港口の防材、布設水雷及び劉公島の砲台とは彼が恃んで以て心胆を強ふするものならんか、彼れ此険を恃んで少しも出でず。サヲ(テ)も卑怯の挙動やな。
零時十分頃とや覚へけん、威海衛の東口に当つて俄然爆発、一条の黒烟は中空に聳へ立ちぬ、其状恰かも龍の上天するが如く女媧氏の天柱も斯やあらんと疑はる、是れ多く火薬庫の爆裂せしものならん、若し爆裂せしものとすれば如何、我兵の弾丸過《あやま》たず薬庫に命中せしが為めか、但しは敵兵自身の誤りか、将た事のなすべからざるを知りて敵兵自ら之を焼きたるものか、左らば敵ながらも殊勝とや言はん、大連、旅順の脆く意地なかりしに比しては幾分か話せる奴原《やつばら》なりなど口々に罵り合ふ内、再び同様の奇観を呈しぬ、此度は地響の海を渡つて船に応へし気味あり、或は地雷火ならんと云ふものあれど地雷火としては余り薬烟の多きに過るを以て火薬庫の破裂ならんと云ふ説遂に多数を占めぬ。
此時、一船あり総帆を揚げ芝罘《しふう》方面より来り威海衛の港口を窺ひつ、東に向つて横り去れり、何国の船なるやを知らず、両眼鏡を以て能く之を見れば独逸軍艦にてアレキサンドリヤと名くるものなり、軍事視察か、去るにても大胆なるものかな、
一時廿分頃、日島炮台より発炮頗る熾んにして団々簇々の烟は時に閃々たる火を吐くを見る、一時十分、旗艦松嶋より信号あり、第二陣形を造る、三時、第四遊撃隊は劉公嶋の前面に逼り暫く発炮するを見る、三時十四分、旗艦の信号に曰く「陸軍は百尺崖を占領す」と、余舷を叩いて快絶を□(三カ)呼す、又た「第二遊撃隊は日島炮台を攻撃せよ」との信号あり四時戦闘配置に就く、左舷炮照準距離は五千四百メートルなり、扶桑、比叡、

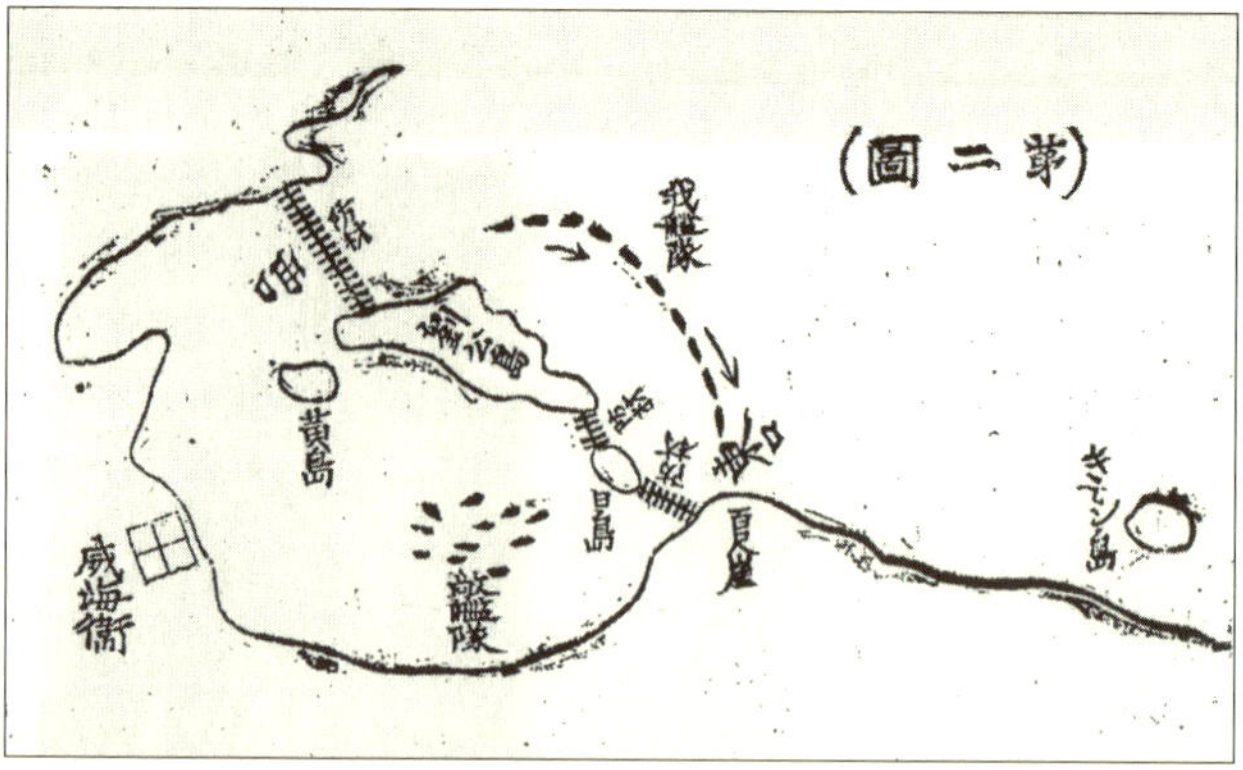

金剛、高雄の四艦は各自に日嶋炮台に向つて打方を始めぬ、就中最も迅速に且つ多数発炮せしものは高雄なり、高雄は船体の小なるにも拘はらず新式の利炮を備ふるを以て弾達距離も第一遠距離に達す、然れども標的の距離余り遠きに過ぎて充分の効なかりしを以て両度回転環を画き炮撃両度にして止みぬ、同四十二分敵砲台より初めて我隊に向つて発炮したり、

敵艦済遠、来遠、経遠其他数隻は日嶋の辺に列び熾んに黒烟を揚げて蠢動しね、殊に済遠の如きは悠然として日嶋の辺を旋航するなど小面悪きほど振舞ひけり、既に港口に防材を敷きたるは閫閾《こんいき》を敷きたるものと同様なれば敵艦の入り来る世話のなき代りに自らも之を跨げ越すこと能はす嚢の口を自ら括りたると同然なり、ア、彼自ら堅固と思ひ恃む所の蠑螺《さざゑ》貝遂に奈何、薮に入るの鹿は遂に其角に支へらる、一朝其藩垣を破って襲ひ入るものあらば如何。

既にして夕陽は近く虞淵《ぐえん》ならぬ百尺崖の陰に沈まんとして尚ほ半輪の腥《せい》血《けつ》を含み、蒼然たる暮色は端なく至つて寰瀛《かんえい》の天地を塞ぎぬ、弾薬収めの号令は叫ばれてホツト一息ソヨ吹く舷頭の風に身を縮めて艦内に下りぬれば夕飯の案内は伝へられて艦は本隊の方向に航しぬ、復命する所あらんとて。

「福陵新報」明治二十八年二月十六日

威海衛の大海戦（三）

一月も早や三十一日となりぬ、我艦隊は尚ほ威海衛の沖合に在りて九時頃より各隊又た旋回運動を始めぬ、昨夜は敵艦の遁走を警戒せんとて威海衛口を封鎖し囊鼠《のうそ》檻豚《かんとん》迚も遁れ得べくもあらず、押手搦手犇々《ひし〳〵》と詰掛けたり、此日午前は別に異状なかりしも午後零時二十分頃より俄かに天象悪兆を呈して降雪繽紛《こうせつひんぷん》、乾坤冥濛《けんこんめいもう》、北西の風漸次に吹き荒みて刻一刻、風濤は益す激しくなりぬ。

明れば二月一日、風狂浪怒、昨夜よりも猶一層を加ふ、艦体は蕩揺《とうよう》漂動、隊列保ち難き迄に騰りぬ、加之《しかのみならず》、非常の寒威にて上甲板は皆な凍結し頼りものなくては歩行すべからず、温暖の時節ならば上甲板に砂を撒きてスベリを防ぐことも出来れど冬季殊に酷寒の地方にしあれば激浪の打込みしもの即刻に凍結して撒砂も亦た凍氷中に埋了し去らる、なり、艦内の大砲中炮は悉く綱もて固縛し上甲板には縦横に綱を張りて僅かに歩行するを得、ドブリン〳〵と艦首を乗越して来る潮水は左ながら川の流る、如く余瀝凍りて時ならぬ水晶の簾を吊し地図室の如きは丸で蝋石もて造りしハウスの如く真白に鉄壁を塗付けて厚さ一二分もあり、指もて掻き落し之を嘗むれば辛きこと塩の如し、塩を以て壁を塗りたるかと思はる、艦首の中炮は氷に閉ぢられて発火することも廻転することも叶はず、然るに我が勇敢なる兵士は物の数ともせす猶は運動を執りつ、ある内に、比叡と他の一艦は列を脱して其の影を見ず、只だ高雄の一艦のみ始終列に在りて我艦に従へり、九時、橋立より「便宜、栄城湾に入れ」との信号あり、我隊は午後一時三十分を以て栄城湾に投錨すること、はなりぬ。

二日午後に至りて風浪少しく凪たれども未だ荒浪域を脱せず、明日再び進撃の筈にて盛んに石炭などを積込めり、此の風浪中に短艇を漕ぎて勇ましく石炭積の事業を執るものは昨日の兵士なり、今は人足となつて此力役に従ふ、一言半句の不平を漏すものなくヤツトコセの懸声を聞きては余は実に諸肌ぬいで兵士諸君が労苦の一部に当らんと欲し人知れず手に唾してシコを踏みぬ、他の軍艦を見渡せば明日は前二時の出帆と定まり孰れも其心持にて寝ねぬ、

夜は明けぬ、再び進撃の日は来りぬ、各艦栄城湾を発して威海衛に向ひしは実に三日午前三時卅二分なりき、同五十分には航進微速力、やがて半速力となり針路を東に取る、二転三転して六時四十分鶏鳴嶋の西に於て本

隊の碇泊せるを認む、九時五十五分、戦闘の喇叭は最も声高く吹上げられたり、各員は配置に就きぬ、其の動の敏速にして整粛なる今更のやうに目に付きぬ、余は気勇み心猛く凛然として竦つ様の意気あるを覚ふ、顧みて諸将及び兵士の顔色を窺へば左も落付きて平生の操練に臨むに異ならず、余は因て兵士を顧みて其意気如何を問ふ、兵士笑て答へず再び問へば曰く、黄海の一戦から頓《とみ》に意気の据はりまして爾後は縦令敵艦の襲来することあるも睨一睨すれば激昂とか凛乎とか云ふやうな特殊の感想は更に起りませぬ、平生と少しも変りませぬ、併《しか》し隔音嶋《かくおんとう》や長直路《てうちよくろ》などに屯在せし時、佐世保を出発せし時、海洋嶋沖にて敵艦に出逢ひし時は意気頗る激昂し叱陀(咤)一番、敵を斬て已まんのみと一死を決して敵に臨みたれども敵艦一隻を打沈めてからは意色頓に据りましたと笑ひながらに打語りぬ、ア、何でも場所を踏まねば話せぬ哩《わい》と独り自から呟きぬ。

威海衛の大海戦（四）

「福陵新報」明治二十八年二月十七日

戦闘の喇叭は最も勇ましく吹上げられぬ、各員は配置に就きぬ機一発、水雷艇小鷹は左の報知を齎して来たれり。

敵艦も砲台も依然

と、意気更に豪壮、初め敵艦八隻を捕獲し敵兵既に遁走せりとの報知に接するや、満艦半信半疑の様なりしも陸軍よりの通知なればマサカ間違ひなるべしとも思はれず余は之を聞て頗る気抜のしたるを覚ふ、何となれば縦令黄海ほどの大激戦はなくとも北洋艦隊の根拠地、而も四百余州の精鋭を萃《あつめ》たる威海衛、何とてムザ〳〵人手に渡さんや、人と船と共に亡びて臣が事畢矣と力味し丁汝昌、左程に弱からんとは思はざるなり、然るに風雨に乗じて夜遁るなどは彼の国文に於て屢見る所、左れば此事なしとも断ずべからず、旅順、大連の手際より察すれば蓋し之あらんかと覚束なくも信を置きぬ、而して今此の確報に接す、始めて前報の誤まれるを知り艦内到る処に笑声洩れぬ。

我□（隊カ）は劉公島砲台に向って砲撃を始めぬ、敵は炮台及び四隻の軍艦より打出し熾んに累発して近くべからず、八時卅五分旗艦よりの信号あり第二陣形を造る、九時半「陸軍は威海衛諸砲台を占領せり」の報知あり、更に「第二遊撃隊は日島、劉公島を砲撃せよ」との命令に接し軈《やが》て十二時頃までも双方撃合ひけるが何時勝負の果つるとも見えざりけり、ソレも其筈なり、一方は大地に据付けたる車台揺かず、狙い狂はず標準を定めて

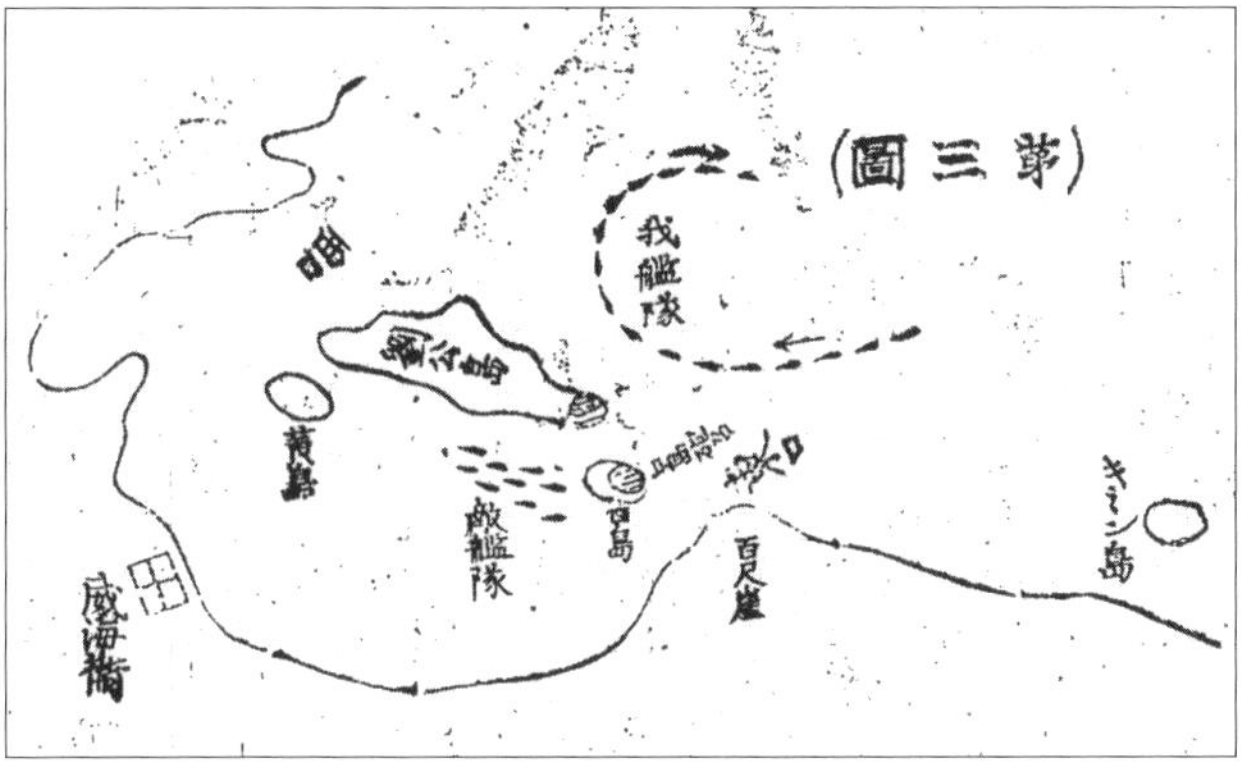

発砲するも我は一時間幾里と□（いカ）ふ速力を以て走り且つ水上波浪の動揺に上下左右せられて標準標的を狙はんとす熟練達精の士にあらざれは能はざるなり、而して我海軍能く熟達し大抵命中点を誤らずと雖も惜むらくは我艦の如きは弾達三千五百余メートル、四千五百メートルの遠距離の砲台に達するを得ず、弾丸多くは水際に落ちて其達するもの僅かに二発に過ぎず、唯高雄は新式砲にして弾達能く機を得る、然れども遂ひに攻陥の目的を達するを得ざりし我艦は引揚けて予定運動を取りぬ、余は此日檣楼に在て之を観る、高楼千里、能く彼我の勢況を察すべし、聞く弾丸の空を掠むるや人必らず腰を折り首を縮むと、余遂に其の機を知らず、敵弾一発、我艦尾百米突の水中に落ち拳大の弾片倒さに飛んで我艦左舷の上甲板を砕きぬ、左れども幸にして一人の負傷を見ず、後拾ふて之を験するに二十一珊以上の巨丸なるべしとの鑑定は付きぬ、危うかりき事共なり。
　戦闘に臨む前、汁粉出来たりとて卓上皆な椀を撑《ささ》げて佳味に飽く、又た頃来小説十数種を贈り来れるを以て皆之を読むに忙はしく時としては一室皆冊を展《の》べて一心凝視、更に一人の談話を試るなく闃然《げきぜん》として無人の境に

在るが如きことあり、従容として逼らず騒がざる処真に場所慣れたりと謂べきなり。

零時四十五分、第四遊撃は我隊に代つて又た進航攻撃を初め、三時に至りて第三遊撃之に代れり、四時半頃には敵艦頻りに陸上に向つて炮撃す、蓋し味方の陸軍を掩護せんが為めならん、五時に至りて炮声全く止みぬ、此夜はキミン島に仮泊す。

四日、五日、六日は各隊例の旋回運動をなして敵艦の遁走を警戒するのみ、只だ此間に於ける我水雷艇隊の活動の如きは別に報ずる所あらんとす。

二月七日は来りぬ、総進撃の日は来りぬ、本隊、第一遊撃隊、第二遊撃隊、第三遊撃隊、第四遊撃隊都合廿一隻の軍艦は舳艫相啣んで威海衛に向ふ、時に午前七時なり、本隊及び第一遊撃隊は別に一隊となり劉公島攻撃の任に当る、旗艦松島之を率ゆ、第二、第三、第四遊撃隊は扶桑之を統ぶ、而して日島攻撃の任に当る、敵艦は廃艦と共に合せて八隻、僅かに奄々の気息を保ちて蠢爾《しゆんじ》たる有様は実に見る目も憐れなり、左れども猶ほ頑固として死守せる様は敵ながらも天晴々々、船と共に亡びんと覚悟せし丁提督、一日存すれば一日臣子の責任を尽くすと謂ふの意か、唯惜むらくは全局を達難するの明なく空しく手を束ねて良港要鎮之を他の蹂躙に任するの愚なるを、王師は仁義膺懲《ようてう》の典に之れ拠る、敢て他国を略掠侵奪《りやくれうしんだつ》するものならんや、天地の公道によりて進み宇内の真理によりて動くのみ、彼れ傲腹、罪を改め過ちを謝するの道を知らず、敢て漫りに腐庸の兵力を挙げて我に抗す、古語に云ずや知己知彼者勝と、今や爾は己れを揣《はか》らず他を侮り遂に此敗□(恤カ)究逼の醜態を致す、爾自ら之を取のみ、何ぞ速かに降旗を樹て舟を全ふし人を全ふして以て宗廟朝廷を全するの策を講ぜざるや、聞く汝昌は曾て久しく欧西に留学して其文物を倣ひ其制度に熟し大に敏慧を以て称せらると、其才識を以てして豈に今日の機宜に処するの明なきか、徒らに弾丸黒子の地を墨守して遂に全局の敗基を致す、余深く爾の衷情を憫察せずんばあらず、而かも爾麾下の士が進退を一にして能く今日に至る所以のもの亦た以て多しとするに足る、之を葉、聶懦怯の輩に比すれば相距る天淵のみならんや、今や我軍堂々列を布き陣を造りて以て爾の根拠地を踏破せんとす、軍艦二十余隻、砲礮百余門、之を以て爾に臨まば恰も万鈞《ばんきん》を以て一卵を圧するが如けんのみ、爾尚ほ抗戦するの勇あるや否や、ア、黄海の恥辱を雪《そそ》ぐ果して何の時ぞ、今自ら甘んじて鯨□（鱣カ）の腹を肥やすの愚を学ぶ実に憐むべきなり、既に定遠、来遠、威遠の三艦及び一隻の商船は我水雷艇の為めに破壊せられ、鎮遠は坐礁して動かず、尚ほ何を特んで頑守せんとするか、我軍の意気既に敵艦を呑む、一気敵艦を粉砕せずんは止まずと誓ふ、此の沈毅粛重なる兵気は鬼神も以て驚ろかす能はず請ふ如何に我艦隊の快敏にして我兵の熟練せるかを見よ。

威海衛の大海戦（五）

「福陵新報」明治二十八年二月十九日

我艦隊は一斉に列を整へ各々其標的を定めて総攻撃を始めぬ、尚ほ当時の状況を図して之を説かん。

日嶋攻撃の任に当れる我隊は直駛《ちよくし》湾内に闖航し日嶋を距《さ》る大約四千メートルの所迄接近す、松嶋旗艦の率ゆる所は悉く新式の戦艦にして皇国の精華を集むる者、此一隊は劉公嶋攻撃の目的を以て該嶋を距る大抵四千四五百メートルの沖合に在り、敵艦八隻も亦舳を並べて熾んに黒烟を揚げ我艦の視線は悉く彼の敵艦に注がれたり、右軍の両隊即はち本隊及び第一遊撃隊は俄然火蓋を切りぬ、轟然又轟然、煤烟、硝烟、幾種の彩色を描いて空中時ならぬ霞□（靆カ）を満たしぬ、此日晴天、風吹かず浪起らず、而かも霹靂の声、閃電の影を見る。是何等の奇観ぞ、右軍両隊は次第々々に旋航進回して一艦隠れ一艦現はれ砲撃益す猛烈なり、我が第二遊撃隊も発砲を始めぬ、敵亦た何条遅疑すべき我左右の両軍に向て激しく打懸けたり、一進一退、暫しは互に打合ひしか吉野が無烟火薬の発砲は殊に目立ちて只だ閃然たる硝光、其色鮮かに一条の赤電海を掠めて去る、右軍の各艦は大低連射の利砲を備ふるを以て放発少しも間断なく弾丸は礫を投ずるに異ならず敵艦の周辺に水烟を揚げて雨の如く堕下す、我軍合撃、敵も之に応じて雷音轟々電光爍々《しやく〴〵》、一簇の硝烟は威海衛を蔽ふて暫時□（数カ）日嶋劉公

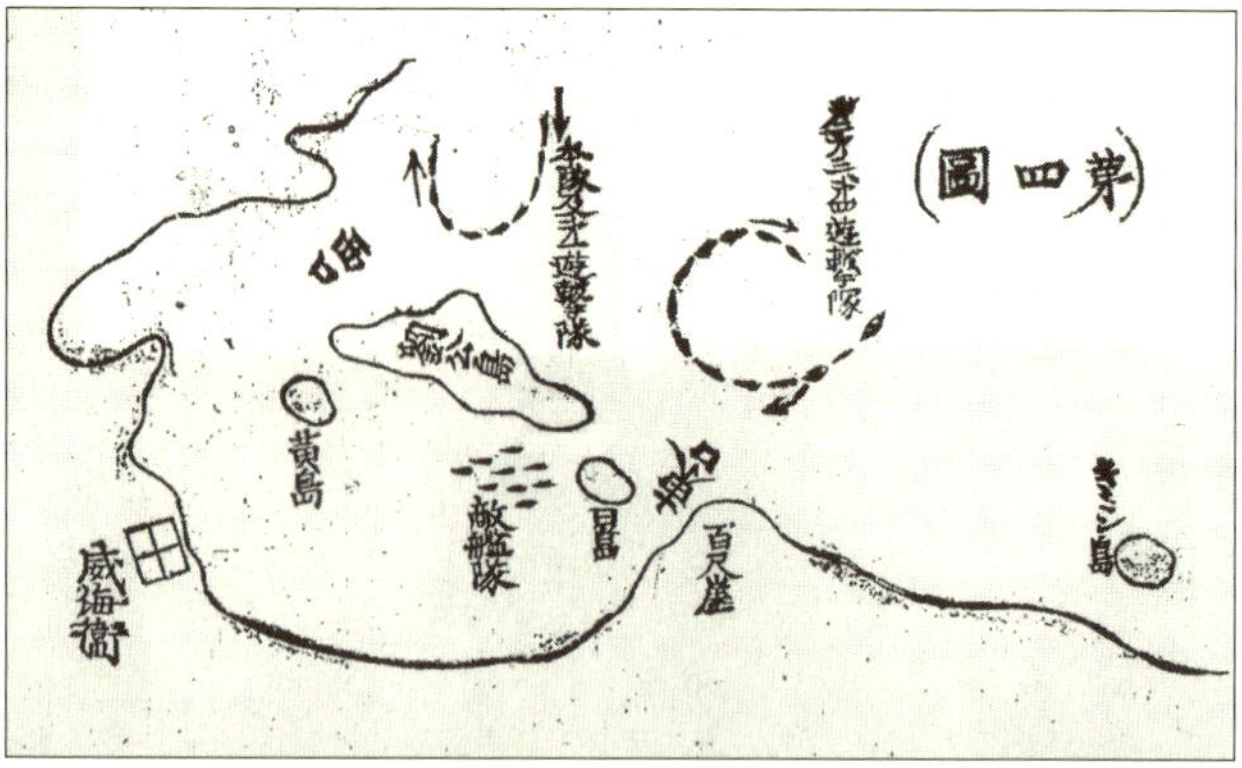

嶋を望むべからず、天空靉靆《あいたい》亦た一抹の雲烟を浮べぬ、忽ちにして西口、黒烟の数条高く颺《のぼ》るを認む、是れ敵艦の遁走するなり、是に於てか右軍は艦を回らして之を追はんとするものに似たり、忽にして又た沖合に避くるを見る、是れ敵艦を誘出せんと計りたるならん、時に第一遊撃隊は既に其隊列を離れ快奔迅馳して遁走艦を追て去り遂に其影を没しぬ。

威海衛の大海戦（六）

「福陵新報」明治二十八年二月二十日

第三遊撃隊の砲撃方に酣《たけなわ》なるや第四遊撃隊の先登艦は未だ攻撃地位に達せず、時に本隊及び第一遊撃隊は皆遁艦を追ふて去りしを以て敵は全力を注ぎて我が左軍に当る、弾丸雨注、海岳為めに震動す、機一発、敵は劉公嶋より一発を振舞ひぬ、弾丸は其毒威を逞ふして破裂し畢んぬ、余は檣楼に在りて「ソラ来たぞ」と叫ぶと同時に我艦揺きて檣楼倒れんとす、ヤアと一同俯瞰すれば無惨や甲板は砕けて径一尺余りの穴を明たり、余力は三寸許の鉄梁を折りて又梯子を砕き鍛冶の鞴《ふいご》を破り豚檻を貫き断片更に飛で司令塔の鉄壁に触れ穴を穿ちて貫くを得ず却て甲板に落つ、三等水兵山川仲太、二等水兵福原喜次郎を傷け二人とも絶命す、一等兵曹得丸早虎、二等兵曹団鵬一、二等水兵亀井梅太郎、一等水兵塩谷松太郎等負傷す、意気活発益す振ふ、就中福原喜次郎は右脇より右腹を貫き九腸悉く抉出す、而かも精神乱ず保命僅に九時間、絶息に至るまで少しも愉らず、壮烈の気魄真に日本男児の精神を見る、喜次郎は矮駆《わいく》精驍《せいげう》、意気《いき》颯々《さつ〳〵》として人に逼る、然れども能く戯譫を弄して人の顋（頤）を解しむるもの多く同僚之れを愛鍾《あいしよう》す、山川仲太は脳頭を砕かれ脳汁流出、無惨を極む、小田嶋貫一重傷に臥す、得丸早虎は帆索手《はんそうしゅ》たり、福原の絶叫一声僵《たお》る、や梯子より馳下りて之を扶持せんとし歩すること数武《すうぶ》、足脚動かず身も亦た僵る、呼んで曰く「我れ亦た傷く」と起たんと欲して能はず、脚を索れは敵弾のあるあり手を伸ばして之れを取らんとす、身動かず笑て坐して看護の来るを待つ、亀井梅太郎は靴と共に左趾の関接を砕き団鵬一は速力球を司り立て豚檻の上に在り弾丸の豚檻を透穿するや振り落されて甲板に立つ、破裂の木片飛んで顔面を傷つく、従容として尚其職を守る、塩谷梅太郎は弾丸其額を裂き両眼凸然《おうぜん》として出づ、甲板の湛血濃滑流れす砕余の木片狼藉、一見竦然たり、聞く松島、秋津洲、浪速も亦た受弾、負傷者ありと、松嶋は烟突を穿ち航海長、航海士及び少尉候補生負傷し浪遠は艦腹を洞したるも負傷者を見ず、秋津洲亦た二人の負傷者を出す、以て此戦の激烈を見るべし、然るに我水雷艇が世界無比の大勲を奏せしは永く宇内の歴史に赫々として大書特筆以て万世を照さんなり、之に反して敵の水雷艇は旦夕武運の逼るに及んで一人一艇の来つて我を襲はんとするものなへ剰さへ遁竄の計を画して此激戦を好機とし進撃の勢を示して其味方を欺き窃かに遁走を企てしも我豈に之を見遁さんや直ちに之を追ふて進航せしに敵艇八隻は陸岸、而かも我陸軍占領地に乗り上げたり、是に於て我右軍は之に追及し其艇員等を捕獲しぬ、既にして本隊及第一遊撃隊（即ち右軍）は意気揚々、晩風遥かに「敵の水雷艇八隻を取押えたり」との信号を翻へして一直線に馳返へれり、我艦万歳を叫んで□□（之をカ）歓迎す、独り吉野は猶ほ敵艇三艘を追ふ□（一字不明）芝罘に航せるを聞く、第十五号水雷艇は中村大尉が率ゆるもの、大尉風采俊爽、意気豪快、遥かに呼んで曰く艇隊港内に闖入し定遠を破壊す、敵弾を受くること十四五発、是れ皆敵弾の痕跡なりとて其臂を振ひ声を揚げて我司令台に応答す、我兵帽を揮り万歳を呼ぶ、余も亦た之に和す、此時正に我勇士の死骸を棺に蔵むるものあり、ア、一は生きて奇功を全ふし一は死して名を留む、然れども生は人の欲する所、死は人の悲む所、余は実に此時一種無限の感懐に打たれぬ□（欠字）勇士の死体は之に着せしむるに軍服を以てし生前兵士の職にありし時の如く最も丁重に取扱ひ旭日旗を以て其棺を掩《おほ》ひ生前佩携《はいげい》せし銃と剣と革嚢《かくのう》とを具へ菓子を供し水を手向け灯明を点して当番交代を以て之を護る、同僚の士は之を吊し将校は之を撫し敬重最も至る、分隊長分隊士は其麾下の卒たるを以て殊に悼意を表し身後の処置等其懇切至ざる処なし、余は覚へず涙を把て慨然たり、曾て九段の靖国神社に謁し密かに謂ふ、人生若し此間に俎足《そそく》せずんば丈夫にあらざるなりと、而て今や即ち如何、空しく一枝の粗筆を挟めるのみ、遂に諸君功業の万一を写す能はず、殆んど屍位素餐《しゐそさん》の責を負ふ、憮然赧然《たんぜん》自ら愧づ、勇戦の義士願くば瞑せよ敵艦を捕獲し威海衛を占領し以て其仇讐を報ずる三日を出でざらん、満艦全隊の士気為めに大に激憤感興せり、威海衛占領せば天津北京唾きして収むべきのみ必らず彼をして素車白馬《そしやはくば》降を我軍門に乞はしめ以て大に諸君の忠魂を祭らん、諸君実に黄海の激戦に服して能く其務を尽し忠孝両全、諸君の英名は永く万世に伝へて赫々たらん、諸君幸に安瞑せよ。

「福陵新報」明治二十八年二月二十一日

丁提督の降服

二月十一日午前六時、敵艦鎮北は白旗を揚げて来り旗艦松島に就て乞ふ所あらんとす、提督丁汝昌病に臥するの故を以て廣丙艦長程璧光代つて来れるなり、其乞ふ所未だ悉知すべからずと雖も左の数条件ありと云ふ。

軍艦砲台は勿論、兵器弾薬等は之を貴下に致さん。

将士の死を免して一人をも誅戮し玉ふ勿れ、死を宥されざれは寧ろ兵器弾薬を焼棄し軍艦を破壊して身も亦た焦土たらんのみ。

捕虜となることを免ぜられよ、捕虜となれば寧ろ誅せらる丶に若かず。

而して我は明日十二日午前十時迄に決答すべき事を約せり、程璧光は頗る弁才あり外国語に巧みなり、年紀四十に満たず官位は我少佐に相当す、鎮北は粵東《えつとう》艦隊の一部にして四百噸なり、程璧光は中々話せる男にて清国には珍らしき人物なりと云ふ、降服談判の際、頗る快活洒落にして能く大事を決するに足るの敏腕を示せり、彼は黄海戦争の写真を一覧したしと乞ふなど洒落た事を言へり、生憎松嶋には此写真なかりしを以て遂に之を見せることを得ざりしは遺憾、夫より我は大山陸軍大将及び伊東海軍中尉より送達せし勧降書は如何せしやと問ひしに程答へて曰ふ、丁汝昌は之を受けて潸然《さんぜん》涙を絞り扠《さ》て将士を一堂に会して右の書翰を朗読せり、丁汝昌は人心の皆降服に傾むけるを見て愧然涙を呑み、切歯して曰く諸君降らんと欲せば則ち降れ、日本には余が知己親友ありて斯の如く親切なり、諸君降ると雖も決して之れを殺さゞらん、諸君降らんと欲せば則ち降れ、然れども汝昌は気骨を具するの男児なり、勢窮して此に到るも豈に祖宗の国土を甘じて之れを敵人に付せんや、臣子の分当死のみ、人情豈に死を楽み生を悪むものならんや、諸君にして若し降らんと欲せば先づ汝昌の頭を斬れ、汝昌にして猶ほ存する以上は敢て降を言ふを許さずと、是に至て将士同心奮て死生を共にせんことを誓ふ、既にして丁汝昌又曰く友誼に於ては誠に感ずる所なりと雖も報国の義務は余之を棄つる能はず余や只一死あるのみと、ア、壮なる哉、烈なる哉、敵ながらも天晴の丁提督、

明れば十二日、我は丁提督の降伏を許容せり、劉公嶋の守備兵及び外人等は一切解放すること、なりぬ、城を枕にして死せんと誓ひたる丁汝昌は臣が事畢るとて十三日午前十一時遂に自殺を遂げぬ、嗚呼丁汝昌、苦守力拒すること二週日、我が二十余隻の艦隊と三万有余の精兵とを以て容易に之を抜くこと能はず遂に力屈し弾殫きて後止む、汝昌一たび去つて清国又た海軍なし、渤海の関門は縦横他の航行に任す、天津一駆して達すべく、第一軍の糧食は直ちに之を牛荘《にうちゃん》より送達すべく、牛荘の兵は天津に送るべく、威海の兵は牛荘に移すべく、威海衛破れて天津北京指顧の中に定むべき也、素車白馬、面縛して降を軍門に乞はしむる豈に三月を出でんや、威海衛の敵艦は之を本国に致すべく十一隻の水雷艇は皆以て用ゆるに足る、其中第一の大形水雷艇福龍は直ちに我第二艇隊の司令艇に編制せられたり、明日（十四日）は愈よ敵艦及劉公島を占領して旭日の旗章翻々、海風に翻へるを見ん、詳細は次便を俟て。

【附記】「南部重遠氏の渡韓」

聞南重髯入韓遙寄
　　　狼嘯月
斗酒高樓欲餞難
一詩聊旦爲君刪
小朝廷鼠肝蟲臂
半嶋地龍拏虎蟠
劍気蒼茫騰韃靼
妖氛黯㱬鎖臺灣
夕陽三十六灘外
霓雨虹風入釜山

南重髯の韓に入るを聞き遙かに寄する
　　　狼嘯月
斗酒高樓に餞を欲せんとするも難し
一詩聊か旦君が爲に刪す
小朝廷鼠肝蟲臂
半嶋の地龍拏虎蟠
劍気蒼茫たる韃靼に騰る
妖氛黯㱬として臺灣を鎖す
夕陽三十六灘の外
霓雨虹風釜山に入る

（「福陵新報」明治二十八年六月二十三日）

政治論集

狼嘯月来信

【解題】末永節は宮崎滔天より一歳年長、二人は明治二十八（一八九五）年の出会いから、革命と生活を分かち合った生涯の同士である。

恵州起義（明治三十三年）失敗後の明治三十四年、末永は玄洋社に入社。失敗の責めを負い失意のどん底にあった滔天は「三十三年之夢」を「二六新報」（明治三十五年一月三十日〜六月十四日）に連載した。書簡は「狼嘯月来信《ろうしょうげつ》」と題して「三十三年之夢」第四十二回（「二六新報」明治三十五年三月十三日）に収録されている。

翌明治三十六年夏、末永は浪曲節語りとなった滔天の九州旗上げ公演のために奔走。玄洋社の支援を取り付け、新聞各紙を動員、桃中軒雲右衛門を馬に乗せ、滔天（牛右衛門）を牛に跨がせ、博多の街を練り歩かせ宣伝に努める傍ら、雲右衛門には従来の名題をすてて忠臣義士節婦を語らせ、滔天には中国革命軍談を語らせた。

狼嘯月君は当時の南斗星也、頃ろ一書を寄せ来る、乃ち左に掲げて一粲に供す、記者をして一読回顧の情に禁へざらしむるものあれば也、但書中の賞言の如きは余固より之に当らざるのみ、況んや昨の我は今の我にあらざるをや、滔天白

滔天兄足下、足下頃来文章の熟達実に敬服の至りに堪へず、曩に狂人譚及乾坤鎔廬日抄の記を読み、今又三

十三年の夢を踊し、足下が平生の主張をば吐露するを敢てするの勇気を感賞す、其三十三年の夢に至つては、事々皆な実歴談を公開して忌憚なく、殊に其強勇《ストロング》の気魄を看るに足るものあるに嘆服す、即ち其の自由伉儷《こうれい》を説くの一段に至つては到底尋常人の為す能はざる所、況して当今の偽悪を以て豪傑となし、偽善を以て君子となすの社会に在つて、卓然として中自ら把住《はじゆう》する所あるの意気は匪夷之所思也、余は今日（二十七日）の項に至つて、梅田雲浜観音堂云々の一句に就きて不図想起する所あり、当時足下が的野半介兄に向つて情事を訴ふるの書是也、恰も余も亦的野兄に寓せるの時なりき、依て親しく之れを観ることを得たりき、翰中左の一段の如きは、実に余をして足下が心胸面目如何の人なるを想望せしむるものありき、

　愚妻元来豪傑の妻にあらず、屢々窮状を訴へて止ず、依て弟は梅田雲浜観晋堂の記を写して之に贈り申候、

　若年の小生にして妻子を持ち候儀今更ら気恥かしき事に御座候

と、余は当時未だ足下の風丰に接するを得ず、たゞ〳〵的野兄等の話によりて之れを想像するに過ぎざりき、時に余も亦た渡暹の企図を抱き、的野兄に就き謀る処ありき、依て足下と同行を勧められ、余はコ、に強固の後援を得たるの想ひありし也、而して足下と初めて相見るに及んで、余は実に足下が□（一字欠）々たる長髪垂れて尻邊に至り鬚髯蓬々胸間を掩ひ、眉黒く、眼白にして而かも怒らず、鼻高くして而かも尖らず、唇厚く、丈け六尺有余、酒を飲むこと牛の如く、耳熱して放声一嘯するや虎の吼ゆるが如く、弁論爽かに、論議雄大明晰、余は一見して八郎君の遺弟たるに恥ぢざるを想ひ、敬服畏敬して而して私かに謂へらく、關河可使成南北、豪傑誰堪共死生、と、今や真に斯人に会す、噫天未だ我徒を捨てず、共に以て天の南北地の東西を縦横するに足ると、而して彼の書翰に顧みて其の襟度風懐の洒々落々而かも情理併呑して綽々乎たり油々乎たるに敬服せり、有体に自白すれば余は一見実に足下に心酔せしなり、「天下朦朧皆夢魂、危言報酬貫乾坤、誰知風雨破窓下、泣読蘆騷民約論」を歌ひし八郎其人の面目を見るが如きを覚えき、而して此人その齢を問へば廿三、余より若き事一年なるに驚けり、「西郷さんは勤王主義ぢやろ、八郎さんあんたは自由民権主義ぢやないかな、異主義

の人に与してソレを助けるチユウ事はイカンヂヤないか」などの詰問に、「ナアに西郷さんに天下取らせて又た謀犯するたい」と、酒々落々とヤツテのけたる天縦の革命児八郎君の面影がありありと見ゆるが如き心地して、余は真に斯人にあらずんばと、ほれてほれてほれぬきたりき、而かも「若年の小生にして妻子を持ち候儀今更ら気恥かしき次第に御座候」とは斯人にして斯心あり、斯言あるホンニしほらしのキハミにあらずや。これにほれずしてナントショウ、有情も非常《ママ》も、況して血性の横逸せる青年男児をや、余の心酔せしと云ふ豈に偶然ならむや、又其の酒闌に興に乗じて唸り出す祭文の一曲の如き、聴者をして血湧き肉躍らしむるの快あり、

親分頼む、親分頼むの声サへ懸くれや、人の難義《ママ》を他所に見ぬとの男伊達、人に誉められ、女にやすかれ、江戸で名を売る幡随院の長兵衛サン云々

の一齣実に君が得意の調覚へず人をして節を拍つて起舞せしむ、而して自ら撥を捻つて筑紫琵琶に和してスコビリ〳〵とヤルの時、感極つて扼腕慷慨衫を湿さしむるものあり、イカに石頭鉄腸の丈夫もイツシカ動き出して嗚咽呑声の人と化し了はんぬるぞをかしけれ、余の心酔せしと云ふも豈に偶然ならむや、

周游天下志　欲養気恢弘　扶植任斯道　提携擇眞朋
□（一字欠）懐臨海渡　極目遇山登　落々時維値　乾坤一古矜

今や落々たる一古矜コヽに大道扶植の真朋を得たり、余が意気更に軒昂の□（一字欠）地天を衝くこと三万丈、

狼嘯月二十七日稿

浪人本義

【解題】

滔天が誤入来の筆名で連載した「浪人生活」（『日本及日本人』第五〇三号、明治四十二〈一九〇九〉年二月一日）より摘録。連載の次第は「浪人生活」序文と本書「聞書　末永節　無庵放談』所収「処士の道」に詳しい。滔天は「イの一番に」浪人本義の「立法者」である「狼嘯月末永節」（第五〇四号及び第五〇五号）を「弁じ」、第五〇七号（明治四十二年四月一日）にひぐらし庵の筆名で「浪人生活と狼嘯月」を記し補足した。二篇は滔天による末永の優れた人物論である。

「貧乏は恥辱に非ず」と我慢こそすれ、何時出会つても常に苦しきもの、習慣になつたからと云ふものゝ、決して面白き習慣でもなければ、楽しきものでもない。人間の皮被つて生れた以上、「借金取は鶯の声」とはゆかぬもの也。

旧臘は貧乏の苦一入身に泌み、所謂水尽山窮の境に立ち、十四五人の家族を背負うて途方に迷ふ折しも、「居るかアー！」と怒鳴りつゝピヨコ〳〵然としてやつて来たのが例の狼嘯月（末永節）、衣嚢より少からぬ阿堵物を摑出して曰ふやう、「米代を貰つて来たぞ、其代りに『浪人生活』と云ふ題で『日本及日本人』に書くぢや、馬鹿いへ貴様が書くぢや、伊東（知也）とチヤンと契約して来た、イヤなら持つて帰らうか、アリヤリヤツトン、コリヤリヤツトン……」と早や、歌拍子、両手を軽く上下左右に打ち振り、靴音に合せて躍り舞ふさまの可笑くもあり、難有もあり、実に持つべきものは友なりけりと、心に感じ口にて謝し、執筆を誓ひはしたもの丶、「サテ何ういふ風に書いたらよからう」と尋ぬるに、「浪人生活は自分でやつてるぢやないか、貴様の知己友人皆是浪人ではないか、実験のその通り、見聞のその尽を書けばそれがその『浪人生活』何も面倒はないぢやないか」との答。「併しさうはいかん、之を広義に解すれば、上は王侯将相より下万民に至るまで、皆是浪人にあらざるなしだ。之を狭義に解すれば、釈迦、耶蘇、孔子に乞食の六か。貴様の所見如何」と詰れば、「イザさらば一席我輩の所見を述べやう、頭痛するなぞ云うて途中で逃げては許さぬぞ」を前提に、靴を脱いで罷り上り、正面に正坐しつ、「抑も浪人なるものに五ツの種類がある……」と火蓋を切つた以上、頭を下げ運を天に任せて謹聴するの外はない。何時間聴かさる丶のかしらと、初めは不精無精に聴いてて居たのがツイ釣込まれて己れを忘れて三時間も謹聴した。「ヨシ面白い、貴様の親切は忘れ難いが、書くべき問題までも取極めて来たからには多少の責任はある筈、無理な事はいはぬ、今弁じた要領丈を書き綴って呉れ、之を浪人本義として、此の本義に照して浪人を律することにするから」「是は大変! トンだ災難、己はモー逃げやう」「厚意の序ぢやないか」「厚意を人に強うるものがあるか」「強いられて逃ぐるは卑怯」「侮辱するなら反抗して書くぞ」「書いてやれ」「帰県しかけとるから国元でよからう」「それでもよからう」「それなら」「左様なら」事は決しぬ。

間もなく帰県して、約の如く送り来つたのが「浪人本義」即ち末永狼嘯の著す所、浪人の生活を叙するに先ち、之を借用して茲に掲ぐること丶した。

（宮崎滔天「浪人生活」）

浪人に五ツの種類がある。第一を道理的浪人と云ふ。第二を侠義的浪人と云ふ。第三を国家的浪人と云ふ。第四を才能的浪人と云ふ。第五を学理的浪人と云ふ。道理的とは孔子、ソクラット、クライスト、釈迦の如き者が此の部類に入る可き者である。大道理を発見して以て千秋前千秋後の宇内万有を包含して之を匡救《きようきゆう》せんとする者即ち是れ。侠義的浪人とはカリバルヂー、魯仲連、真田父子、バイロンの如き者先づ此の部類に入るべき者である。母国の虐政に反抗して独立の旗を翻さんとする者あらば勢力の強弱を問はず奮激挺身して之れを扶けんとする者即ち是れ。国家的浪人とはローズの如きクライブの如き、山田長政、濱田彌兵衛の如き、祖国の利害の為めには人の国土を害し人民を虐するを敢てして忌憚なき者にして一意専心只々祖国の為めと云ふより外に観念なき者即ち是れ。才能的浪人とは自己の才能を恃み、苟も其の才能を発揮せしむべき機会だにあらば何処何時を問はず直に是れに投じて奮励激淬して快となす者、伊尹やハンネッケンや管仲や、乃至元亀天正の際に於ける諸豪傑は確かに此の部類に属すべき者である。学理的浪人とは学理の眼中国家なく利益も名誉も素より顧みる所にあらず。科学的最新の発明を以て居り、更に是が応用を以て立たんとする者、最近に於けるチェルヘンの如きは其の例に入るべき者であらう。要之するに浪人の本義は一言以て之を掩へば「拓先」にあるのである。拓先とは即ち道理の先を拓開し、機運の先を拓開し、国家の先を拓開するを以て自ら任じて職とする者を謂ふ。

然るに茲に又記憶せざる可からざる一事あり。此の一事は浪人たる者の最根本義なり。簡単に是れが解説を試みん。

恒の産ありて恒の心あるものあり。之れを順民と云ふ。良民なり。恒の産あつて恒の心なき者あり。之れを放僻邪侈《ほうへきじやし》の徒と云ふ。遊冶郎なり。恒の産なくして恒の心なき者あり。之れを無頼の輩と云ふ。恒の産なくして恒の心ある者、之れを士とは云ふなり。

志は士の心なり。士の心は天下にあり。天下に在るとは済世救民《さいせいきゆうみん》の義によるを云ふ。士の心已に天下に在り、而して一身一家を顧みるに遑あらず、豈に其の生業恒産を事とするに遑《いとま》あらんや。されど一心一意を正くするは士たる者の造次顚沛《ぞうじてんぱい》にも忽《ゆるがせ》にすべきものにあらざるなり。寸時も之れを離るべからずとすれば如何にして可ならんか。曰く、克己復礼の道に由るのみ。其の道如何。慎独《しんどく》して屋漏《おくろう》に恥ぢざるにあり。如斯して而して天下の正位に居り、天下の広居に立ち、天下の大道を行ふ。志を得れば民を率ひて之れに依り、志を得ざれば独り其の身を善くす可し。其の目を挙ぐれば即ち己れに有する之を仁と云ふ。之れを充実する之を美と云ふ。美にして光輝ある之を大と云ふ。大にして測る可からず之を聖と云ふ。聖にして知るべからず之を神と云ふ。識は天人を究め眼は世を空うすると云ふ処に至らざれば士たる者の本分は立たざるものと知れ。夫の偽善の君子や、偽俠の豪傑は素より是に預ることを得ざるなり。

已に士たる者の本分を了解して而して尚ほ之れを功業の上に発揮せんとして時の否なるに会し鬱抑して伸ぶるを得ざるあり。於此乎遂に言を以て一世万代を警醒せんとす。而して尚ほ以て満足すること能はず。血性の迸る所到頭絶叫して曰く、山林は士の独り善する所にして天下を憂ふるものの為す能はざる所なりと。蓆旗《せっき》竹《ちく》槍《そう》の挙となり、芳臭千古、天定まり人定まるの時を期して已まんとするに至る。茲に至つて浪人の本色は即ち顕はる。

世に徒に称して浪人と云ふ者あり、察せざる可けんや。紫奪朱、玉石共焚《ぎょくせききょうふん》、郷願は徳の賊なり、察せざる可けんや。これを察するに方あり。其の由る所を察し其の以てする所に観ぜば人焉んぞ廋《かく》さんや。千乗を棄つるは好名の徒尚ほ是れを能くす、飲食豆羹《とうこう》の間にも以て其の志を見るを得可きなり。夫の薄志弱行の徒、其の業を失ひ或は其の産をも治むる能はずして屑々遑々とし世を怨み、自ら怨める者の如きは、到底浪人たるの資格なき者なり。

余曾て歌うて曰ふ、

萬巻之書三尺剣　廿年守ㇾ節久淪沈
養㆓成気魄㆒渾身膽　脩㆓得聖賢㆒第一心
喚㆓起風雲㆒将ㇾ赴ㇾ会　指㆓揮狼虎㆒莫㆓相侵㆒
誰知牢蕩俠詩客　不ㇾ入㆓山林㆒入㆓緑林㆒

浪人本義大略如是。穴賢。

対支急務意見摘要

【解題】大正五（一九一六）年一月一日、袁世凱が中華帝国洪憲元年を宣布し、共和制を退け、皇帝制を復活、自ら皇帝に即位することを宣言した。末永は、大正四年十月中旬、籌安会に列した胡瑛に北京に呼ばれ、一月余り滞在、袁世凱の帝政運動を具に視察し、宣布と同時に、「支那処理案」と題する意見書を上申した。「対支急務意見摘要」はこの意見書の抜書である。「遼東新報」で大量に印刷し広く配布したようである。

二月、袁世凱は世論に屈し、帝制を取り下げた。末永は、兄純一郎の死去にともない、引継いだ遼東新報社の社長を辞した。彼の行動は帝政問題と無関係ではない。

大綱要旨

一　日本ノ位置ト実力ハ以テ支那ノ独立ヲ扶持シ以テ統一ヲ助成セシムルニ足ル

二　支那ノ治乱興亡ハ直チニ日本ノ利害ニ関係スル所尠少ナラズ

三　日支両国親善ノ実ヲ挙グルハ現下ノ急務ニシテ其ノ機会モ亦現下ニ在リ

対支急務意見摘要

一　支那新帝国建設ハ諸般ノ準備整了シ已ニ制度ノ実施ニ着手セリ

現大総統ハ実質已ニ新帝国ノ主権者ト認メラレ大皇帝ノ最敬称ヲ用ヒツ、アリ

国号及年号ノ制定ハ已ニ申合セリ
五爵ヲ制定シ其等級ヲ分チ年給額ヲ定メ叙列者ノ姓名等已ニ公表セリ

二　支那ニ於ケル共和政体ハ現時ノ民度ニ応セサル高級ノ制度タルヲ認メラレタリ
尚古ノ精神ニ富ミ事物ノ改変ヲ喜ハズ
厖大ナル国土ノ内一日トシテ匪乱ノ絶ヘタル事ナシ之レ多クハ一地方ニ於ケル草沢ノ窃賊ナリ
第一次革命以来匪賊ハ皆ナ政治問題ニ籍口シ反乱的旗幟ヲ揚クルニ至ル
官人威儀ヲ飾リ、賄賂公行シ、阿片ノ喫用、麻雀ノ弄戯、花酒ノ淫蕩、前清ノ旧習漸ク復活シ地方官吏ハ年少ノ士多ク且ツ更迭頻リニシテ収斂誅求生民却テ新政ヲ厭フ

三　新帝国建設ハ絶対的威力アル政府ノ確立ニアリ
政治ハ事実ナリ事実ハ利害ヲ離レズ名義ハ理非ナリ理非ハ議論ナリ利害ト理非ト相匡救シテ以テ政治ノ価値始メテ権威アリ夫ノ義声義聞アッテ沢徳ノ民ニ被ルモノナケレバ独立モ革命モ畢竟徒爾《とじ》タランノミ
最近数年間ニ於ケル支那国内ノ実況ハ如何、又現下ニ於ケル実況ハ如何、此実際的試験ノ成績ニ徴セバ支那国家存亡ノ機ハ一ニ繫ッテ今日ニアリ

四　新帝国ノ建設ト共ニ其主権者ハ現大総統ヲ以テ之ニ擬定スルハ便宜ニシテ且ツ適当ナルヲ認ム
欧洲現在ノ実情ハ東洋ニ向ツテ其勢力ノ伸張ヲナシ得サルナリ寓ニ為シ得サルノミナラズ已得ノ勢力ヲ保持スルニ汲々タリ蓋シ已ムヲ得サルノ情勢ナリ
由来国際ノ誼ハ互ニ他ノ内政ニ干渉セサルヲ旨トセリ要ハ国家は其国家ヲシテ自ラ治メシムルニ在リ若シ其存亡ノ機ニシテ密接ナル利害ヲ受クルニ至ルモノアラバ之ニ対シテ適宜ノ措置ヲ取ルハ当然ノ事ナリ

五　新帝国建設ヲ企図スルヤ国内ニ発生スベキ多少ノ反動ハ予期スル所アリ従テ其鎮圧準備モ亦予メ画策スル所アリタリ

長江沿岸ノ各省要地ニ於テハ三万ノ正兵ト二万ノ半武装兵ト五万ノ密偵等ヲ予メ配置シ変乱発生ニ対スル鎮圧ノ準備ヲナス所アリ之レ事実ナリ

雲南独立宣言発表以後ニ於ケル各省ノ形勢如何、其甚シキ影響ヲ中央ニ及ボスニ足ラサルニ見ヨ、且ツ其地ハ辺域ニ偏在孤立セルヲ以テ縦合独立ヲ一時的ニ保持スルヲ得ヘキモ遂ニ完成スルヲ得サルハ自然ノ情勢ナリ

第一革命時代ノ実勢ニ徴セヨ、若シ清朝腹心ノ盡ヲ為スモノナカリセバ革命ノ成否ハ未ダ知ルベカラザルナリ各省ハ独立ノ旗ヲ立ツルカト見バ忽チニシテ又之ヲ倒ス其実際ハ児戯ニ斉シ第二次革命ニ至テハ全ク中央政府ノ威力緊張シタルヲ見ルベシ

六　支那ハ我帝国唯一ノ市場ナリ欧洲現下ノ大乱ハ我帝国カ此市場ニ対シテ大発展ヲ策スルニ無前ノ好機会ナリ

欧州大乱ノ現状ハ其国一切ノ生産物ヲ挙ケテ其国家ニ供給セザルベカルズ而モ尚且つ需用ヲ充タスニ足ラズ今ヤ支那ニ於ケル欧洲品ノ輸入ハ全ク其途ヲ杜絶セリ

七　欧乱平定ノ暁ハ大乱ニ由ツテ膨張セル一切ノ諸生産機関ハ之ヲ基本トシ之ニ由テ続々其生産品ヲ製造シ、廉価ニ、多量ニ、迅速ニ、之ヲ支那市場ニ輸出販売スルニ至ルベシ

由来欧州ニ於ケル諸種ノ工業品ハ原料ヲ多ク東南洋ニ取レリ、目下堆積停滞セル諸種ノ原料品ハ他日復タ彼等ノ吸収スル処トナリ之ニ加工シ精製シテ更ニ之ヲ盛ニ逆輸入スルニ至ルべシ

今日我帝国ガ露国及其他ノ需用ニ応ジ戦時的一時的部分的ナル物品ノ供給ニ忙殺セラレ僅々一億七千万ノ輸出超過ニ満足シ若シ隣那ニ於ケル永遠的広大的近接的ナル経済市場ノ発展ヲ閑却スルアラバ天

与ノ好機ヲ逸失スルノ悔アラン

八　支那政府ノ情態ハ殆ンド一種ノ利益事業合弁事務所ノ観アリ

天与ノ利源ハ地上ノ設備ヲ待チ地下ノ開発ヲ待ツ国人之ヲ利用スルノ智力ニ欠ケ資力ニ乏シク空ク外人ノ来ツテ之ヲ啓発センコトヲ待ツ

官人ハ利権ヲ襲断シ人民ハ之カ獲得ニ苦心シ共ニ外人ヲ籍ツテ資本ノ供給ヲ望ム

制度ノ不備政府ノ不確ハ内外人共ニ之ニ信頼スルヲ得ズ只僅カニ眼前ヲ糊塗シテ一時ニ苟偸スルノミ

支那ヲシテ一日動乱セシムレバ一日ノ損害アリ之ニ反シ平定セシムルコト一日速ナレバ一日ノ利益ナリ

九　新帝国建設ノ制度典章ハ専ラ我帝国ノ規謨ニ倣ヒ以テ国家ノ基礎ヲ肇立セントセリ

国内ノ秩序ヲ維持シ国人ノ生命ト財産ノ安固ヲ保証スル所ノ法律ヲ検セヨ、其文字ハ悉ク日本ニ於テ制定セラレタル術語ヲ其儘ニ使用セリ只日本文ノ接続詞ヲ除キ之ヲ支那文語ニ直訳シタルニ過キザルナリ欧米人ハ驚異シテ曰ク支那日本ト既ニ実質上ニ於ケル文字聯邦ノ形体ヲ成立セリト

十　日支両国現在ノ実勢如此ノ関係ヲ有シ而シテ相貌視シ相猜視シ互ニ相排撃シツ、アルハ何故ゾ是レ両国各其国民性ノ根本的誤解ニ基因スルモノナリ

支那人ノ慣習ハ礼譲ヲ以テ本トナス其弊ヤ繁文褥礼トナリ其弊ノ極マル所優柔不断トナル而シテ彼ハ最モ体面ヲ修飾ス

日本人ハ明快ヲ尚ビ含糊《がんこ》ヲ嫌ヒ直截ヲ喜ビ迂曲ヲ厭フ其弊ヤ粗率ナリ其弊ノ極マル所急促ト成ル

日本人ハ先ニ勝タン事ヲ以テ要トシ支那人ハ後ニ負ケサランコトヲ以テ要トス撃先ノ機ハ日本人ノ長処ナリ善後ノ策ハ支那人ノ長処ナリ一ハ燥急ニ失シ一ハ遅緩ニ失ス其失ヤ両者共ニ適宜ヲ誤ル

十一　両国民ノ性情斯ノ如シ之ヲ是レ熟知シ以テ之ニ適応スルノ道ヲ講セバ両国親善ノ道自ラ渙然氷釈スルヲ

得ヘシ
支那ノ国体ハ変世革命ナリ其主権者ハ実力ノ争奪ノ歴史ナリ禅譲ト称シ放伐ト称スル所以ノモノモ其実王者治世ノ名術ニ過ギズ
国体変更と称スルモ其実国体還元ナリ現制度ニ対スル威圧的革命ナリ
勧進表ニ対スル推譲謙遜ノ状態ニ見ヨ其辞令ノ巧妙ナル其手続ノ慎重ナル遂ニ清朝宗室及元老ヲシテ勧進表ヲ奉セシムルニ至ル総テ這間ノ消息ヲ窺破セハ国民性情ノ発露遺憾ナキヲ了解シ得ベシ

十二　支那ハ我帝国ノ実質的文明ヲ畏敬シ更ニ其勢力ノ旺進ニ恐怖シ転ジテ猜悞ノ念ニ執ハレツヽアルナリ
我帝国千有余年ノ間文物制度一トシテ支那ニ其模範ヲ取ラサルハナシ立国ノ大本全ク之ニ因テ確固タリ
近時ニ至ツテ欧米ノ文明ヲ吸収シ咀嚼シ消化シ以テ一種東洋的特種ノ文明ヲ樹立シ世界大勢ノ進運ト共ニ相伴行スルニ至レリ

十三　我帝国ノ実力ハ今ヤ支那ノ国家的形体ヲ打砕スルモ又之レヲ扶持スルモ活殺自在ナリ
一度ビ打砕センカ之ヲ更ニ建設シ整理シ統率スルハ決シテ容易ニ非ラズ寧ロ之ヲ扶助シ其完成確立ヲ期セシムルノ便宜ナルノ勝レルニ如カス
我帝国ガ支那ニ対シ已ニ一日ノ長ヲ抽クルハ事実ナリ以是支那ヲ誘掖啓発スベシ
反之我帝国ハ威力ヲ怨ミ以テ彼ニ圧迫ヲ加フルアラバ彼ハ自衛ノ必要ヨリ遂ニ反噬ノ挙ニ出テ更ニ他国ノ勢力ノ下ニ庇保ヲ求ムルニ至ルハ必然ノ結果ナリ

十四　支那将来ノ形勢ヲ揣摩スルモノハ曰ク
一、満蒙回蔵漢ノ五族ヲ古典的ニ復活セシメ五族聯邦ヲ建設スル事
二、南北ヲ分割シ南邦共和国ト北方帝国トヲ並立セシムル事

三、邊彊ノ各省ハ諸外国勢力ノ拓定ニ委セ漢族ヲ中心トセル一国ヲ肇立スル事
四、全土ヲ開放シテ一大市場トナス事
五、全土ノ統一ヲ完成セシムル事　但シ此場合ハ帝国制度ニヨルモ可、共和制度ニヨルモ亦可ナリ要ハ其開明ノ程度如何ニ因テ適宜ノ措施ニ出ツヘシ

十五　以上何レニヨルモ可ナリ活勢ノ転変ハ人ノ意料以外ニ出ツルモノ多シ我帝国ハ利害ヲ基礎トシテ之カ転変ニ応スル適宜ノ措置ヲ取ルヲ要トス
我帝国ハ如何ナル場合ト雖モ長江沿岸一帯ノ地域ト西北各省ニ亘ル我利益線ノ開発々展ハ之ヲ確立セサル可ラズ

十六　支那将来ノ事ハ暫ク措ク現下ノ情勢ニ鑑ミ我帝国ハ新帝国建設ニ助援ヲ与フルハ最モ機宜ニ適シタルノ処置ナリトス其方法ハ二ノミ即チ自働的カ受働的カ
一、自働的ニヨラハ一ハ特派大使ヲ簡選シ支那政府ト公式的ニ交歓ノ意ヲ表明スルニアリ
一ハ民間有力ノ代表的人物ヲ選抜シ非公式ニ支那朝野ノ人士ニ交歓ノ意ヲ表示スルニアリ
一ハ資本家ノ大合同ヲ組織シシンジゲートノ方式ヲ以テ支那官民ノ需用ニ応スルニ在リ
二、受働的ニヨラバ支那ヲシテ我帝国ニ信頼スルノ方法ヲ取ラシムルニ在リ
一ハ半公式的ニ新建国主権者ノ最親近者ヲ派遣シ朝野ノ人士ト交歓セシメ其誠意ヲ披瀝セシムルニ在リ
一ハ公式的ニ官民合同ヲ以テ組織セル一行ヲ送リ我朝野ノ間ニ交歓セシムルニ在リ
一ハ公式的ニ責任アル有力者ヲ簡派シテ朝野ノ人士ニ交歓セシムルニ在リ

十七　要之スルニ日支両国ハ互ニ親善ノ誼ヲ完実ニシ以テ東洋平和ノ基礎ヲ確保スベシ
欧洲ノ現状ハ一独逸ノ為メニ牽引セラレ全力ヲ之レニ傾注セリ他ヲ顧ルノ余裕ナシ

支那ノ現勢ハ国家統一ノ大業未ダ以テ確立スルニ至ラズ奮励一番ヲ要ス

日本ノ実力ハ優ニ以テ世界ノ大勢ヲ左右スルニ足ル須ラク持公執正シテ以テ自重スルヲ要ス

日支両国ノ人士互ニ大公至誠ノ精神ヲ披瀝シ以テ現下ノ大機会ヲ利用スベシ

以上ハ小生昨年十月中旬北京ニ赴キ滞留一ケ月余ニ及ビ朝野ノ有力者ト親接シ且ツ実況ヲ観察シタルノ結果ニシテ帰来我カ国朝野ノ有識者諸氏ヲ歴訪シ卑見ヲ陳述シタル所ノモノナリ茲ニ其ノ大要ヲ摘録シ以テ当局為政家及有識者諸氏ノ鑑裁ヲ乞フ

大正五年一月

末永　節

中日国民会趣旨書

【解題】

「遼東新報」を辞した末永は中日国民会設立に着手、大正五（一九一六）年八月配布したのが中日国民会趣意書である。本部を寄宿していた大連市越後町二区三五三七号地、あつま館に置いた。

向野堅一記念館所蔵『「向野書簡」目録』（向野康江編）によれば、同年十二月五日、大連大和ホテルで組織会を開催、この前後の十一月二十三日より翌年一月八日の間に、向野に十通の書簡を寄せ、資金集めを相談している。文面からは、いつ設立されたか判断できない。大正七年、小河政太郎宛賀状は同会の名が附されており、会はこの年まで存続したことが分かる。しかし設立日、会員、組織、人事など不明である。また具体的活動を示す周辺資料は見いだせない。

中日国民会趣旨

欧戦の波動五洲に推及し国として其影響を蒙らざるなく人として其余殃を憂へざるは莫し歴史は之に因て将に一転機を画せんとし地図は之に因て必ず其色を変ぜんとす洵《まこと》に千歳稀遇の鉅変《きょうへん》と謂ふべし此情勢を推して中日将来の位置を勘ふるときは恐らくは欧両米風の震撼を免れ難く其競争の激甚なるべきに想到すれば亦頗る寒心すべき者無きに非ず今各種の関係を考核して両国民の応に出づべき所を求むれば唯だ一条の大道あり坦然として其前に当たり必ず之を経るに非ずんば険を避け夷に就き存興を与にすること能はざるを覚るべし蓋し中日の極東に於ける僅かに唇歯輔車の関係のみに非ず国家の安危存亡国民の利害休戚合して之を論ずべく分ちて之

を説くべからず必ず両国民の親善と両国の提携を得て而して後初めて東亜永遠の平和を談ずべきのみ是夙に両国識者の自覚する所にして衆論一致未だ曾て反対の説あるを聞かず然るに溯りて既往幾年の間を観るに両者の感情動もすれば輒《すなわ》ち背道して馳せ遂に国交の危険に瀕せしこと無きに非ず其原由を繹《たずね》れば齊しく細故小嫌の故に非ざるは莫し豈洪嘆に勝へんや現に此の虎視耽々の中に処して縦しや両国の協力を以てするも尚未だ外勢の侵犯を禦ぐに足らざるを虞るの時に方り徒らに鬩牆《げきしょう》を事として外侮を召くが如きは尤も深く戒めざるべからず憶ふに欧戦の戢《や》むに至っては禍害の惨憺たるに鑑みて平和主義を宣伝する者益多く益盛なると同時に存を図り興を謀るが為めに力を帝国主義に尽す者愈勉め愈熾なるに至るは必然の勢にして自今以後進取退守均しく実力に頼らざるを得ず空言素より実事に補なからむ故に苟も利害を同ふする者は誠を推し襟を開き協助に因て扛鼎《こうてい》の力を備ひ以て時変に応ぜざるべからず況や中日両国民の列国民に対する画然其種属を異にし倫理の根蒂文明の由来均しく相同じからず而して相互の間に在つては地理的政治的及び経済的の関係殊に密接不離の交渉あるに於てをや惟夫れ国家の提携は必ず国民の親交に俟たざるべからず国民の交誼篤厚なれば反間入る能はず誤解生ずることなく縦しや政治上の小澮細波あるも永く提携の基礎を動すに足らず事咸な談笑の間に決すべし斯の如くにして東亜の平和永く保持するを得べきなり此理至明素より疑義を容るべき無し然るに向来此種の計画起倒常無くして未だ一も其成を全ふする者有らざるは之を両国の国民的怠慢と称するも断じて誣言に非ざるべし吾人茲に見あり此次中日国民会を起し以て両国民の親善に努力し而して両国提携の大策に便にせんとす機到り時熟し急にして緩なるを容さず凡そ斯志を同ふするの士は恵然肯来擘助を吝むなくんば豈唯り吾人の欽幸のみならんや

日本大正五年八月　日

中華民国五年八月　日

中日国民会規約

第一条　本会の目的は中日両国民の親善により両国の提携を鞏ふするに在り

第二条　本会は中日国民会と称す

第三条　本会は本部を東京及北京に置き支部を両国重要の地に置く

第四条　本会は左の職員を設く

総裁　日支各一名

会長　日支各一名

評議員　日支各十名

理事　日支各五名

会計　日支各二名

事務員　若干名

第五条　本会は両国の名士を推薦して名誉賛助員となす

第六条　本会は其目的を達せんが為め左記の方法を執る

一　機関雑誌の発行

二　名士碩儒の来往講演

三　各界観光団の互訪

四　各地遊説

第七条　本会の経費は特志者の寄附及び機関雑誌の収入を以て之に充つ

第八条　本規約は評議員会の決議により之を改正することを得

政教社訪問記

狼嘯月記

【解題】

「亜細亜時論」第二巻第十二号（大正七〈一九一八〉年十二月十一日刊）所収。同年九月二十八日、黒龍会の池田弘寿が大阪朝日新聞社村山竜平に暴行を加えた白虹事件が起き、「日本及び日本人」が浪人会を非難、吉野作造も「中央公論」に「言論自由の社会的圧迫を排す」を発表し浪人会を批判した。これに対して黒龍会と浪人会は大阪朝日新聞社、「日本及び日本人」（政教社刊）及び主宰者である三宅雪嶺を訪ね抗議を重ねた。「政教社訪問記」はその折の記録である。

論議は浪人会の申し出を吉野作造が受け、浪人会主催の立合演説会に発展、国体擁護運動と民本主義の主張が闘われ、最後に覚書をまとめ発表し、散会した。

明治四十一（一九〇八）年結成された浪人会は、これをきっかけに衰退し始め、メンバーの大半が大日本生産党に糾合した。末永は参加しなかった。

一　政教社を訪ふ（十一月十三日）

松村雄之進　美和作次郎
内田　良平　末　永　節

右委員として、「日本及び日本人」発行所に於て、井上亀六氏と会見す。劈頭一番浪人会に対する侮辱記事に就き来訪すと述ぶ。次で該記事者の姓名を問ふ。井上氏曰く社規として其の問ひに答ふるを許さゞるものありと。然らば記事を採録せられたる以上は貴社は其の責任ありと認め得べし、採録せらる、からには貴社は浪人会に対して果して該記事を以て事実なりと認めたるに因るべし、事実なりと認めたる以上は事実を指摘して明白に挙示せられよ、吾等は挙示せらる、事柄に就き一々之れを明弁すべしと、十一月一日発行の「日本及日本人」を懐より出して卓上に披く。井上氏曰く元来国体擁護など、呼号する如きは余り大ぎょう過ぎたりと感ず、我国体は一朝日新聞の記事位によって動揺し破壊せらる、程左様な薄弱なるものにあらず、故に国体擁護などと呼号するの必要を認めずと。貴社は其の必要を認めずと云ふ、浪人会は其の必要を認むるものあるを以て蹶起せり、其の必要を認むると認めざるとは人各、其の見る所に従ふべし、今貴下は一朝日新聞の記事位と云へるが、貴下は果して該新聞が一年半に連鎖的に大小所記する所を読みたるか、日々三十万人以上の読者を当毒しつ、あるを感ぜざるか、殊に本書の如き極端なる記事に対して貴下は何等の感憤なしとするか、請ふ此の一項に就き之れが批判を示せと浪人会第一報告を卓上に披きて指示したり。井上氏曰く自分等は従来大阪朝日新聞を能く読みたることなしと。這般《しゃはん》浪人会が国体擁護を呼号して奮起する所以は全く如此不敬なる言論を縦にして公々然として憚かる所なく、且つや之れに対して他の新聞及雑誌が一言の之れを尤むるなく、又各新聞社を訪問して警告を致すにも係らず殆ど一斉に黙葬し去るに憤慨を禁ぜざるに因る。依之て浪人会は之れを弁力に頼って天下を警省するに努力せり、吾一行が起程するや各自に費用を□(一字欠落)じて事に従へり。殊に内田は其の所蔵の刀剣等を沽典して一行に資するの基礎を造りたり。貴社若し吾一行が如此苦心を以て起りしを諒せずして尚ほ我徒の心事と行動につき疑ふものあらば、貴社は其の力を尽して之れを探究せられよ。吾徒若し不正不義の金銭を何処何時何人より贏得たりとの事実あるを指摘し挙示し得らるれば即ち之れを確実に言明せられよ。徒らに推測を以て臆断する如きは中傷にあらずんば讒誣《ざんぶ》なり。果して然らば貴社は採録の責任を負ふて吾一行に対して謝罪せられんことを要求す。井上氏曰く本誌の記事に就き誤謬あり事実無根なりとするものあれば、之れが訂正を致されよ又反駁を致さるべし、本誌は其の訂正反駁孰れに属するも之れを致さる、に就ては之れを本誌上に掲載すべしと。依て訂正弁駁文を寄するを約す。尚ほ貴社幹部諸君との談合を遂げられ浪人会仮事務所に正式に明確の決答を一両日中に致されん事を要す。井上氏曰く明日幸に幹部会合の事あるを以て詮定の上折角の貴訪に対して確答する所あるべしと。

内田氏は曰く、凡そ事件の真相は能く之れを究はむる所なくんば、往々にして世俗の噂に執して、是非善悪を混淆《こんこう》転倒するもの少しとせず、過誉と過毀との人を惑はし人を煩はしむるもの其の例多しとすとて、韓国合併の真相及シーメンス事件の実態とに関して、自己の干繫せし事実を叙して這般の事体に言及する所ありたり。更に又政教社及三宅雪嶺氏に関する世俗の批難疑惑ある事等を話し之れ皆な士君子の言ふを屑《いさぎよ》しとせざるものなるを以て吾等は避けて世の噂として聞き流し居ることを語り反省を求むる所あり。

松村氏は、維新以来の行動につき自己の経歴と思想を叙して這回の行動に参加せる所以を述べ、且つ徒らに他人の煽動誘惑により盲動するものにあらざる次第を弁明する所ありたり。

末永は、何時何事にも自己の信念により突進するを以て本領とする者にして、他人の毀誉の如きは問ふ所にあらざる次第、之れ貴社諸君の諒とせらる、所なれば贅言《ぜいげん》を要せずと簡単に説き去りたり。

美和氏は要件の為め遅刻して会合の間に入らず、門前に於て出会したるを以て共に乗車して帰りたり。

以上訪問会談の要点を記するに止む。越へて一日政教社より左の返答を郵便を以て寄せ来る。

十三日貴台並松村雄之進殿末永節殿御来社御申入の件乍残念難副貴意候之条御領承被下度急々如件謹言

追而正誤弁駁文御差送の節者掲載可取計之心底候

大正七年十一月十五日

政教社

内田　良平　殿

二　三宅雪嶺氏を其の居に訪ふ（十一月十六日）

松村雄之進　美和作次郎（要事欠会）
内田　良平　末　永　節

浪人会に対し十一月一日発行の「日本及日本人」誌上に於て、甚だしき無根の事実を以て一種の讒誣中傷的の記事を掲載せられたり、之れに就ひて主宰者たる貴台の意向を確めんため参堂したる旨を叙す。三宅氏曰く、自分は主筆なりと。然らば貴誌は該議に於ける責任あらん。三宅氏曰く、主筆は社長にあらず、又社の幹部員と称するものにもあらず、故に編輯にも関らす、会計事務にも預からずと。主筆としての貴台は「日本及日本人」誌及政教社に対しては其の責任に預らずと言はる、や。三宅氏曰く主筆は主筆なり、万国を通じて同じ、主筆としての文章に就きては責任を負ふは当然なり、其の他の記事等に就ひては関する所にあらずと。然らば貴台は十一月一日発行の「日本及日本人」に於ける浪人会に対する記事は閲読せられしや。三宅氏曰く読まずと。一昨日政教社に於て井上氏に会見し、浪人会記事に就き質す所あり、且つ事実無根の記事を採録せられしにつき責任を以て謝罪せられん事を要求せり。且つ投書者の姓を問ひしも、社規を以て名言するを避くる旨を答えられたり。且又井上氏は社中詮定の上確答を正式に致すべきを約せられたり。已に社中詮定の上とのことなれば主筆としての貴台も定めて之の議に預かり聞かれしならん。三宅氏曰く自分は最初に主筆なりと云へりし如く、自分執筆文章以外の事には何等預かり知る所にあらずと。又曰く社員よりもまだ何事をもそれ等の事に就きては話しにも聞きし所なしと。然らば若し聞かる、所あり、且つ該記事を一閲せられなば明かなるべし、如此記事を採録して事実を誣ひ世を誤る如きは、大雑誌としての権威面目にも関することなれば、宜しく向後取捨を慎む所あるべきを諭されたし、吾等平生より信ずる所の貴誌なれば決して他人とは思はず、貴台も浪人会との縁故も浅からず、浪人会に就きては了解せらる、所ある筈なればなり。三宅氏曰く已に自分は主筆なりと云へり、主筆は自己の文章以外に於て社中に命令する権能なきものなりと。命令ならずとも論告せられんことを望む。三宅氏曰く主筆たる以外には何ものをもなし得ずと。吾等及世間は「日本及日本人」は三宅雪嶺先生によって立たる、ものなりと尊敬を払へり。されば先生によって立つものなりと思惟せり。又雪嶺先生は人格によって立たる、ものなりと尊敬を払へり。されば先進後進を諭すの義に依て社中にも一論告を与へられんことを希望す。三宅氏曰くそれは世間の誤解なりと。又曰く浪人にも善きもあり悪しきもありと。抑も這回蹶起して天下に呼号し国体の本義を宣明して、警省を国民に与へんとする浪人会の挙動につきては、世間各自の見る所あり、其の必要不必要を論ずるものあり、吾徒は必要なりと認むるが故に活動を開始せるものなり、而して大阪朝日新聞が最も不敬を極めたる言辞を縦にしたるに激憤したるに因るもの也。三宅氏曰く朝日新聞を撲滅するも宜し、朝日新聞をのみ攻撃するよりは天下に於てモット之れより大なる罪悪を犯せるものあり、之れを何故に撲滅せざるやと。然らば貴言の指さる、所のものは何物なるか前に明示を請ふ。三宅氏曰く渡邊千秋は即ち其の一なるものなり、凡そ宮中に隠れて悪事をなす者の如きは之れ一国の風教を戮り、国民を蠹賊するものなり。宮中の廓清は第一なり、千秋如き不義不臣の最も甚しき者として例を示すを得べし。千秋が宮廷ドロボウに対しては拳骨を与へて可なり、千秋が別荘に於て　先帝陛下御 駐蹕《ちゆうひつ》の碑などを建立して居るが、其の地点は全く其の処にあらざるものを詐はりて今人を欺き後世を欺かんとする行為心事悪むべしとなすと。渡邊の如きは已に新聞紙の扞発する所となり世論の制裁に葬られ薄腹掻きて恐縮し了り、復た人間の伍にあらず、朝日新聞の如きは今尚ほ新らたなる事実なり、吾徒が起って膺懲《ようちよう》に従ふは其の機なればなり貴台は其の記事を閲読せられざるや。三宅氏曰く、新聞は一種の商買のみ。龍平は商人のみ、商買人の為す所言ふ所何程のことやあらん。論文など読む人幾程なりや、殆んど読む者はなしと云ふて可なり。記事雑報ならば一般の目にも留まることもあるべし。自分等は論文だに読んだ事はなしと。依て之れを見られよと国体擁護朝日膺懲に関する冊子を披ひて卓上に措く。尚ほ此の外雑報に於て絶へず零細の記事を以て一年半に亘る不謹慎なる言辞を弄せるものあるを説く。三宅氏曰く何故にそれ等をも収録せざるやと。且曰く之れは去年のことにあらずやと。然り去年より今年の八月廿五日に至れり。吾徒が愈々準備を整へて起しは十月末なれども、準備に懸かりしは極端なる記事の八月に顕れしに発端せり、元来浪人として打ち立つにつひては打ち立つに要する資を得ざる可らず、之れ苦心の存する所なり、其の資としても完備は求めず、出来る丈けを以てして蹶起せり。此の間一ヶ月半を要したり。去れば時機としても余り後れたることにあらず、渡邊問題を今頃言ふに比すれば決して遅きには失せざるなり。尚ほ演説としても独り朝日新聞のみならず、総てに亘つて弁士各自に論駁したり。各地演説筆記を見らるれば何よりの証拠なり。三宅氏曰く朝日新聞の言論も悪し撲滅するもよし、併し朝日新聞のみ攻撃する様に感じらるゝは面白からず、総てをやるなら大によし、「日本及日本人」の記事が悪ければ正誤すべし、大に論駁すべし、筆者がウソつひて居らばソノ者に謝罪せしむべし、悪き事をした者に謝罪せしむるは当然なり。ウソつひた者が事実無根のことを誣ひたのをソノマヽに置くべき所にあらず、悪いことして謝罪せぬものはないと。今日参堂に就て吾等は始めて貴台が主筆としての「日本及日本人」に於ける地位関係を了知したり、「日本及日本人」に於ける浪人会に対する記事の誤正論駁等は、政教社よりの覆答により之れを承了せり。然れども今日訪問せし所以は、貴台と政教社とは最も密接なる関係を有するものなるを信じ、又た貴台の人格に於て後進の非行に対する訓誨の情誼を存すべきを念ひたる為めなりしも、貴台にして政教社に主筆以外何等の関係を有せず、又た其の後進を訓誨するに何等念慮を払はれずと言はゞ吾徒復た何をか言はん。只だ貴台の人格に敬意を払ひし吾徒の失望と、貴台は政教社に対し単に主筆たる以外何等の権能を有せざるものなるを知了し去らんのみと。三宅氏唇を開ひて吃々として笑答了。

余と朝鮮問題

【解題】「亜細亜時論」第五巻第七号（大正十〈一九二一〉年七月刊）所収。同光会は「朝鮮統治の状態今日の如くなるは甚だ遺憾なるにより此際当局にのみ放任することをなさず一面民間有志の努力により両民の結合を以て本問題を解決す」べく発起され、大正十年二月三日創立。末永は幹事に就任。五月、内田良平らとソウルに同行、同二十二日の朝鮮総支部創立会に参列した。「余と朝鮮問題」はその帰国報告書である。

末永は、大正七年、「在満鮮人懐柔統一議」を、大正八年、「朝鮮統治根本決議」を、人正九年、「満洲殖産銀行設立の議」を次々に上申した。いずれも未見であるが、末永の言を借りれば、「皆な支那問題解決の一端」であり、「亦た朝鮮及朝鮮人に深き関係を繋げるもの」であった。日本の大陸侵出が際立ち、日本が朝鮮民衆と中国民衆のナショナリズムの矢面に立たされて行く中で、同化政策を排し、「民族自決」、「共和制」の理想を実現しようとするものであった。やがて彼は肇国会を立上げ、大高麗国建設の構想を練り始める。

私は元来が支那問題につき専ら活動し来つた者であります、ソレ故に朝鮮問題につきては智識もなく従って縁故をも有しませぬ、然るに不図した事端から朝鮮問題に関係することに相成りました。

大正五六年に懸けまして、私は支那共和政の革命を援けました、然るに其の首脳者が俄然没落致しましたので失望し北京よりの帰途に於て、偶〻満洲に鮮人が二百万も在住し在ることを聴きました、之が朝鮮問題＝朝鮮と云ふよりも鮮人問題に就き、不図考慮を費す事端を啓きましたので有ります。

素と私は支那の専政政体を革命することを援助致しました、而して共和国の成立に尽力を致しました、トコロが予期に反して中々共和政治にては治まりが就きません、三年立っても五年立っても益〻紛糾を増す計りです、コレデは迚も始末の付け様が無いと考へまして、到頭支那は世界各国と共に共同監治の下に処理しようと云ふ案を立てまして、支那処理案と題する卑見を公表しました、其の内に辺疆の地域は内外均衡制度の下に中立地帯となす事と云ふ一項を述べて置きました、之れは二十年来の私の対支那意見の内の一ヶ条であります、在留二百万鮮人の数を聴きました時ハット思い当ったのが、即ち朝鮮問題に食指を動かしたので有ります。

熟ら思ひ回らせば同郷の親友内田良平君が抑も東学党に投ぜんと驅け込みしは、実は私が呼起した最初の因縁者であり、又明治三十三年に広東革命軍を起すに就きても私は同志者として内田良平君を呼び込んだ最初の推薦者であります、而して又新建国問題に就きましても私の同志者としては内田君が最も有力なる第一人者でありります、妙な因縁が少壮より相纏はつて居るのは三世相惹くものかと考へられまして、一種の不可思議を感ずるのです。

然るに私は明治三十三年の挙が忽ち失敗しましてからも、矢張り初一念を抛つことが出来ませぬ、一意専心に此事業にのみ執着して宣伝怠らず、十年目に漸く目的の啓端を得ました、ソレデ私はヤット同志者中に於ても真ッ先きに驅け付け得ました、此の十年の間に於きまして内田君は最初の因縁があり、朝鮮問題に就き一旗幟を建て、之れに心力を傾注して其の目的を達しました、併合が即ち其の事業です、内田君は併合主唱実行者の責任として、深く自己の責任を痛切に感じて居る心事を私は能く了知して居るのです、併合後の統治施政等に就きても内田君は屢〻当局者にも建言を致して善後の方法を陳して居ることは事実でありまた、到頭今日に至つて同光会を組織せる主唱者として先輩寺尾先生等と過般先づ渡鮮することに相成りました次第でありますが之れは全く内田君が責任感念より発露した至誠的の行動たることは誰れしも認むる所と信じます。

私も大正七年に在満鮮人懐柔統一議を当局者に献じました、同八年に朝鮮統治根本決議を又た献じました、同九年に満洲殖産銀行設立の議を友人と共に諮つて之れは世間に公表致しました、尚ほ現在草稿の儘残置して居ります一篇があります、要するに皆な支那問題解決の一端として私自己の責任的感念に基因するもので有ります、之れ亦た朝鮮及朝鮮人に深き関係を繋げるもので有ります、之等の意見が内田君と相符号して茲に端なくも相提携して、朝鮮問題に力を致すの因縁が新たに結び成された次第であります。

過般の渡鮮は相談役寺尾先生を始めとして内田君は実に同光会の幹事長とし、又葛生君は常任幹事とし、私は本業の傍生的系統ながらも、同光会員としては幹事中の一人として此の一行に列したのであります、内田君葛生君は朝鮮問題では共に本業当事者として智識も縁故も深き義があるのです、私は此の一行に加はるを得た余徳に依て少からぬ智識を得たのを感謝します、内田君が京城及京都に於て講演されたる各三時間に亘る併合前後の真相を明確に一纏めにしたる首尾を聴き得ました、私は平時断談零話に之れを聴きましたけれ共首尾を通じての事柄は此の二ヶ所の講演に於て始めて了得の行く迄聴き得たので有ります、内田君が私の各草の案見を首肯して領取せられたる本意が始めて了解することを得ましたので有ります。

此の行に就きましては、内田君が幹事長たり、且つ本来の当事者たる点よりしても、又智識縁故並に又責任上より致しましても内田君に総てを一任して、私は其の内意を聴き外動を取ったに過ぎませぬ、葛生君は一切の瑣務細事迄も漏さず処理せられまして、実に周到を極め、一行をして顧慮せしむる処なく遺憾なき迄精力を尽されました、寺尾先生は能く大体を総括して本領を会得せしむる迄総ての会合応接に於て努力を尽されました、諸公の前後に贅遊し私は例に依て例の如く話し好き也聴き好き也で衣冠の諸公と応接を楽みました、如此して一行は予定の通り京城、大邱、釜山、京都と順を遂ふて聊か満足の意を齎らし、安全に帰京すること得たのは仕合せの次第であります。

此行に於きまして能く尽力せられた儒林の諸公と私が会見披瀝を得ましたのは、朴時奎翁の周旋に因ったのです深く感謝に堪へませぬ、大邱に於ては韓翼東君の意見に最も私は傾聴致しました、其の意見に朝鮮人は今一層大胆に為さ無ければならぬ、即ち余り因循卑屈にして局促《きよくそく》の態を脱し得ぬは遺憾なりと、又曰く当局者は鮮人富豪者を大に督励して進取的に活動せしむるの方を奨励せしむるを最も急要とすと、又曰く内地の資本家は何故に鮮地の利源を拓開するに勉めざるか、鮮地の事業有利なるもの多く、鮮人も亦た資金の供給を待つもの多し、然るに内地資本家は不逞鮮人縦横し危険甚だしく不安極まると云ふの恐懼を懐くと聞く、帝国法権の確立する処を以て殆んど化外の地化外の人に対するの態度心事を以て臨むに至っては愚も亦た極まらずや云々私は明白に此の三要綱を聴き得まして最も現下の実情を道破したる適切の事と感じました。

何人からも、何処にても、何時も鮮人から聞かされますのは日鮮人区別と云う不平で其の実例としては必ず洗湯屋問題が言合せた様に出るのです、即ち内地人の営業の洗湯には鮮人を一切入浴せしめぬと云ふ不満であります、或る内地人智識ある某氏の如きも鮮人へ同情して同様の代弁をせらる、を聞きました、能く其の事実を調べました処鮮人の混浴を営業者が拒絶するのは当然の事であります、鮮人は洗湯場の掟てを最初から一切存知せぬのです、故に泥足の汚れのま、流し場に踏み込むやら、身体を洗はずに飛び込むやら、湯槽内で石鹸使うやら、甚しきに至っては小便普通で、最もヒドイ奴は大便迄放漏するのですから、湯槽は忽ち数人の鮮人を入れたるため汚濁至極となるのです、婦人などに至っては亦た甚しきものがあるとの事です、何も殊更ら入浴を拒絶するのではありません、当然の事です、之れを人種区別をすることの切実なる事例として某高爵者方迄も云々せられます、内地人にして始めて之れを聞かされる者は如何にも同情致します、可なり鮮通と称する某婦人の如きよりも之の同情話を聴きました、私は之れにつきまして右の事実を聞きましたま、鮮人にも内地人にお話し申して双方共の事情を明らかにし、内地人は鮮人を同行して浴洗の方法を能く教へて共に公徳を守る様にして貰ひたいと陳べて於きました、此の一事に就き推せば双方共不満不平の次第は之れに類するものあるべきを考へられます、内地人も先進者たる自負心があるならば、後進者に親切に丁寧に訓ゆるのが当然の責任と感じます、鮮人の方にても徒らに猜疑の念を挟んで事毎に不平を逞することをせずに反省一番して貫ひたいので有ります、感情の行き違ひは兎に角些細の事が一端となり、ソレからソレと次第に何事につけても昂じて行くのです、此等の事は双方共先覚者に啓導の責任が社会道徳の義から推して之れあるのです、結局する処徒憤徒争は人間精力の徒費徒耗です、互譲相敬の間に人間の道徳は向上し社会の平和は維持されて行くので有ります、内鮮人士の一省を願ひますと陳べて置きました。

　同光会なるものが創立された、其の主要人物は内田良平も其の一人である、朝鮮にも出張って来るそうだ、内田は併合敢行の最要部に在りし者だ、又たアノ趣旨で手段で臨み来るに違ひない、彼が朝鮮に来るならば撃つぞ、生かしては帰さぬぞと云ふ様な風説が漏れ聞へて、私の許にも再々伝へられました、一行が釜山に上陸するや、鮮文新聞にも随分罵詈の文字が排列された記事がありました、同狂会、銅臭会、老朽浪人、職業的日鮮蝕和を唱ふる者など、浴せかけられました、ソコに成ると老人は老朽しても昔時の意気は一倍と同狂的に卓励するのです、「銅肋鉄心清盛如きへろ〳〵矢は何条候べき」で驀進さるのです、帝国民の融和共同一致を勉むるは、素より吾徒の天職天業と平生自任し居る丈け、結局自任より他任を以て迎へられたるを光栄として衷心の快に堪へぬ微笑を禁じ得ぬ次第でありました、内田君は此処最も得意の緊張振りに充ちて居る様でした、内地新聞の中でも京城の新聞の中でも、随分と唆つた記事がありましたに拘らず、却てソレに反対の現象が有つたのは何の不思議もなきことです、詰まり吾徒の精神至誠が徹底したのと、多数の鮮人有識者が公明なる団体の出現を要求せられて居たのでありまして、ソレガ偶然にも他の反証によって明確に保証せられ得たのでした、往復共に何等の別条もなく予期通りに進行したのには、チト実は気抜けの心地も致しました。

　私は専ら儒林諸公との応接でした、之れは三年以前からの訂交相識の人士達でありました、儒林の諸公は私達と能く相合致するのです、四書五経の聖賢道で育った頑頭ですから、言う詞から使ふ字句から応酬の間極めて簡単に要を得るのです、儒林の諸公は中々信義が篤く堅い人達です、一旦相許して心交を訂すれば、徒爾に嫌猜を以て盟を渝ゆることなどはないのです、ソレに皆な礼儀が正しきものですから、親みの内にも礼が存し礼の内にも親みがあり、狎《な》れず褻《な》れず、久ふして益々相恭敬するを失はずと云ふ風がありまして、結局交際するには之の方が楽怡の心情饒《ゆたか》かに存するのです。

儒林《じゆりん》の数凡そ六百万と称して居りますが、実際は其の三分の一位が確実かと推測されます、ソレモ段々と煎じ詰めましたら五六百人、其内でも三百人、又其内でも最も学殖ある人は三十人、之れは確実に其人々の姓名等も調べたものが私の手許にもあります、内地では老朽々々と申して兎角排老的に青壮の人士が叫びます、鮮地では郷党には齢を尚ぶと云ふ聖賢の教へがマダ中々に深きものですから、老人の権威が尚ほ強きものが存して居ります、何と申しても家庭の宗長であり、此の風習は地方に行く程頑強です、それに家族制度がシッカリと維持せられて居りますから、名門族宗が尚ほ権威を有って居ます、之れ等は内地でも矢張り同様です、儒林と申しますのは其の職業としては医、薬、占、筮、冠、婚、葬、祭迄もヤッて居ります、其他代弁、代書に至る迄も此の階級の人の手を多数の人民は借つて居るのです、殊に又国家の大事に就きても天闕《てんけつ》に伏奏《ふくそう》するの権利を許されて居たのですから、中々に其の勢力は博く且つ強きものです、ソレに又た附随して種々の弊事害風も相伴ふは免れぬ事でありますけれ共、概して此の階級の勢力は強大なものであります。

併合の際に於て此の階級を一時に撤廃せられたるを以て、年月と共に漸く其の不平を増し来り、恰かも枯草の堆積したるが如き情勢となり、ソコに青壮人士の気鋭活躍と一致して遣れ〳〵ヤッケロと云う老梟の嗄れたる叫声に共鳴したのが大事の大本で、之れが都風優雅の儒生にあらずして、却て山林と称する隠逸の士に喚び起されたるは不思議でも何でも有りません、自尊心の最も頑強なるは実に此の人士に在るのです。古今東西に於て中央の政局を飜倒するものは都門優雅の文墨口舌の徒にあらず、恐るべき警むべき尊ぶべきの人は隴畝《ろうほ》の間に屈起する頑強の士に在るのです、私は世の都市本位、青壮本位、新智識本位を以て観察批評の標準とする政論家政治家達の眼光を今一層深沈に透徹せられんことを望むものであります、鮮地現在の事情に於て特に之れを勧説するのであります、併し老人が何時迄も其の位置に固着する者では有りません、五年十年二十年と漸く耗碌しては凋落するもので有りますと同時に、青壮年もヤガテ老境に進まざる可らざるものです、之の転項推移の機運を察して之れが利導を能く司配する者が政治家政論家の責任であります、朝鮮の現状に於て特に之れを急要適切の事と信じます。

私は朝鮮の事情には多くの智識も縁故をも有しませんが、二三年来の経験に徴しまして以上の観察丈けの根本が出来て来ました、之れは十余年支那の君主専政時代から共和時代に亘る本業の革命運動に親しく参加した経験に徴して、機運人心の趨向に察し自ら斯く私の眼に映ずるのです、私は此の機運人心の趨向を利導するにはドウシテも初一念なる支那問題の一角に撞触せざるを得ざる始末となります。

内地人口の増殖と鮮人殖増の始末は何処に於て、又如何にして之を解決すべきや、労働者問題につきても、内鮮人融和の容易ならざるに思ひ到っても、帝国の将来のために図るにも、ドウシテモ之れが始末は遠き欧米や低級なる労働者に富む中南支那や、遠く且つ限られたる炎荒群島に途を求むるよりも、近接したる曠漠《こうばく》の地域天産富饒なる疆土に向つて移住拓開の途を啓くが今日適切の急務と信じます、就きて在満二百万の鮮人を統一誨化するは要務中の急務と存じます、之れが準備としては内鮮人の先づ安定する方法を講じて置かねばならぬと存じます、それ故に同光会に附随して犬馬の労を取ることを私は辞せぬのであります。

長崎君から私に此度の渡鮮につき何か感想を草せよとの嘱言がありましたけれども、一切の事柄は寺尾先生、内田君、葛生君の宰領により成し遂げられ、私は一賛員に過ぎぬにつき、委細は三賢公の報告陳述に相待ちますソレが実際の事柄ですから私の贅言を要しませぬ、此処には私が朝鮮問題に関繫したる次第を述べて、贅筆を擱了致します。

大空にかゝる天津日仰きつゝ、同じ光の下に生きなん(『亜細亜時論』第五巻七号、大正十年七月、黒龍会出版部)

肇国会創立大意

【解題】

肇国会は大正十一（一九二二）年創立。憲法草案、法三章を公示し、大高麗国建設を掲げた。末尾に付記する朝鮮志士の建国歌三首に対する末永の返歌は原文には収録されていない。「大高麗の建設（九）」（「大正日日新聞」大正十年四月五日）より転載し加筆した。

肇国会は「満洲国」建国と同時に解散式を挙行したとする説がある。「満洲国」建国精神の五族共和は肇国会の創立趣意書から取り、建国により理想がかなったと、末永が考えたためとしている。しかし小河政太郎宛賀状は昭和十四（一九三九）年まで肇国会の名で差し出されている。それは、逆に、大高麗国の理想が実現していないと、末永が考えていたことを伝えている。

肇国会ノ志業ハ済世救民ニ在リ。斯主旨ノ基ク所ハ実ニ吾　皇祖皇宗ノ夙謨ニ由ル。恭シク惟ミルニ吾　皇尊ノ君臨セラルルヤ、敢テ臨ンデ以テ君タルニ非ズ、天ノ生民蒸々トシテ適帰スル所ヲ知ラザルモノ有ルヲ恤メバ也、是レ独リ吾日本ニノミ私スルニ非ズ。其ノ「六合ヲ掩ヒ八紘ヲ兼ヌ」ノ宣旨ヲ拝誦セバ、正大ニシテ高明、雄麗ニシテ陽剛ノ威徳ヲ発揮シ給フモノ、誰カ之レヲ感仰セザランヤ。是レ則チ宝祚ノ隆天壌ト無窮ナル所以ナリ。之レ無クンバ何ヲ以テカ無欠ノ金甌《きんおう》ヲ一系ニ繋ケ三千年ノ維持ニ勝ユ可ケンヤ。吾国体ノ精華神髄ハ実ニ全ク茲ニ存ス。吾国民ノ精神モ亦タ之レニ在り。故ニ漢唐ノ文物ヲ攝取シテハ能ク其ノ粋ヲ採リ、欧米ノ制度ニ参酌シテハ善ク其ノ宜ヲ択ブ是レ皆ナ吾国家ノ大本ニ培フ所以ノ道タラズンバ有ラズ。如此シテ以テ君民一致以テ光栄アル独立ヲ世界ノ上ニ維持スルヲ得タリ。而シテ今ヤ実ニ七種ノ民族ヲ包容シテ懐服シ、国運ノ進展ハ益々寰宇《かんう》ノ表ニ振耀《しんよう》スルニ至ル。顧ミテ両鄰ノ大邦ニ見ヨ、勢運ノ転変豈ニ今昔ノ感之レ無カラズヤ。

夫レ両鄰ノ雄邦ハ方サニ崩解ノ否運ニ際シ、横流頽瀾ノ勢底止スル所ヲ知ラズ。而シテ生民ノ残状ハ実ニ倒懸塗炭ノ惨苦ヲ極ム。貿々タル六大州国ヲ建ルモノ大トナク小トナク皆ナ岌々トシテ自ラ救フニ遑アラズ、彼レ豈ニ顧ミテ他国ヲ救フノ暇アランヤ。不肖熟々之レヲ念フテ吾　皇祖皇宗ノ夙謨ヲ讃頌スルニ至リ、乃チ知ル吾徒ノ天職亦タ之レニ係ルモノアルコトヲ。東西南北ヲ顧視スルニ斯大任ノ担当ニ勝ユルモノ吾大日本帝国ヲ措キテ他ニ之レ有ル莫シ。

然リ而シテ肇国会ノ期スル所更ラニ又々一段ノ目的アリ。乃チ世ノ謂フ所ノ大陸極東ノ地域ニ於テ大自由国ヲ肇建スルニ在リ。之レヲ概言スレバ、南北満洲及内外蒙古ト貝加爾以東ノ地域ヲ聯括シ、之レヲ以テ世界的中立国土ヲ肇立スルニアリ。而シテ之レガ目的ヲ達セントスルニ当リ、吾ガ両鄰ノ乱邦ニ戡定ノ策ヲ進メ、之レヲ扶持シテ反正統全ノ道ニ就カシムルヲ要ス。乃チ俄国ニ在ツテハ帝国ヲ復興セシメ、本来ノ旧邦ニ嬰安セシム可シ。乃チ支那ニ在ツテハ各国共監ノ下ニ之レガ国土ノ保全ヲ確保スベシ。是レ啻ニ支俄両邦自全ノ道ナルノミナラズ実ニ吾ガ帝国自全ノ道ニ切要ナルモノ有レバ也。

肇国会ノ主張已ニ此ノ如シ、蓋シ是レ大勢ノ趨向ニ乗ズル自然ノ道ナリト信ズ。茲ニ本会創立ノ大意ヲ叙シ、大方諸賢ノ明鑑ニ供シ、併セテ毅力ノ大裁ヲ俟ツ。

大正十一年一月　　末永　節

肇国の頌

第一頌

大 哉 大 地 球　　蒼溟環陸載五洲　　大なる哉大地球　蒼溟として陸を環らし五洲を載す

舟車周世界　鑄山併開煮海謀
恢弘祖業建皇基　漠々窮荒任吾収

第二頌

高哉高天空　元氣發神破鴻濛
風雲起英傑　撥亂誓期反正功
恢弘祖業建皇基　落々乾坤入眼中

第三頌

麗哉麗秀國　懿倫正道順帝則
金銕藏山河　斯土久待斯民力
恢弘祖業建皇基　赫々太陽升東極

舟車世界を周り　山を鑄し併せ開いて海を煮るの謀
祖業を恢弘し皇基を建て　漠々として窮荒吾収むるに任ず

高き哉高天の空　元氣神を発し鴻濛を破る
風雲英傑を起こし　亂を撥し反正の功を期せんと誓う
祖業を恢弘し皇基を建て　落々たる乾坤眼中に入る

麗しき哉麗秀の國　懿倫正道帝則に順う
金銕山河に藏し　斯の土久しく斯の民の力を待つ
祖業を恢弘し皇基を建て　赫々たる太陽東極に升る

懐大高麗国新建之策遊説口占　狼嘯月

曾修道義正斯身　経史草篇読破新
後楽素期先覚士　壮心益々奮暮年人
風雲振策□（一字欠）崇傑　朔漠敷文撫兆民
俯仰水流山峙気　鬱蒼高麗国精神

大高麗国新建之策を懐う遊説口占　狼嘯月

曾て道義を修して斯身を正す　経史草篇読破すること新たなり
後楽素期す先覚の士　壮心益々奮う暮年の人
風雲策を振るい崇傑に□り　朔漠文を敷いて兆民を撫す
俯仰水流山峙の気　鬱蒼高麗の国精神

（『続対文回顧録』列伝末永節、一二二五頁－一二二六頁）

杖道教範序

【解題】大日本杖道会本部編『杖道教範―基本錬技解説』（昭和十五〈一九四〇〉年七月一日刊）に附された序文。本書は『満洲帝国協和会　建国杖道教範―基本錬技解説』と標題し、同時出版された。

神道夢想流杖術は夢想権之助勝吉を開祖とする福岡藩伝来の古武道。平野國臣が使い手であったことは広く知られる。幕末から明治にかけ、内田良五郎、白石範次郎らを輩出、昭和の清水隆次、乙藤市蔵らに継承され、今に至っている。

末永が杖術の使い手であったかは不明である。本人は謙虚に「造詣アル者ニアラズ」と言い、内田良平からは口八段、中山博道からは口九段を授けられている。杖術の継承、普及、発展に貢献した労を讃えてのことだろうか。

東京の頭山道場、無門道場に道場を開き、大日本杖道会を創立、警視庁の護身術に採用させ、海洋少年団はじめ学校教育などに普及させ、杖術を全国に広めた。また清水隆次を帯同し、「満洲」、北京、華北を行脚し、海外にも普及を図った。

杖《ジヤウ》ハ兵杖《ヘイジヤウ》ナリ。即《スナハ》チ武器《ブキ》ナリ。

其形《ソノカタチ》ヤ圓《エン》。其体《ソノタイ》ヤ満《マン》。其状《ソノジヤウ》ヤ直《チヨク》。其質《ソノシツ》ヤ堅《ケン》。其材《ソノザイ》ヤ木《ボク》。

表《オモテ》ナシ、裏《ウラ》ナシ。本《モト》ナシ、末《スエ》ナシ。上下《ジヤウゲ》ナシ。故《ユエ》ニ之《コ》レヲ操《アヤツ》ルヤ。一端《タン》ヲ執《ト》ツテ打《ダ》ス。中身《チウシン》ヲ把《ト》ツテ揮《フル》フ。両端旋転《リヤウタンセンテン》シ、以《モツ》テ順逆交々《ジユンギヤクコモ〲》相用《アイモチ》ユ。

其径《ソノケイ》八分《ブ》。其長《ソノチヤウ》四尺余《シヤクヨ》（長短《チヤウタン》ハ其人々《ソノヒトぐ》ノ肩《カタ》ノ丈《タ》ケヲ標準《ヘウジユン》トス）以《モッ》テ撃《ウ》チ。以《モッ》テ撞《ツ》キ。以《モッ》テ薙払《ナギハラ》フ。行《ギヤウ》。住《ヂウ》。座《ザ》。臥《グワ》。皆用《ミナモチ》ヒテ適《テキ》セザルナシ。

刀《カタナ》。薙刀《ナギナタ》。鎗《ヤリ》。銃鎗《ジユウサウ》。剣《ケン》。棍棒《コンボウ》。唐手《カラテ》。拳闘《ケンタウ》。体術《タイジユツ》。等々《トウぐ》。

是等《コレラ》各般《カクハン》ノ武器《ブキ》及《オヨビ》武術《ブジユツ》ハ相抗《アヒコウ》シテ以《モッ》テ勝負《シヤウブ》ヲ決《ケツ》スルニ足《タ》ル。

斯杖《コノジヤウ》ヤ。製作簡《セイサクカン》。価格廉《カカクレン》。用材乏《ヨウザイトモシ》カラズ。錆付《サビツ》クコトナシ、故《ユエ》に研礪《ケンレイ》ノ要《エウ》ナシ。粧飾《セウシヨク》ナシ、故《ユエ》に修繕《シウゼン》ノ要《エウ》ナシ。潮《ウシホ》。水《ミヅ》。泥《ドロ》。砂《スナ》。塵埃《ヂンアイ》。等々《トウぐ》ノモノ此杖身《コノジヤウシン》ニ付着《フチヤク》スルコト有《ア》レバ。布片《キレ》或《アルヒ》ハ紙類《カミルヰ》。或《アルヒ》ハ路傍《ロボウ》ノ生草《ナマクサ》ヲ以《モッ》テ。之《コ》レヲ拭《ヌグ》ヒ去《サ》ツテ些《イササカ》ノ汚損《オソン》ナシ。之《コ》レガ運搬《ウンパン》ヲ要《エウ》スルトキ、数《スウ》十百千本《ポン》一束《ソク》シテ可《カ》ナリ。保蔵《ホザウ》スルトキ、縄《ジヤウ》索以《サクモツ》テ十把《パ》一束《ソク》シ、倉庫《サウコ》ニ放置《ホウチ》シテ可《カ》ナリ。一幹携《カンタヅサ》フル時《トキ》、杖《ツエ》ノ代用《ダイヨウ》トナス可《ベ》シ。又《マ》タ担棒《ニナヒボウ》トナス可《ベ》シ。取扱《トリアツカ》ヒノ簡便《カンベン》総《スベ》テ如此《カクノゴトシ》。

斯杖《コノジヤウ》ヤ用《ヒチ》エルニ従《シタガ》ツテ手《テ》ニ馴《ナ》レ。手沢自《シユタクオノヅカ》ラ生《シヤウ》ジテ操縦自在《サウジウジザイ》ナリ。之《コ》レヲ何人《ナンビト》ノ手《テ》ニ操《アヤツ》ルト雖《イヘド》モ使用少《シヨウスコ》シクモ妨《サマタ》ゲナシ。其質堅《ソノシツカタ》キガ故《ユエ》ニ。磨《マ》シテ磷《ウスコ》ガズ。涅《ネッ》シテ緇《クロ》マズ。圓《マル》クシテ満《ミ》チ。満《ミ》チ圓《マル》ク。表裏《ヘウリ》ナク上下《ジヤウゲ》ナク。本末《ホンマッ》ナク。直《チヨク》一幹《カン》。曾《カッ》テ鏘々《リウぐ》ノ響《ヒヾキ》ヲ発《ハッ》セズ。曾《カッ》テ晃々《クワウぐ》ノ光《ヒカリ》ヲ放《ハナ》タズ。其用舎《ソノヨウシヤ》ト行蔵《ギヤウザウ》ト之《コ》レヲ其人《ソノヒト》ニ委《マカ》シ。自《ミヅカ》ラ之《コ》レニ関知《クワンチ》セズ。而《シカ》シテ随処《ズヰシヨ》ニ。随時《ズヰジ》ニ適応《テキオウ》シテ。其効《ソノカウ》ヲ致《イタ》サヾルハナシ。偉《ヰ》ナル哉斯杖《カナコノジヤウ》ヤ。之《コ》レヲ撫《ブ》シ静《シヅ》カニ之《コ》レヲ想《オモ》フ時《トキ》。斯杖《コノジヤウ》ノ力《チカラ》。斯杖《コノジヤウ》ノ徳《トク》。真《シン》ニ是《コ》レ人間修道《ニンゲンシウダウ》ノ極致茲《キヨクチコヽ》ニ在《ア》ルヲ悟得《ゴトク》ス可《ベ》シ。

更《サ》ラニ又《マ》タ斯杖術《コノジヤウジユツ》ノ応用《オウヨウ》ト効力《カウリヨク》トヲ推及《スヰキフ》セバ。蟒蛇《モウタ》。熊羆《イウヒ》。虎豹《コヘウ》。豺狼《サイラウ》。狂犬《キヤウケン》。螫蜂等《セキホウトウ》。狂人盗賊《キヤウジントウゾク》。匪党《ヒタウ》。暴徒《ボウト》。掏摸《スリ》。酔酗者等彼等《スヰキヨウシヤトウカレラ》ノ害《ガイ》ヲ除《ノゾ》キ。逆《ギヤク》ヲ誅《チウ》シ。乱《ラン》ヲ治《オサ》メ。悪《アク》ヲ懲《コ》ラスニ当《アタ》リ。斯杖《コノジヤウ》ヲ用《モチ》ヒテ以《モッ》テ能《ヨ》ク掣止《セイシ》、能《ヨ》ク折伏緩急及《シヤクフククワンキフスナハ》チ変《ヘン》ニ応《オウ》ジテ施《ホドコ》シ。殺活即《サックワッスナハ》チ機《キ》ニ臨《ノゾ》ンデ決《ケツ》ス。

平時《ヘイジ》｛警衛《ケイエイ》ヲ司《ツカサド》ル
群衆《グンシウ》ヲ整《トヽノ》フ

戦時《センジ》｛白兵格闘《ハクヘイカクタウ》
塹壕突入《ザンガウトツニウ》

日課《ニツクワ》トシテ之《コ》レヲ用《モチ》フレバ。個人《コジン》。家庭《カテイ》。団体《ダンタイ》。皆之《ミナコ》レニ依《ヨリ》テ武育《ブイク》ト体育《タイイク》ト併《アハ》セ施《ホドコ》シ。其効《ソノカウ》著《イチジル》シキモノ有《ア》ルヲ証《シヨウ》スルヲ得《ウ》ベシ。

○朝起床《アサキシヨウ》 盥嗽《クワンソウ》後《ゴ》凡《オホヨ》ソ三十分間《フンカン》斯杖《コノジヤウ》ヲ把《ト》ツテ之《コ》レヲ揮《フル》フ可《ベ》シ。微汗《ビカン》ヲ催《モヨホ》シテ已《ヤ》ム。而《シカ》シテ後全身冷水摩擦《ノチゼンシンレイスヰマサツ》ヲ行《オコナ》フベシ。心気爽快《シンキサウクワイ》。筋肉溌溂《キンニクハツラツ》。顔色《ガンシヨク》 自《オノヅカ》ラ光輝《クワウキ》ヲ発《ハツ》ス。

○夜寝前《ヨルシンゼン》 凡《オホヨ》ソ三十分間《フンカン》斯杖《コノジヤウ》ヲ把《ト》ツテ之《コ》レヲ揮《フル》フ可《ベ》シ。而《シカ》シテ後湯沐《ノチトウモク》ス可《ベ》シ。四肢《シシ》豊《ユタ》カニ伸《ノ》バシテ床《トコ》ニ就《ツ》ク。安心《アンシン》。安眠《アンミン》。疲労《ヒラウ》。全《マツタ》ク消了《セウレウ》。而《シカ》シテ活気油然《クワツキヨウゼン》トシテ髄心《ズイシン》ヨリ湧出《ユウシユツ》シ五体《タイ》 自《オノヅカ》ラ生動《セイドウ》ヲ覚《オボ》ユルニ至《イタ》ル。

○昼間時《チウカンジ》 若《モ》シ倦怠《ケンタイ》ヲ生《シヤウ》ズルトキアラバ。凡《オホヨ》ソ十五分間《フンカン》斯杖《コノジヤウ》ヲ揮《フル》フベシ。而《シカ》シテ後盥 嗽《ノチクワンソウ》スベシ。心身共《シンシントモ》ニ新《アラ》タナル感《カン》ヲ生《シヤウ》ゼン。

斯杖《コノジヤウ》ヲ揮《フル》フヤ。室内畳上《シツナイタヽミウエ》一間《ケン》ニシテ足《タ》ル。簷上板敷《エンウエイタジキ》ニ於《オイ》テ。軒下簷先土間《ノキシタエンサキドマ》ニ於《オイ》テ。庭内露地《テイナイロヂ》ニ於《オイ》テ。館《クワン》 或《アルヒ》ハ庁《チヤウ》 等《ナド》ノ長廊下《ナガロウカ》ニ於《オイ》テ。雨天《ウテン》。晴天《セイテン》。露天《ロテン》ヲ問《ト》ハズ。沙浜《サヒン》。氷上《ヒヨウジヤウ》。雪地《ユキヂ》。草野等其所《サウヤトウソノトコロ》ニ従《シタガ》ツテ適用《テキヨウ》スルヲ得《ウ》ル。

青年団《セイネンダン》。少年団《セウネンダン》。在郷軍人会《ザイガウグンジンカイ》。男女大中小学校《ダンヂヨダイチウシヨウガツカウ》、我在外領公大使館会《ワガザイグワイレウコウタイシクワンクワイ》。我在外居留民団《ワガザイグワイキヨリウミンダン》。町 村警備団《チヤウソンケイビダン》。警察署員《ケイサツシヨヰン》。刑務署員《ケイムシヨヰン》。海軍《カイグン》。陸軍《リクグン》。会社《クワイシヤ》。官省等々《クワンセウトウ〳〵》。

各種《カクシユ》ノ団体《ダンタイ》ハ皆斯杖《ミナコノジヤウ》ヲ用《モチ》ヒテ。警衛《ケイエイ》。行進《カウシン》。運動《ウンドウ》。整列《セイレツ》。常時非常時《ジヤウジヒジヤウジ》ヲ通《ツウ》ジテ之《コ》レガ使用《シヨウ》ニ供《キヨウ》ス可《ベ》シ。

凡《オホヨ》ソ男女《ダンヂヨ》ヲ問《ト》ハズ。老少《ラウセウ》ヲ問《ト》ハズ。貴賤《キセン》ヲ問《ト》ハズ。貧富《ヒンプ》ヲ問《ト》ハズ。賢不肖《ケンフセウ》ヲ問《ト》ハズ。乃至盲人《ナイシモウジン》。聾者《ラウシヤ》。唖者《アシヤ》。躄者《ヒシヤ》。皆之《ミナコ》レニ教《ヲシ》ヘテ斯杖《コノジヤウ》ヲ操《ヤ》ラシムルニ堪《タ》ユ。

親子《オヤコ》。兄弟《キヤウダイ》。姉妹《シマイ》。夫婦《フウフ》。朋友《ホウイウ》。等々《トウ〳〵》。

二人相並《ニンアイナラ》ビ。両人相対向《リヤウニンアヒタイカウ》シ。同作行動《ドウサカウドウ》。一攻《コウ》一撃《ゲキ》ノ対抗運動等《タイコウウンドウトウ》。一家皆相用《カミナアヒモチ》ヒテ互《タガヒ》ニ砥礪《トレイ》シ。以《モツ》テ和合《ワカフ》一致《チ》ノ明朗的家庭《メイラウテキカテイ》ヲ実現《ジツゲン》スルヲ得《ウ》可《ベ》シ。斯杖《コノジヤウ》ノ力《チカラ》。斯杖《コノジヤウ》ノ徳《トク》。斯杖《コノジヤウ》ヲ用《モチ》ユルノ効如此《カウカクノゴトシ》。故《ユエ》ニ曰《イハ》ク斯杖之《コノジヤウコ》レヲ用《モチ》ヒテ一人《ニン》。一国《コク》。一天下《テンカ》。皆之《ミナコ》レヲ普及《フキフ》セシム可《ベ》シト。斯杖《コノジヤウ》ノ習錬《シフレン》極《キハ》メテ簡率《カンソツ》。素面《スメン》。素手《ステ》。素跣《スセン》。素杖《スジヤウ》 一幹《カン》ニシテ足《タ》ル。特種道具《トクシユダウグ》ノ必要《ヒツエウ》ナシ。此《カク》ノ如《ゴト》クシテ一撃《ゲキ》。一防心身共《ボウシンシントモ》ニ新《アタラ》シク緊張《キンチヤウ》シ。活溌々地《クワツパツ〳〵チ》トシテ躍動《ヤクドウ》。

寸分《スンブン》ノ油断《ユダン》アルヲ容《ユル》サズ。
○斯杖《コノジヤウ》一幹《カン》之《コ》レヲ卓立《タクリツ》スルノ所《トコロ》。天柱《テンチウ》地《チ》軸《ヂク》繫《カ、》ツテ之《コ》レニ托《タク》ス。
○斯杖《コノジヤウ》一提《テイ》以《モツ》テ宇宙《ウチウ》ニ臨《ノゾ》ムノ時《トキ》。天上天下《テンジヤウテンガ》唯我独尊《ユヰガドクソン》。
○斯杖《コノジヤウ》一揮《ヒトフリ》静《シヅ》カニ之《コ》レヲ諦視《テイシ》スレバ。虚空直截《コクウチヨクサイ》。大気震《タイキシン》蕩《トウ》シテ無辺際《ムヘンサイ》。
斯杖道精神《コノジヤウダウセイシン》ヲ修養《シウヤウ》シテ体得《タイトク》スレバ。如是《カクノゴトキ》ノ感念《カンネン》。如是《カクノゴトキ》ノ気魄《キハク》。直《タヾ》チニ以《モツ》テ天地《テンチ》ノ間《カン》ニ磅礴《ボウハク》スルヲ覚《オボ》フベシ。武道《ブダウ》ノ極致《キヨクチ》。武術《ブジユツ》ノ真髄《シンズヰ》。武器《ブキ》ノ妙用《メウヨウ》。全《マツタ》ク茲《コヽ》ニ存《ソン》スルコトヲ悟《サト》ル可《ベ》シ。曩《サキ》ニ大日本杖道会《ダイニツポンジヤウダウクワイ》ノ創立《サウリツ》成《ナ》ル。次《ツイ》デ教範《ケウハン》ノ編纂《ヘンサン》成《ナ》ル。次《ツイ》デ道場《ダウジヤウ》ノ開設《カイセツ》成《ナ》ル。蓋《ケダ》シ天下《テンカ》ニ斯道《ソノミチ》ノ普及《フキフ》ヲ図《ハカ》ルニ在《ア》リ。余《ヨ》ヤ斯道《シダウ》ニ造詣《ザウケイ》アル者《モノ》ニアラズ。聊《イサヽ》カ斯道《シダウ》ニ趣味《シユミ》ヲ有《イウ》スル者《モノ》、私《ヒソ》カニ思《オモ》フ、武芸《ブゲイ》十八般《パン》。皆時《ミナトキ》ニ従《シタガ》ヒ。人《ヒト》ニ依《ヨ》リ。盛衰《セイスヰ》。変易《ヘンイ》ヲ免《マヌカ》レズ。唯夫《タヾソ》レ斯武道精神《コノブダウセイシン》ハ古来《コライ》些《イサヽ》カモ渝《カワ》ル莫《ナ》シ。今斯精神《イマコノセイシン》ヲ斯杖道《コノジヤウダウ》ニ昂揚《コウヤウ》センコトヲ期《キ》ス。宜《ヨロ》シク時世《ジセイ》ノ治勢《チセイ》ニ察《サツ》シ。多少《タセウ》ノ損益《ソンエキ》スル所《トコロ》アランコトヲ要《エウ》ス。余《ヨ》ヤ駑鈍《ドドン》ト雖《イエド》モ。驥尾《キビ》ニ付《フ》シテ斯事《コノコト》ニ従《シタガ》ハン。

昭和十五年春五月

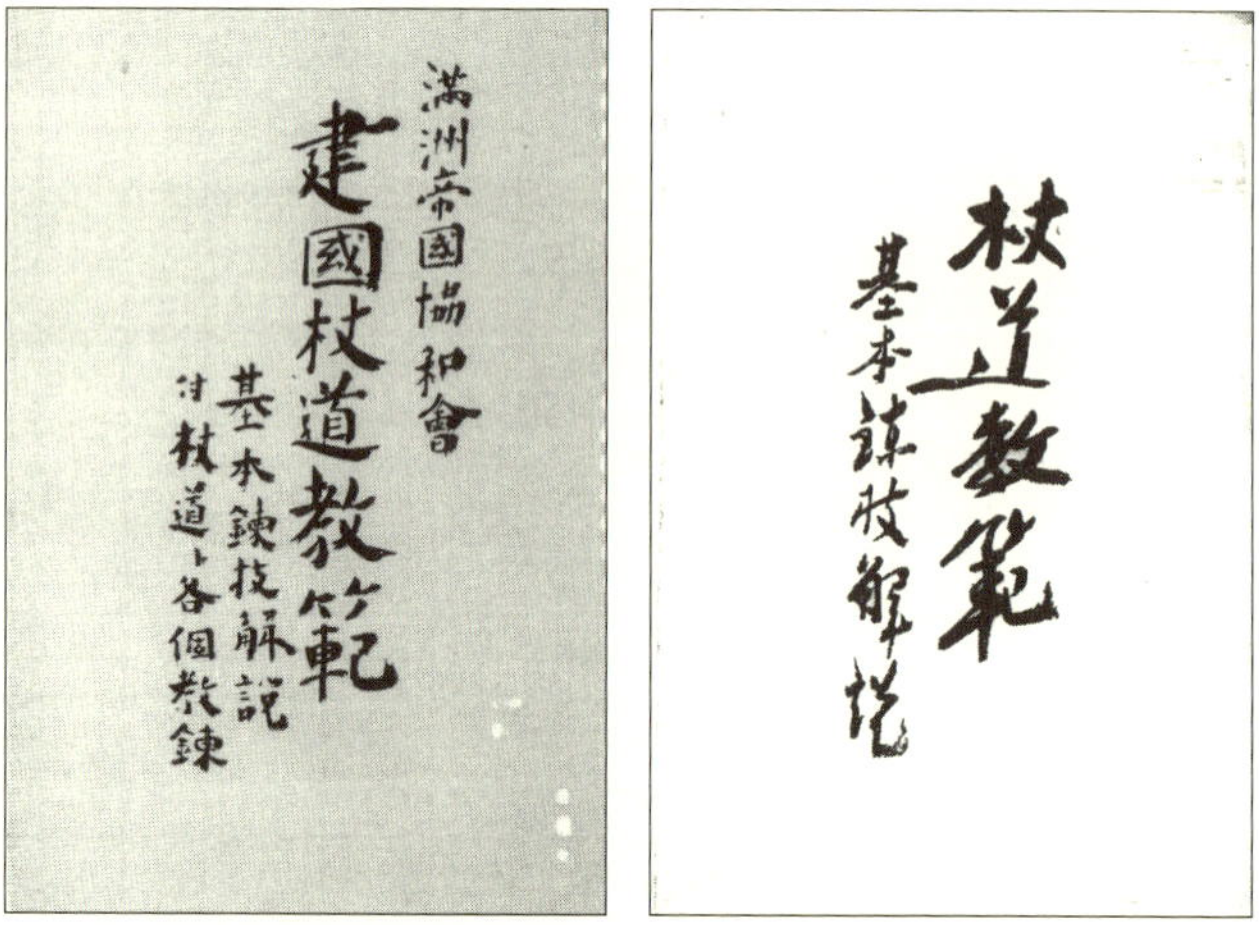

大日本杖道会本部編『杖道教範—基本錬技解説』表紙。右は日本で発行されたもの、左は満洲で発行。昭和15年７月１日同時に出された

詩歌と筑前琵琶

勅題歌——和歌、漢詩

【解題】勅題歌―和歌四十四首、漢詩三首　明治二十三年〜昭和三十年

明治二十三（一八九〇）年から昭和三十（一九五五）年までの六十六年間中、四十四年分の勅題歌。和歌四十四首、漢詩併載三首、計四十七首を収録。小河政太郎宛葉書五十通の中から賀状に記された勅題歌二十二首（漢詩併載二首）、浅野秀夫編『無庵詩稿』和歌及漢詩六百余首より勅題歌二十二首（漢詩併載一首）を抽出した。

約二十年分の欠落が悔やまれるが、折々の感慨と新年に向けた新たな決意が読み取れる。漢詩併載の三首は「大抵歌を作れば漢詩に直して」（「処士の道」『無庵放談』）いたことを証し、そこに明治人の思考と思索の豊かさが見出される。

小河政太郎は末永の幼馴染、福岡藩贋札事件で処刑された小河愛四郎の孫である。葉書は政太郎の四男・小河直氏が所蔵。

一八九〇（明治二十三）年　寄国祝

天皇《すめろぎ》のしろしめすなり天《あま》津《つ》日《ひ》の豊《とよ》榮《さか》のほるあしはらの國《くに》

（『無庵詩稿』）

一九〇一（明治三十四）年　雪中竹

呉《くれ》竹《たけ》の枝《えだ》も撓《たわ》はに積《つ》む雪《ゆき》を今《け》朝《さ》はね返《かえ》す音《おと》のさやけさ

（『無庵詩稿』）

一九〇四（明治三十七）年　巌上松

老松《おいまつ》は千曳《ちびき》の岩《いわ》を根《ね》にからみ山《やま》の巓《いただき》天《あま》そゝり立《た》つ

（「無庵詩稿」）

一九〇六（明治三十九）年　新年河

天津《あまつ》風《かぜ》天津《あまつ》八重雲《やえぐも》吹《ふ》き拂《はら》ひ天都《あまつ》日昇《ひのぼ》り天《あま》つ川《かわ》流《なが》る

（「無庵詩稿」）

一九〇九（明治四十二）年　雪中松

六《むつ》の花《はな》つらぬきとめて白妙《しろたえ》の衣《ころも》振《ふ》りはへ立《た》つ松《まつ》あハれ

（「無庵詩稿」）

一九一〇（明治四十三）年　新年雪

久方《ひさかた》の天《あま》の岩《いわ》や戸《と》押《おし》あけて禁庭《みにわ》の雪《ゆき》を覧《みそな》はす今朝《けさ》

（「無庵詩稿」）

一九一一（明治四十四）年　寒月照梅花

木枯《こが》らしも凍《いて》りやすらむ月《つき》冴《さ》えて花《はな》の香《か》さむし庭《にわ》の梅枝《うめがえ》

（「無庵詩稿」）

一九一二（明治四十五・大正元）年　松上鶴

旭《あさひ》かけ輝《かがや》き初《そ》めて老松《おいまつ》の梢《こずえ》をり立《た》ち田《た》鶴《ず》鳴《な》き渡《わた》る

（「小河政太郎氏宛年賀状」中国上海、常盤館より投函、及び「無庵詩稿」一九〇〇年と同勅題）

一九一四（大正三）年　社頭杉

天《あま》そゝる高根《たかね》のみ杉《すぎ》八《や》重《え》雲《ぐも》の棚《たな》引《び》く儘《まま》に神《かみ》や天降《あまも》る

（「無庵詩稿」）

一九一七（大正六）年　遠山雪

余《よ》の果《は》ては天《てん》元《げん》十《じゆう》里《り》遠《とう》山《やま》の頂《いただき》しるく積《つも》る白雪《しらゆき》

（「小河政太郎氏宛年賀状」中国大連越後町、中日国民会より投函）

一九一八（大正七）年　海辺松

和《わ》田《だ》積《つみ》の空《そら》明《あ》け初《そ》めて久《ひさ》方《かた》の雲《くも》井《い》につゝく天《あま》の橋立《はしだて》

（「小河政太郎氏宛年賀状」大連中日国民会越後町、東京神田橋前今城館より投函、及び「無庵詩稿」）

一九一九（大正八）年　朝晴雪

天《あま》津《つ》日《ひ》のいてらす朝《あさ》ゆ雪《ゆき》白《しろ》み海《うな》原《ばら》蒼《あお》み空《そら》高《たか》みかも

（「無庵詩稿」）

一九二一（大正一〇）年　社頭暁

ほからほから空《そら》麗《うら》晴《は》れて暁《あかつき》の風《かぜ》に明《あ》け行《ゆ》く高《たか》千《ち》穂《ほ》の峯《みね》

（「無庵詩稿」）

一九二二（大正一一）年　旭光照波

旭《あさひ》さす皇《み》旗《はた》の下《もと》に四《よ》方《も》の海《うみ》みな同胞《はらから》と睦《むつ》む仇波《あだなみ》

（「無庵詩稿」）

一九二三（大正一二）年　暁山雲

うき雲《ぐも》はしとろにきえて暁《あかつき》のはれゆく空《そら》をそゝるやまやま

（「小河政太郎氏宛年賀状、東京市外原宿より投函」及び「無庵詩稿」）

暁坐江亭縦獨眺
碧嵐隔水霽光濃
宿雲取次風吹散
抽出一峯又一峯

暁《あかつき》に坐《ざ》す　江亭《こうてい》獨《ひと》り縦《ほしいまま》に眺《なが》む
碧嵐隔水霽光《へきらんかくすいさいこう》濃《こ》く
宿雲《しゅくうん》を取《と》り　次《つ》いで風《かぜ》吹《ふ》き散《さん》じ
抽出一峯又一峯《ちゅうしゅついっぽうまたいっぽう》

（「小河政太郎氏宛年賀状」東京市外原宿、肇国会名で投函）

一九二四（大正十三）年　新年言志

みすまるの大《おお》はたたて、今年《ことし》こそは肇《はつ》國《くに》しらす道《みち》ひらきせむ

（「無庵詩稿」）

一九二五（大正十四）年　山色連天

和田積《わだつみ》の原《はら》より見《み》れば空《そら》につゝく秋津島根《あきつしまね》の不二《ふじ》の曙《あけぼの》

（「小河政太郎氏宛年賀状」福岡市住吉橋より投函、及び「無庵詩稿」）

一九二六（大正十五・昭和元）年　河水清

沙白《すなしろ》し河瀬《かわせ》や浅《あさ》し水清《みずきよ》しさら〱はしる音《おと》も爽氣《さやけ》し

（「小河政太郎氏宛年賀状」福岡市住吉下宮寄町より投函、及び「無庵詩稿」）

一九二七（昭和二）年　海上風静

目路《めじ》の果《はて》七島《ななしま》かけて凪空《なぎそら》にけふ里たゝよふ伊豆《いず》の大島《おおしま》
（「無庵詩稿」）

一九二八（昭和三）年　山色新
肇國《はつくに》を統《すべ》らふ纛《はた》に映《は》ゆる日《ひ》のうら、烏拉爾《うらる》のやまの初風《はつかぜ》
（「小河政太郎氏宛年賀状」東京市青山原宿、肇国会名で投函、及び「無庵詩稿」）

一九二九（昭和四）年　田家朝
遠地《おち》近地《こち》の村里《むらざと》かけて庭津鳥《にわつどり》呼《よ》びかふ聲《こえ》に日《ひ》は升《のぼ》るなり
（「小河政太郎氏宛年賀状」東京市青山原宿、肇国会名で投函）

一九三〇（昭和五）年　海邊巖
削《そ》ぎ立《た》てる巖底《いわおそこ》つ根貫《ねつらぬ》きてうしほ逆《さか》まく御神威《おかもい》の岬《みさき》
（「無庵詩稿」）

一九三一（昭和六）年　社頭雪
つくしなる博多《はかた》の海《うみ》の中道《なかみち》を雪《ゆき》白妙《しろたえ》の志《し》賀《か》の神垣《かみがき》
（「無庵詩稿」）

一九三二（昭和七）年　暁鶏聲
庭津鳥《にわつどり》いやつきづきに時告《ときつ》げて神世《かみよ》なからの聲《こえ》ゆたかなり
（「無庵詩稿」）

一九三三（昭和八）年　朝海

海原《うなばら》やとしたつ朝《あした》大《おお》船《ふね》の頼《たの》みあるよを天《てん》にことほぐ
（「小河政太郎氏宛年賀状」東京市渋谷区原宿、肇国会名で投函）

一九三四（昭和九）年
天《あま》津《つ》日《ひ》子《こ》日《ひ》嗣《つぎ》の皇《み》子《こ》の産《あれ》まして國《くに》の眞《み》柱《はしら》彌《いや》榮《さか》えゆく
（「無庵詩稿」）

天津日子日嗣乃
皇子乃産坐而国
乃眞柱彌継榮由

天《あま》津《つ》日《ひ》子《こ》　日《ひ》嗣《つぎ》乃《の》
皇《み》子《こ》乃《の》　産《あれ》坐《まし》而《て》国《くに》
乃《の》眞《み》柱《はしら》　彌《いや》継《つぎ》榮《さか》由《ゆ》
（「小河政太郎氏宛年賀状」福岡市住吉下宮嵜町、肇国会名で投函）

一九三五（昭和十）年　池邊鶴
眞《ま》清《し》水《みず》の池《いけ》も濁《にご》らす浮《うき》草《くさ》の露《つゆ》もこほれす鶴《つる》渉《わた》り行《ゆ》く
（「無庵詩稿」）

一九三六（昭和十一）年　海上雲遠
大《おお》空《ぞら》は隈《くま》なく晴《は》れて海《うな》原《ばら》乃《の》果《は》てより升《のぼ》る暁《あかつき》の雲《くも》
（「小河政太郎氏宛年賀状」東京市渋谷区原宿より投函、及び「無庵詩稿」）

一九三七（昭和十二）年　田家雪
雪《ゆき》あかり月《つき》てり添《そ》えて冴《さ》ゆる夜《よ》の野《の》辺《べ》の光《ひかり》に匂《にお》ふ梅《うめ》か香《か》
（「無庵詩稿」）

一九三八（昭和十三）年　神苑朝
朝靄《あさもや》のなこむ代々《よよ》木《ぎ》の神森《かんもり》にそき立《た》つ千木《ちぎ》を仰《あお》く御甍《みいらか》
（「無庵詩稿」）

一九三九（昭和十四）年　朝陽映島
大八洲《おおやしま》高根《たかね》の空《そら》の今朝《けさ》晴《は》れて旭《あさひ》に映《は》ゆる不二《ふじ》の白雪《しらゆき》
（「小河政太郎氏宛年賀状」東京市渋谷区原宿、肇国会名で投函、及び（「無庵詩稿」）

一九四〇（昭和十五）年　迎年祈世
新《あら》たまの年《とし》たつ朝天津日《あしたあまつひ》の豊栄《とよさか》のほる世《よ》をいのるかな
（「小河政太郎氏宛年賀状」福岡より投函、及び「無庵詩稿」）

一九四一（昭和十六）年　漁村曙
わだつみの空《そら》ほの〴〵とあけそめてなぎさにつゝく沖《おき》の釣船《つりふね》
（「小河政太郎氏宛年賀状」福岡市住吉下宮嵜町より投函、及び「無庵詩稿」）

一九四二（昭和十七）年　連峯雲
久方《ひさかた》の天《あま》の八遠《やちまた》八《や》重《え》雲《ぐも》の叢《むら》かる空《そら》に仰《あお》く不二《ふじ》の峯《ね》
（「小河政太郎氏宛年賀状」福岡市住吉下宮嵜町より投函、及び「無庵詩稿」）

一九四三（昭和十八）年　農村新年

新《あら》たまの年《とし》たつ空《そら》のうらはれて煙《けむり》ゆたかに騰《のぼ》る村里《むらさと》

（「小河政太郎氏宛年賀状」福岡市住吉下宮嵜町より投函、及び「無庵詩稿」）

一九四四（昭和十九）年　海上日出

大海原《おおうなばら》潮《しお》の八重《やえ》會波《あいなみ》の穂《ほ》の渦巻《うずま》く空《そら》に升《のぼ》る天津日《あまつひ》

（「小河政太郎氏宛年賀状」福岡市住吉下宮嵜町より投函、及び「無庵詩稿」）

一九四五（昭和二十）年　社頭寒梅

靖國《やすくに》の祠《ほこら》に匂《にお》ふ梅《うめ》か香《か》の冴《さ》えてゆかしく薫《かお》る玉垣《たまがき》

（「無庵詩稿」）

一九四六（昭和二十一）年　松上雪

積《つ》む雪《ゆき》に枝《えだ》折《お》れ裂《さ》けて老松《おいまつ》の幹《みき》は撓《たわ》まず天聳《あまそそ》り立《た》つ

（「小河政太郎氏宛年賀状」東京都渋谷区金王町七十四より投函、及び「無庵詩稿」）

立銀世界仰金輪
天地豁如絶點塵
矯々老松堆雪裡
白龍白鳳白麒麟

銀世界《ぎんせかい》に立《た》ちて金輪《こんりん》を仰《あお》げば
天地《てんち》は豁如《かつじょ》として點塵《てんじん》を絶《ぜっ》す
矯々老松堆雪《きょうきょうろうしょうたいせつ》の裡《うち》
白龍白鳳白《はくりゅうはくほうはく》麒麟《きりん》

（「無庵詩稿」）

一九四七（昭和二十二）年　あけぼの

天《あま》の門《と》の明《あ》け方《がた》告《つ》くる庭《にわ》津《つ》鳥《どり》初《はつ》音《ね》爽《さや》かに新《あら》玉《たま》の御《み》代《よ》

（「小河政太郎氏宛年賀状」東京渋谷区金王町七十四より投函）

一九四八（昭和二十三）年　春山

天地《あまつち》のなこむ姿《すがた》は淡《うす》く濃《こ》く霞《かすみ》に粧《よそ》ふ遠《おち》近《こち》の山《やま》

（「小河政太郎氏宛年賀状」福岡市住吉下宮嵜町より投函、及び「無庵詩稿」）

一九四九（昭和二十四）年　朝雪

野《の》も山《やま》も草《くさ》木《き》も暫《しばし》包《つつ》め共《ども》やかて解《と》けゆく今《け》朝《さ》の白雪《しらゆき》

（「無庵詩稿」）

一九五〇（昭和二十五）年　若草

天地《あまつち》はなこみそめけりかすみそめ豊《とよ》葦《あし》原《はら》にみどりもえ初《そ》む

（「小河政太郎氏宛年賀状」八幡市昭和町二壽美館より投函、及び「無庵詩稿」）

一九五一（昭和二十六）年　朝空

大空《おおぞら》は朝《あさ》氣《き》に冴《さ》えて升《のぼ》る日《ひ》の光《ひかり》さやけし新《あら》玉《たま》の年《とし》

（「小河政太郎氏宛年賀状」福岡市住吉下宮嵜町より投函、及び「無庵詩稿」）

一九五三（昭和二十八）年　船出

沖《おき》津《つ》浪《なみ》逆《さか》まく風《かぜ》に真《ま》帆《ほ》揚《あ》げて乗《の》りきる八《や》重《え》の潮路《うしおじ》の舟《ふね》

（「小河政太郎氏宛年賀状」福岡市住吉下宮嵜町より投函）

一九五五（昭和三十）年　泉

源《みなもと》は深山《みやま》の泉《いずみ》濁《にご》りなき流《なが》れに曝《さ》らす布《ぬの》引《び》きの瀧《たき》

（「無庵詩稿」）

筑前琵琶

【解題】筑前琵琶台本二題

末永節は筑前琵琶を好み、低調で卑猥なものが多かった琵琶歌を高雅荘重な歌詞に改めさせ、その普及に努めた。高じて自ら「猛将吉岡大佐」、「傑士安永東之助」、「近江八景」の台本を書いた。前二曲は大正十四年、両氏没後二十周年法会に当たって作詞、後者は不明である。なお、残念ながら「猛将吉岡大佐」は発掘できていない。

「琵琶を弾く物は杖を習え」が末永の教えで、演奏者の多くに福岡藩に伝わる杖術を学ばせた。

安永東之助（一八七二年―一九〇五年）修猷館卒、玄洋社社員。新聞記者を経て、日露戦争開始とともに満洲義軍に参加、日露戦争後、「満洲」に留まり資源調査に従事。明治三十八（一九〇五）年十一月十七日、通化県鉄廠で暗殺された。

筑前琵琶台本二題
明治卅七八年戰役

傑士安永東之助　全

浪仙人窟主人　作曲

浪人義勇軍之偉績　寺島千代子　作譜

叙言

一、本篇ハ、安永東之助君廿周年法会ニ当リ、追頌ノ為メ之レヲ作ル

一、軍議ノ叙事ハ、横田虎之助君ガ、曾テ予ニ親シク語リシ所ヲ直写スルモノ也

一、西比利軍牽掣ノ偉功ハ、柴田麟次郎君ガ、故福島安正大将ヨリ親シク聞キシ事実ナリ、想フニ吾ガ日露戦史実記ハ、必ズ此ノ事績ヲ収ムルモノアラン

一、義軍ノ事績ハ世間之レヲ知ルモノ稀ナリ、諸士亦徒ラニ語ラズ、由来浪人ノ本領ハ、一貫ノ精神ヲ以テ、吾ガ本分ヲ尽スノミ、顕晦ト毀誉ハ素ト問フ所ニアラザル也、予私カニ其ノ事績ノ堙滅ヲ惜ミ聊カ此ノ小曲ヲ草ス、固ヨリ片鱗ノ閃光ニ過ギザル也

一、本曲ノ作譜弾奏ハ諸氏各家ノ自由トス、但シ字句ノ添刪等ハ作者ノ同意ヲ要ス、或ハ事実ノ誤謬アランコトヲ恐レバ也

自跋

予曩ニ「猛将吉岡大佐」ヲ作ル、今又タ「傑士安永東之助」ヲ作ル、一ハ軍官、一ハ浪人、其ノ戦歿スルノ地点ヤ、吉岡氏ハ南方平衍ノ野ニ於ケル三軒屋ト称シ、安永氏ハ北方山林ノ域ニ於ケル四道溝ト称スル処也、其ノ時季ヤ、吉岡氏ハ青春三月ノ初メ、安永氏ハ玄冬十一月ノ中バ也、其ノ年令ヤ、吉岡氏ハ四十三歳、安永氏ハ三十四歳也、其ノ歿スルノ日ヤ、吉岡氏ハ七日、安永氏ハ十七日也、其ノ出征ニ従フヤ同ジク明治三十七年也、此ノ曲ノ作ルヤ大正十四年ニシテ両氏歿後実ニ廿周年期也、作者ノ老令方サニ五十七歳、之レヲ完譜弾奏スル者芳紀十七歳ノ二少女也（吉岡氏ノ曲ハ最初ノ創譜弾奏者四十七歳ノ男性大家也）皆之レ同国筑前ノ人、予素ト文士ニ非ズ、軍人ニ非

ズ、又タ音楽ノ徒ニ非ズ、介然タル江湖ノ一散人ノミ、空シク互全ノ生ヲ偸ミ、誤ツテ玉砕ノ士ヲ頌シ、僅カニ少女ノ絃ニ伝フルヲ得、省ミテ私力ニ碌々ノ恥辱ヲ感ゼザルヲ得ザル也。

大正十四年十月　　浪仙窟　末永　節

日露戦役 浪人義軍　傑士安永東之助君

見《ミ》るたびに、憂《ウレ》ひぞつもる、吾《ワ》がために、曇《クモ》りてかくせ、樺太《カラフト》の山《ヤマ》（福本誠先生詠）我《ワ》ガ北門《ホクモン》ノ鎖鑰《サヤク》ヲ破《ヤブ》リ、傍若《バウジヤク》無人《ブジン》、理不尽《リフジン》ノ、露西亜帝国《ロシアテイコク》ガ振舞《フルマ》ヒハ、次第次第《シダイシダイ》ニ募《ツノ》リ来《キ》テ、北《キタ》ハ浦塩斯徳《ウラジオストツク》ト、樺太島《カラフトタウ》ニ根拠《コンキヨ》ヲ構《カマ》ヘ、西《ニシ》ハ遼東半島《リヤウトウハンタウ》ノ、旅順《リヨジユン》・大連《ダイレン》ニ根城《ネジロ》ヲ築《キヅ》キ、軈《ヤガ》テ朝鮮国《チヨウセンコク》ヲモ地続《ヂツヾ》キニ、掩有《エンイウ》センズ気勢《キセイ》見《ミ》ユ、斯《カ》クテハ吾《ワ》ガ国運《コクウン》存亡《ソンバウ》ノ決《ケツ》スル所《トコロ》、眼前《ガンゼン》ニ迫《セマ》リ来《キ》タルヲ覚悟《カクゴ》シテ、臥薪嘗胆《グワシンシヤウタン》五十年《ゴジウネン》、時《トキ》コソ来《キ》ツレ、イザ起《タ》テト挙国一致《キヨコクイツチ》ノ議《ギ》ハ決《ケツ》ス、頃《コロ》ハ明治三十七年《メイジサンジウシチネン》、梅一輪《ウメイチリン》ノ香《カ》ヲ破《ヤブ》ル、二月十日《ニガツトウカ》ニ、畏《カシコ》クモ大詔《タイシヨウ》煥発《カンパツ》、宣戦《センセン》ノ布告《フコク》ハ最《イト》モ儼《オゴソ》カニ普《アマネ》ク四海《シカイ》ニ播《シカ》レタリ

茲《コヽ》ニ筑前玄洋社《チクゼンゲンヤウシヤ》ノ豪傑《ガウケツ》、安永東之助氏《ヤスナガトウノスケシ》ハ、予《カネ》テヨリ抱《イダ》キシ大陸経綸《タイリクケイリン》ノ、機会《キカイ》ハ啓《ヒラ》クト雀躍《コオドリ》シ、支那同游《シナドウユウ》ノ諸《シヨ》有志《イウシ》ヤ、社中《シヤチウ》ノ豪士《ガウシ》ニ檄《ゲキ》ヲ飛《トバ》シテ糾合《キユウガウ》シ、時《トキ》ノ軍艦隼人《グンカンハヒト》ノ花田少佐《ハナダシヨウサ》ヲ盟主《メイシユ》トナシテ、義勇軍《ギユウグン》ヲ編成《ヘンセイ》シ、慓悍《ヒヤウカン》無頼《ブライ》ノ馬賊《バゾク》ヲ率《ヒキ》ヒ、吉林《キツリン》・奉天《ホウテン》・黒竜江省《コクリユウコウシヤウ》・蒙古《モウコ》ニ亘《ワタ》リテ、馳騁《チクジユウ》縦横《ワウ》ニ踏《フ》ミ破《ヤブ》リ、敵《テキ》ノ後背《コウハイ》・側面《ソクメン》・前方《ゼンパウ》ニ、出没《シユツボツ》・隠現《インゲン》・却襲《ガウシユウ》ノ機略《キリヤク》ハ最《モツ》トモ図《ヅ》ニ中《アタ》リ、歩騎精鋭三百人《ホキセイエイサンビヤクニン》、敵《テキ》ノ大勢三万《タイゼイサンマン》ヲ能《ヨ》ク西比利《シベリー》ノ野《ノ》ニ牽制《ケンセイ》ス、カヽル偉績《イセキ》ハ昔《ムカシ》ヨリ世界《セカイ》ノ戦史《センシ》ニ例《タメシ》ナキ、浪人義軍《ラウニンギグン》ノ殊功《シユカウ》ナリ

一日《アルヒ》軍議《グンギ》ノ折柄《オリカラ》ニ、坐中《ザチウ》ノ一人発議《イチニンホツギ》シテ抑《ソモ》ソモ軍事《グンジ》ハ軍人《グンジン》ノ職《シヨク》、吾《ワ》ガ徒《トモガラ》ノ天職《テンシヨク》ハ、経綸智略《ケイリンチリヤク》ノ抱負《ハウフ》ナリ、熟々《ツラツラ》思《オモ》ヘバ、よすがなき、深山桜《ミヤマザクラ》ノ蔭《カゲ》咲《ザ》キニ、アタラ、功名《カウメウ》ヲ埋木《ウモレギ》ノ、実《ミ》ノ生《ナ》ル果《ハ》テモ将《ハ》タ幾何《イカ》バカリ。寧《イツ》ソノ事《コト》ニ本来《ホンライ》ノ志業《シギヨウ》ニ帰《カヘ》リ、経綸《ケイリン》ノ策勲《サククン》建《タ》テ、奉公《ホウコウ》ノ道《ミチ》ヲ尽《ツク》スヲ、殊勝《シユシヨウ》トコソハ覚《オボ》ユナレ、文武《ブンブ》ノ道《ミチ》ハ二《フ》タ筋《スヂ》ニ分《ワカ》レ

テ立《タ》テバ本分《ホンブン》ノ吾等《ワレラ》ガ才幹力量《サイカンリキリヤウ》ハ、蓋《ケダ》シ天下《テンカ》ノ異彩《イサイ》ナリ、千載一遇《センザイイチグウ》、此時《コノトキ》ニ十分《ジウブン》ニ世《ヨ》ニ伸《ノバ》シ得《エ》テ、快心得意《クワイシントクイ》ノ甲斐《カヒ》ゾアル、今《イマ》ノ吾《ワ》ガ徒《ト》ハはしたなき牛後《ギウゴ》ニ従《シタガ》フ憾《ウラ》ミアリ、是《コ》レ豈《ア》ニ男児《ダンジ》の面目《メンボク》歟吾《ワ》レ私《ヒソ》カニ之《コ》レヲ恥《ハ》ヅ、諸君《シヨクン》ヤ如何《イカ》ニト、言爽《コトサワ》ヤカニ述《ノ》べ立《タ》テタリ、一座白《イチザシラ》ケテ良々《ヤヽ》要時《シバシ》、噤嘿《モダシ》ニ沈《シツ》ム静《シヅ》ケサハ、深《フカ》キ淀《ヨド》ミノ河淵《カワフチ》ニ湛《タタ》フ底《ソコ》ヒノ渦巻《ウズマ》キヲ、ゆらりト破《ヤブ》ル一《ヒト》ト波《ナミ》ハ、居並《ヰナ》ミヲ崩《クズ》シテ揺《ユル》ギ出《ダ》シ、ヤヲラ唇《クチビル》開《ヒラ》キツ、、末座《ベツザ》ニ居《オ》ツテハ、委細届《イサイトド》カヌ恐《オソ》レアリ、イデ上段《ジヤウダン》ニ罷《マカ》リ出《イ》デ、開《ヒラ》キ直《ナホ》ツテ、逐一《チクイチ》ニ所存《シヨゾン》ノ程《ホド》ヲ述《ノ》べバヤト、左右《サイウ》ノ人《ヒト》ヲ押《オ》シ排《ノ》ケテ、膝摺《ヒザス》リ腰《ゴシ》ニニヂリ出《イ》デ、サツテモ面々方《メン〳〵カタ》ノ不甲斐《フガヒ》ナサ何《ナニ》トモ意見《イケン》ハ御座《ゴザ》ナキヤ、吾《ワ》レ夙《ツト》ニ日本武士《ニツポンブシ》ノ家庭《カテイ》ニ育《ソダ》ツ、時《トキ》ハ移《ウツ》リ世《ヨ》ハ変《カワ》レドモ、祖先《ソセン》ニ承《ウ》ケタル一《ヒ》ト筋《スジ》ノ道《ミチ》ニ、文武《ブンブ》ノ別《ベツ》ハナシ、思《オモ》ヒ立《タ》タネバ夫《ソ》レ迄《マデ》ジヤ、一旦立《イツタンタツ》タル道《ミチ》ナレバ、是非《ゼヒ》ニ及《オヨ》バズ最後迄押《サイゴマデオ》シ切《キ》ツテコソ、武士《ブシ》ノ面目道《メンボクミチ》ハ立《タ》ツ、兎角《トカク》ノ場合《バアイ》ニ差《サ》シ臨《ノゾ》ミ、卑《ヒ》怯《キヨウ》未練《ミレン》ヲ言《コト》ノ葉《ハ》ノ露《ツユ》ダニ溢《コボ》スハ武士《ブシ》ノ恥辱《チジヨク》ト、常々《ツネ〴〵》ニ教《オシ》ヘラレシヲ今更《イマサラ》ラニ、日蔭花咲《ヒカゲバナサ》ク埋木《ウモレギ》ナドト、腐《クサレ》学者《ガクシヤ》ノ屁理窟《ヘリクツ》ヤ、算勘《サンカン》カケ引《ヒ》キ売買《ウリカ》ヒニ、物商人《モノアキウド》ノ道《ミチ》ノ理《リ》ハ、御代太平《ミヨタイヘイ》ノ閑《ヒマ》アリ能舞《ノウブ》ノ問答《モンドウ》ジヤ、牛後《ギユウゴ》ヲ憾《ウラ》ミテ、左程《サホド》マデ生命《イノチ》ニ別条《ベツジヨウ》アルコトガ残《ノコ》リ惜《オシ》クバ其《ソ》ノ儘《マヽ》ニ独《ヒト》リデソツト夜抜《ヨヌ》ケセヨ、道理《ドウリ》ヲ構《カマ》ヘテ臆面《オクメン》モナク、同志《ドウシ》ヲ誘《サソ》フハ、不埒不届《フラチフトドキ》至極《シゴク》ナリ、宜《ヨロ》シク斬《キ》ツテ一軍《イチグン》ノ血祭《チマツ》リニ供《キヨウ》ス可《ベ》キモノナリト、ヂリ〳〵ヂツト詰《ツ》メ寄《ヨ》スル、怒《イカ》リ差《サ》シ肩《ガタ》イヤ怒《イカ》リ、真《マ》ツ向三寸額《カウサンズンヒタヒ》ノ太刀瘢鮮《タチキツアザヤ》カニ、血《チ》ノ気走《ケハシ》ラセ、ヒク付《ツ》カセ、眦《マナジリ》上《ア》ガリノ面相《メンサウ》ヲ、グツト捻《ヒネ》ツテ、グルリト一座《イチザ》ヲ睨《ネ》メ廻《マハ》ハス、思《オモ》ヒ切《キ》ツタル意気込《イキゴ》ミニ、ハツタト一同膝《イチドウヒザ》ヲ打《ウ》チ、異口同音《イクドウオン》ニ《に》安永氏道理至極《ヤスナガウヂダウリシゴク》トドヨメキヌ、茲《コヽ》ニ一軍所存《イチグンシヨゾン》ノ臍固《ホゾガタ》メ、キツト極《キマ》リテ勇《イサ》ミ立《タ》ツ、勇士《イウシ》の面々《メン〳〵》山《ヤマ》ヲモ抜《ヌ》カンズ意気奮《イキフル》フ、斯《カ》クテ催《モヨホ》ス酒宴《シユエン》ノ一席晴《イツセキハ》レヤカニ、笑《ワラ》ヒサヾメキ興《キヨウ》ニ入《イ》ル、折《オ》リシモアレヤ誰《タ》レヤラン、謡《ウタ》ヒ出《ダ》シタル一《ヒト》ト節《フシ》ノ、調子《チヤウシ》ニツレテ声合《コエア》ハセ

　実《ゲ》ニ剛者《ツハモノ》の交《マジハ》りは、矢竹心《ヤタケゴコロ》ノ一筋《ヒトスヂ》に
　　思《オモ》い合《アハ》せて大船《オオフネ》の、頼《タノ》み、甲斐《カヒ》ある酒宴《シユエン》かな

互《タガヒ》ニ酌《ク》ミ交《カ》フ盞《サカズキ》ノ数重《カズカサ》サナリテ陶然《タウゼン》ト、玉山倒《ギヨクサンタフ》レテ夜《ヨ》モ闌更《タケナハ》ニ、辿《タド》ル夢路《ユメジ》ハ振《フ》ル太刀《タチ》ノ、ツカノ間《マ》タニモ

油断《ユダン》ナク、カタ敷《シ》ク袖《ソデ》ニ鞘枕《サヤマクラ》、酔《ヨ》フテモ頽《クズ》サヌ嗜《タシナ》ミハ、流石《サスガ》ニ武士《ブシ》ガ戦場《センジヤウ》ノ習《ナラ》ヒ忘《ワス》レヌ、利心《トコヽロ》ノ程《ホド》モゆかしく見《ミ》ヘニケリ

去《サ》ル程《ホド》ニ諸処転戦《シヨシヨテンセン》ノ労苦《ラウク》経《ヘ》テ、三十八年《サンジユウハチネン》、霜月十七日《シモツキジウシチニチ》、奉天省《ハウテンシヤウ》・通化県《ツウクワケン》・四道溝《シダウコウ》ノ屯陣中《トンヂンチウ》午後《ゴゴ》ノ三時《サンジ》ト覚《オボ》フ頃《コロ》、俄《ニワ》カニ銃声《ヂユウセイ》響《ヒヾ》キ渡《ワタ》リテ凄《スサマ》ジク、白日《ハクジツ》掠《カス》メテ青天《セイテン》ニ霰《アラレ》タバシリ注《ソヽ》ギ来《ク》ル、サテハ謀反《ムホン》カ同志《ドウシ》撃《ウ》チカ敵《テキ》ナラバ小癪《コシヤク》ノ仕打《シウ》チ、不意撃《フイウ》チヲ態《ワザ》ト懸《カ》ケシカ、山添《ヤマゾ》ヒノ風《カゼ》ニ早戦《サソヨ》グ、穂薄《ホスヽキ》ノ蔭《カゲ》ニ蠢動《ウゴメ》ク鼠輩共《ソハイドモ》何程《ナニホド》ノ事《コト》ヤアル可《ベ》キ、イザ然《サ》レバ一《ヒ》トサキ懸《カ》ケテ狩《カ》リ出《イ》ダシ、峡間《ハザマ》ニ陥《オト》シテ掩撃《オホイウ》チニ猟射尽《カリイツク》サンモ亦《マ》タ一興《イツキヨウ》、ソレよかんめり、好矣《ヨシ》ト許《バカ》リニ蹶起《ケツキ》シテ、太刀《タチ》取《ト》リ佩《ハ》キタル東之助《トウノスケ》、剛胆沈毅《ガウタンチンキ》ノ威勢《イセイ》振《ブ》リ、セカズ、迫《セマ》ラズ、歩武《ホブ》堂々《ドウヾ》ト、側目《ワキメ》モフラズ押《オ》シ進《スヽ》ム、忽《タチマ》チ数弾《スウダン》狙《ネラ》ヒ撃《ウ》チニ浴《アビ》セ来《キ》テ、一弾貫通《イチダンクワンツウ》、真《マ》ツ伏《ブ》セニ、パタリト臥《フ》スヤ跳《ハ》ネ返《カヤ》リ、大《ダイ》地《チ》ヲ枕《マクラ》ニ血髑髏《チムクロ》ヲ横《ヨコタ》ヘタリシ顔《カンバセ》ニ、呼《ヨ》ベバ応《コタ》ヘン色見《イロミ》セテ、微笑含《ホヽエミフク》ム其《ソノ》ノ状《サマ》ハ、喃《アッパ》レ好漢大丈夫《カウカンダイジヨウブ》、三十四歳《サンジウシサイ》ノ意気《イキ》盛《サカ》リ玉《タマ》ト砕《クダ》ケテ潔《イサギヨ》ク、英雄男児《エイユウダンジ》ノ面目《メンボク》ヲ、唐紅《カラクレナイ》ニ染《ソ》メ出《イダ》シ、未死《ミシ》ノ魂魄《コンペク》長《トコシ》ヘニ、護国《ゴコク》ノ霊《レイ》ヲゾ留《トヾ》メケル、偈《ゲ》ニ曰《イハ》ク

長剣《チヤウケン》　倚天《テンニヨツテ》　雄意気《ヰキイウナリ》　荒原《クワウゲン》　曝骨《ホネオサラス》　也風流《マタフウリユウ》。

散《チ》リテモ花《ハナ》ゾ香《カ》ニ匂《ニホ》フ、深山桜《ミヤマサクラ》ハ敷島《シキシマ》ノ、大和男児《ヤマトオノコ》ノ、風雅男《ミヤビオ》ガ剣《ツルギ》把《ト》ル手《テ》ニ墨彩《スミイロ》ノ筆《フデ》ニ描《エガ》キシ、安永《ヤスナガ》ガ陣《ヂン》中《チユウ》畫巻《エマキ》ノ数々《カズカズ》ヲ、辱《カタジケ》ナクモ御園生《ミソノフ》ノ東《ヒンガシ》ノ宮居《ミヤヰ》マシマス、台覧《タイラン》ニ供《ソナ》ヘマツリテ賞《メ》デサセ給フゾ畏《カシコ》ケレ、世《ヨ》ニ誠《マコト》モテ立《タ》チ行《ユ》ケバ、知《シラ》レヌトテモ憾《ウラミ》ナシ、死者《シシヤ》モ生者《シヨウジヤ》モ昔《イニシ》ヘモ、今《イマ》モ同《オナ》ジキ益良雄《マスラオ》ガ、心《コヽロ》つくしヲ国《クニ》ノ為《タ》メ、正《タヾ》シク踏《フ》ミシ道《ミチ》ニ鑑《ミ》ヨ。

（終り）

浪人義軍諸士芳名

安永東之助君　筑前玄洋社　福島熊次郎君　下総千葉

藤井種太郎君　筑前玄洋社　萱野長知　君　土佐高知

吉田　庚　君　筑前玄洋社
柴田麟次郎君　筑前玄洋社
樋口　満　君　筑前玄洋社
横田虎之助君　筑前玄洋社
河村武道　君　筑前玄洋社
本田一郎　君　筑前玄洋社
小野鴻之助君　筑前玄洋社
真藤慎太郎君　筑前玄洋社
福住克己　君　肥前佐世保
野中宇一　君　肥前長崎
鶴岡永太郎君　武蔵東京
古川　清　君　隠岐国
大久保豊彦君　駿河静岡
入交佐助　君　土佐高知
堀米代三郎君　信濃諏訪
花田仲之助君　薩摩鹿児島

新曲　近江八景

作詞　末永　節
作譜　嶺　旭蝶

漣《さざなみ》や　滋賀《しが》の都《みやこ》はあれにしほ
昔《むかし》ながらの山桜《やまさくら》かな

霞《かすみ》たゞよふ三井寺《みいでら》の　槿木《しもく》にひゞく春《はる》の声《こえ》
月《つき》澄《す》みわたる石山《いしやま》の　砂《すな》に光《ひか》る秋《あき》の色《いろ》
名所《めいしょ》近江《あふみ》の水《みず》の海《うみ》　夕照《ゆうばへ》え勢田《せた》に醮《ひた》す時《とき》

矢橋《やばせ》に急《いそ》ぐ戻《もど》り船《ふね》　嵐《あらし》粟津《あわづ》の空《そら》はれて
比良《ひら》の頂《いただき》冴《さ》ゆる雪《ゆき》　眺《なが》めも飽《あか》ぬ風情《ふぜい》かな
堅田《かたゝ》の浦曲《うらわ》暮《くれ》果《は》て　芦間《あしま》に泊《はつ》るかりがねの
友呼《ともよ》ぶ声《こえ》もあれわなり　何処《いづこ》ともなく唐崎《からさき》の
松《まつ》にしぐるゝ夜半《よは》の雨《あめ》
四季《しき》折々《をりく》の八景《はつけい》を　歌《うた》へば琵琶《びは》の糸妙《いとたへ》に
調《しらべ》も高《たか》く聞《きこ》ゆなり

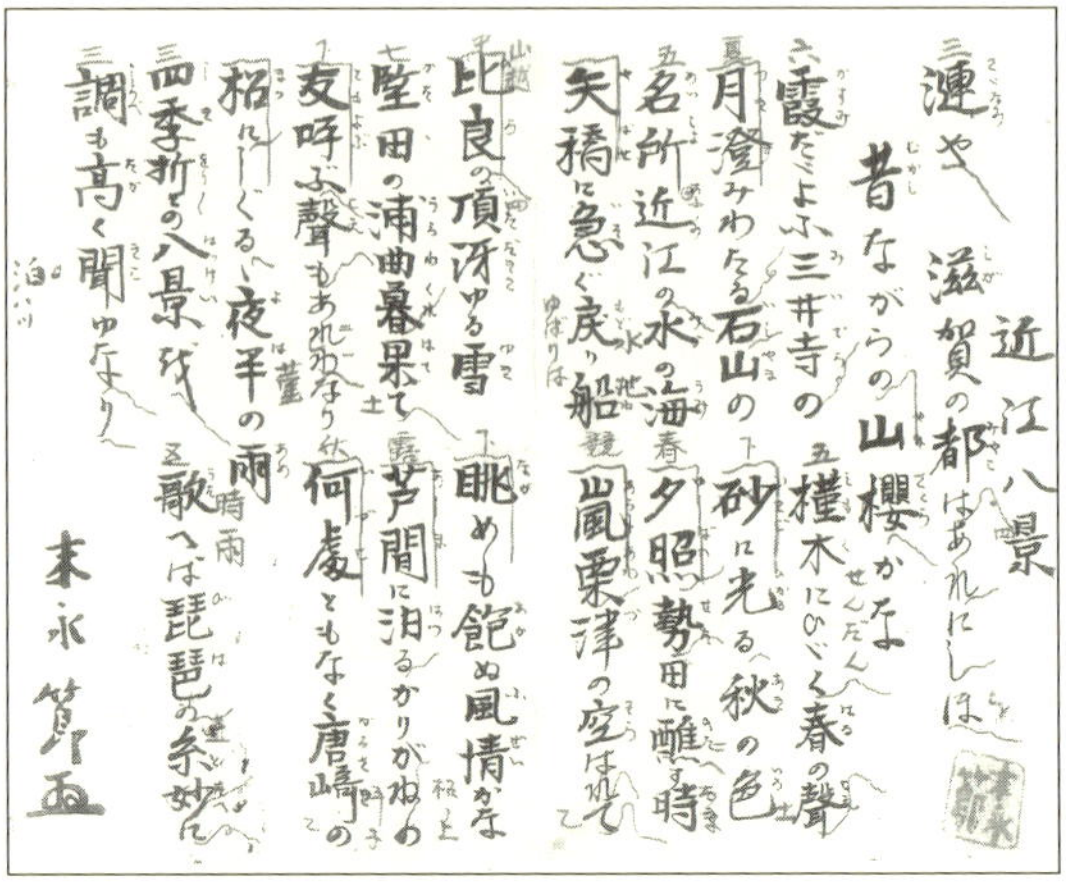
近江八景
漣や　滋賀の都はあれにしを
昔ながらの山櫻かな
霞たゞよふ三井寺の　撞木にひゞく春の聲
月澄みわたる石山の　砂に光る秋の色
名所近江の水の海　夕照勢田に離す時
矢橋に急ぐ戻り船　嵐粟津の空はれて
比良の頂冴ゆる雪　眺めも飽ぬ風情かな
堅田の浦曲暮果て　芦間に泊るかりがねの
友呼ぶ聲もあれわなり　何處ともなく唐崎の
松にしぐるゝ夜半の雨
四季折々の八景を　歌へば琵琶の糸妙に
調も高く聞ゆなり
末永 節

末永節直筆の「近江八景」台本

■関連略年表

年齢は数え年で表記した

西暦（和暦）	末永節年譜	世界の動き
一八六八（明治元）年		九月八日、明治に改元（一世一元の詔）
一八六九（明治二）年	十一月十二日、福岡市春吉六軒屋に生まれる	
一八七一（明治四）年		七月十四日、廃藩置県 七月二十九日、清日修好条規調印
一八七三（明治六）年		一月、徴兵令施行 十月、明治六年政変
一八七四（明治七）年		五月、台湾に出兵
一八七五（明治八）年		二月、愛国社結成 九月、江華島事件
一八七六（明治九）年		二月、日朝修好条規締結
一八七七（明治十）年	この頃、晴好（春吉）小学校を卒業、正木昌陽の塾に於いて約一年半余り漢学を修める。福岡中学入学。三年半の間に三度落第し、放校。濱鐵磨（大東銕磨、濱幹隆）の道場で剣道、柔道、撃剣などを修練する（九歳～十四歳）	西南の役、福岡の変が起こる
一八七九（明治十二）年		十二月、筑前共愛会設立
一八八〇（明治十三）年		南部重遠が福岡南町に南筑私学校を創立
一八八一（明治十四）年		玄洋社創立。初代社長に平岡浩太郎が就任
一八八二（明治十五）年		七月、壬午事変
一八八四（明治十七）年		八月、東洋学館設立 八月、清仏戦争 十二月、甲申政変
一八八五（明治十八）年		一月、日朝漢城条約締結 四月十八日、日清天津条約締結

一八八六（明治十九）年		八月、長崎事件
一八八八（明治二十一）年		一月十九日、玄洋社社長・箱田六輔が割腹自決（三十九歳）
一八八九（明治二十二）年		十月十八日、来島恒喜が大隈重信外相を襲撃
一八九〇（明治二十三）年	この頃、大阪－薩摩航路の正義丸、その後、佐渡、室蘭、網走の雷電丸、その後長崎－ウラジオストク航路の和歌浦丸で船員として働く（二十三～二十五歳）	九月三日、日清貿易研究所開設
一八九一（明治二十四）年		清国北洋艦隊来日示威
一八九二（明治二十五）年		
一八九三（明治二十六）年		
一八九四（明治二十七）年	長崎－ウラジオストク航路のロシア汽船ステロック号で船員として働く 「福陵新聞」、新聞「日本」の従軍記者（扶桑艦に乗船）（二十六歳）	三月二十八日、金玉均暗殺さる 三月二十九日、甲午農民戦争（東学党の乱） 八月一日、日清戦争
一八九五（明治二十八年）	宮崎滔天と知り合う。シャム移民事業に従事 宮崎滔天らと移民事業に従事。シャム（タイ）に渡り、サラディンの野を耕作するが病で帰国。（二十七歳）	四月十七日、日清講和条約（下関条約）調印 六月十五日、台湾総督府が開庁 七月三十日、九州柔道大会（於：福岡東公園競馬場内） 十月八日、閔妃事件（乙未事件）
一八九八（明治三十一）年	内田良平とともに宮崎滔天の仲介で孫文に会う 東亜同文会創立に参加（三十歳）	十一月二日、東亜同文会結成 孫文、康有為、梁啓超等日本亡命
一八九九（明治三十二）年	フィリピン独立運動を援け、中国革命を推進するために上海に渡る（三十一歳）	七月二十一日、布引丸事件
一九〇〇（明治三十三年）	恵州起義に加わるために再び上海に行く（三十二歳）	六月二十日、義和団事件

一九〇一（明治三十四）年	玄洋社入社。黒龍会創立に参加（三十三歳）	恵州事件 一月、黒龍会創立 孫文、日本亡命 九月七日、北京議定書調印
一九〇二（明治三十五）年	孫文、宮崎滔天と東京麹町で共同生活 孫文と熊本訪問（三十四歳）	宮崎滔天『三十三年の夢』出版
一九〇三（明治三十六）年		八月九日、対露同士会結成
一九〇四（明治三十七）年		二月八日、日露戦争 黄興、日本亡命
一九〇五（明治三十八）年	中国革命同盟会結成に奔走 七月二十九日、孫文、黄興を初対面させる（於：中国料理鳳楽園） 七月三十日、中国革命同盟会準備会（於：東京赤坂区檜町黒龍会） 八月十三日、孫文歓迎会（於：東京麹町富士見楼） 八月二十日、中国革命同盟会結成式に出席（於：赤坂霊南坂坂本金弥宅） 「民報」の発行印刷人となる（三十七歳）	五月、日本海海戦 七月二十九日、孫文、黄興初対面 八月二十日、中国革命同盟会結成 九月五日、ポーツマス条約調印 十一月二十六日、中国同盟会「民報」創刊
一九〇六（明治三十九）年		十一月、南満洲鉄道設立 中国革命同盟会幹部の国旗論争
一九〇七（明治四十）年	宋教仁などとともに中国革命同盟会遼東支部を結成し、満洲革命に参画 八月、奉天での蜂起計画が発覚し、向野堅一からお金を借りて脱出（三十九歳）	南部重遠「安東新報」主宰

一九〇八（明治四十一）年		十二月、溥儀清国皇帝即位
一九〇九（明治四十二）年		九月四日、日清協約締結 十月二十六日、伊藤博文暗殺さる
一九一〇（明治四十三）年		八月二十二日、日韓併合条約調印
一九一一（明治四十四）年	大連滞在中に武昌革命の報に接し、白井勘助を連れ武昌に赴く（四十三歳）	十月十日、辛亥革命
一九一二 （明治四十五・大正元）年	山東省征伐に赴く 上海常磐館（年賀はがき投函） 孫文、黄興と辛亥革命一周年を祝う（於：上海六三亭）（四十四歳）	二月十二日、溥儀退位。清国滅亡 三月一日、孫文中華民国臨時大総統就任
一九一三（大正二）年	五月、四月に結成された日華国民会へ特派員として上海に行く（四十五歳）	三月二十五日、宋教仁が暗殺さる 七月十二日、孫文等第二革命敗北し、日本亡命
一九一四（大正三）年	兄純一郎の逝去に伴い「遼東新報」の社長に就任。 十月、北京滞在一カ月（四十六歳）	六月十八日、オーストリア皇太子暗殺。第一次世界大戦へ発展 七月八日、中華革命党を結成
一九一五（大正四）年	三月、衆議院議員選挙に立候補し落選（四十七歳）	一月十八日、日本政府対華二十一ヶ条提出 十二月十五日、中国第三革命
一九一六（大正五）年	一月、「支那処理案」上申。それを抜書して「対支急務意見摘要」発表 八月、中日国民会設立（於：大連市越後町三五三七号地） 十一月三日〜十二月九日、大連越後町中日国民会あづま館	一月、袁世凱皇帝制復活 三月二十四日、南部重遠死去 六月六日、袁世凱死去

	十二月五日、中日国民会議（於：大連大和ホテル）（四十八歳）	
一九一七（大正六）年	大連越後町（はがき投函） 九月、大東民国或いは高麗国建設の企てに参画（四十九歳）	三月、ロシア二月革命 四月、黄興国葬（中国長沙） 九月十日、広東軍政府を樹立 十一月、ロシア十月革命
一九一八（大正七）年	元旦、東京神田橋前今城館（はがき投函） 「在満鮮人懐柔統一議」を上申 十一月十三日、政教社訪問 十一月十六日、三宅雪嶺氏宅訪問（五十歳）	十一月、第一次世界大戦終結
一九一九（大正八）年	「朝鮮統治根本決議」を上申（五十一歳）	一月十八日、パリ講和会議 三月一日、三・一運動（万歳事件） 五月四日、五・四運動 五月九日、北一輝『日本改造計画大綱』
一九二〇（大正九）年	一月十八日、朝鮮古史研究会発会式（於：京城府敦義洞長春館にて） 「満洲殖産銀行設立の議」上申（五十二歳）	一月十日、国際連盟成立
一九二一（大正十）年	二月三日、同光会設立大会（於：築地精養軒）に参加 五月二十二日、同光会朝鮮総支部創立会に出席（五十三歳）	二月三日、同光会設立 七月二十三日、中国共産党成立
一九二二（大正十一）年	東京に肇国会を結成し大高麗国建設を唱える（五十四歳）	十二月六日、宮崎滔天死去（五十一歳）
一九二三（大正十二）	一月十五日、東京市外原宿一七〇‐一八（はがき投函）（五十五歳）	九月一日、関東大震災

一九二四（大正十三）年		十一月二十八日、孫文「大アジア主義」講演（於：第一神戸高等女学校）
一九二五（大正十四）年	元旦、福岡市住吉橋（はがき投函）（五十七歳）	三月十二日、孫文死去（五十八歳） 五月十一日、進藤喜平太死去（七十六歳） 陳炯明がアメリカで中国致公党を設立
一九二六（大正十五・昭和元）年	元旦、福岡市住吉下宮嵜町（はがき投函）（五十八歳）	五月九日、孫文追悼会（於：東京芝増上寺） 七月一日、北伐開始
一九二七（昭和二）年	警視庁主催の弥生神社の奉納武術大会に招かれ、演武した清水隆次と出会う（五十九歳）	四月十八日、南京国民政府樹立
一九二八（昭和三）年	元旦、長春　中央通（はがき投函） 東京市青山原宿二〇九（書簡投函）（六十歳）	十二月二十九日、東北三省易幟革命
一九二九（昭和四）年	元旦、十二月二十四日、東京市青山原宿二〇九（はがき・書簡投函） 十一月五日、古武道大会（於：日比谷公会堂） 単身で頼って上京してきた清水隆次を受け入れる（自宅に住まわす）（六十二歳）	十月二十四日、世界恐慌
一九三一（昭和六）年	八月十九日、チェルトコフが末永節の病床を見舞う（福岡）（六十三歳）	頭山道場落成 六月二十八日、大日本生産党設立 九月十八日、満洲事変 十二月十三日、犬養毅内閣成立
一九三二（昭和七）年	清水を連れて海洋少年団の原団長に面会（六十四歳）	一月二十七日、上海事変 三月一日、満洲国建国 五月十五日、五・一五事件

一九三三（昭和八）年	元旦、東京市渋谷区原宿二丁目二〇九（はがき投函）（六十五歳）	一月三十日、ナチス独裁政権成立 三月二十七日、日本が国際連盟脱退
一九三四（昭和九）年	一月三日、福岡市住吉下宮嵜町（はがき投函）（六十六歳）	三月一日、溥儀満州国皇帝就任
一九三五（昭和十）年	三月十二日、孫文十周年忌慰霊祭に頭山満らと出席（於：明治神宮外苑日本青年館） 九月十一日、和楽路会（日本橋～戸塚）（六十七歳）	二月、日本古武道振興会発足。会長：小山松吉
一九三六（昭和十一）年	元旦、東京市渋谷区原宿二丁目二〇九（はがき投函） 和楽路会、四月二日（戸塚～小田原）、十一月二十三日（住吉～猪野大神宮）（六十八歳）	二月二十六日、二・二六事件 三月五日、廣田弘毅首相就任
一九三七（昭和十二）年	十月二十八日、福岡雁ノ巣から那覇経由台北着、台湾に遊ぶ（十一月二十九日、福岡から台北の絵はがき投函）（六十九歳）	七月七日、盧溝橋事件 七月二十六日、内田良平死去（六十三歳）
一九三八（昭和十三）年		四月一日、国家総動員法公布
一九三九（昭和十四）年	元旦、東京市渋谷区原宿（はがきに肇國会の名あり） 九月、満洲へ（ハルビン、新京、奉天、大連、天津、北京、蒙疆、上海）。天津にて呉佩孚、上海で汪精衛と面談 大連、天津（十月十一日、天津旭街フロウホテルから天津水害絵はがき投函） 和楽路会、五月二日（藤枝駅～島田町）、十二月十五日（吉良邸跡～泉岳寺）（七十一歳）	五月、ノモンハン事件 九月一日、ドイツ軍ポーランド侵攻。第二次世界大戦に発展 九月十五日、ノモンハン事件停戦合意 十月十八日、価格等統制令公布
一九四〇（昭和十五）年	元旦、福岡（はがき投函）	三月、大日本杖道会創立

	七月一日発行の「杖道教範序文」を著す（七十二歳）	三月、汪精衛南京国民政府樹立 九月二十七日、日独伊三国同盟成立
一九四一（昭和十六）年	元旦、福岡市住吉下宮嵜町（はがき投函） 天行会頭山道場で新年顔合わせ（七十三歳）	十月十八日、東条英機内閣成立 十二月八日、大東亜戦争
一九四二（昭和十七）年	元旦、福岡市住吉下宮嵜町（はがき投函） 満洲建国十周年慶賀に招待を受け出席（八月五日、新京興亜塾からはがき投函） 哈爾賓、新京、吉林、奉天、撫順で杖道講演（八月十三日、牡丹江日照街□□ホテルから投函） 間島、龍井、京城を訪問（九月五日、吉林市西倉庫街興亜塾からはがき投函） 十二月二十五日、福岡の料亭竹葉で清水隆次の杖道の演武を汪精衛と褚民誼に披露（七十四歳）	二月、シンガポール陥落 六月、ミッドウェー海戦 八月、米軍ガダルカナル島上陸
一九四三（昭和十八）年	元旦、福岡市住吉下宮嵜町（はがき投函） 十二月一日、北京新民会の招きで天山の中華民国北京少年訓練所で杖道を指導（七十五歳）	十月二十一日、チャンドラ・ボース自由インド仮政府設立宣言 十月二十七日、中野正剛、割腹自殺
一九四四（昭和十九）年	元旦、福岡市住吉下宮嵜町（はがき投函）（七十六歳）	十月、進藤一馬第十代玄洋社社長就任 十月五日、頭山満逝去（九十歳）
一九四五（昭和二十）年	五月二十五日、戦災に遭った清水隆次家族を八王子大室氏のもとに一カ月程疎開させる 八月、渋谷区金王町七十四番地に転居した清水隆次家に同居（五、六年間）（七十七歳）	五月二十五日、頭山道場全焼 八月十四日、ポツダム宣言受諾 八月十七日、インドネシア独立 九月二日、ベトナム独立

一九四六（昭和二十一）年	一月九日、東京渋谷区金王町七十四（はがき投函） 十月十三日、函館市時任一〇一□□方、弘前、仙台、盛岡、山形、茨城、群馬訪問（七十八歳）	玄洋社強制解散 七月四日、フィリピン独立 十一月、日本武徳会解散命令
一九四七（昭和二十二）年	元旦、東京渋谷区金王町七十四（はがき投函）（七十九歳）	
一九四八（昭和二十三）年	一月三日、福岡市住吉下宮嵜町。四月六日、下関市長府侍町御鹿氏方。五月十四日、東京渋谷区金王町七十四。六月五日、伊豆国賀茂郡三浜、梨□氏方。八月、東京渋谷区金王町七十四。九月二十七日、福岡市住吉下宮嵜町（はがき・書簡投函）（八十歳）	二月四日、セイロン（スリランカ）独立 八月、インドとパキスタンが分離独立 八月十五日、大韓民国建国 九月九日、朝鮮民主主義人民共和国独立
一九四九（昭和二十四）年		十月一日、中華人民共和国建国 十二月八日、中華民国政府台湾に移る ラオス独立
一九五〇（昭和二十五）年	元旦、福岡市住吉下宮嵜町（八幡市昭和町二、壽美館よりはがき投函） 金王八幡神社にて八十歳記念（八十二歳）	六月二十五日、朝鮮戦争
一九五一（昭和二十六）年	元旦、福岡市住吉下宮嵜町（はがき投函）（八十三歳）	九月八日、サンフランシスコ講和条約調印
一九五二（昭和二十七）年	元旦、福岡市住吉下宮嵜町。九月五日、福岡市住吉下宮嵜町（はがき・書簡投函）（八十四歳）	四月二十八日、ＧＨＱ廃止 十月、全日本剣道連盟結成
一九五三（昭和二十八）年	一月三日、福岡市住吉下宮嵜町。三月二十四日、福岡。五月二十四日、福岡（はがき・書簡投函）（八十五歳）	七月二十七日、朝鮮戦争休戦

一九五四（昭和二十九）年	元旦、東京大田区田園調布二丁目二十五ノ七。 七月十三日、東京大田区田園調布二丁目二十五-七、丹羽口氏内（はがき・書簡投函）（八十六歳）	
一九五五（昭和三十）年	五月十一日、末永節翁の発起による進藤喜平太翁の三十年忌（於：東京谷中全生庵） 浅野秀夫による聞き書きスタート（八十七歳）	六月、日本杖道連盟結成
一九五六（昭和三十一）年	六月九日、第二回武道大会に出席 十月六日、米寿祝い（於：福岡市東公園武徳殿）（八十八歳）	全日本杖道連盟に名称変更 全日本剣道連盟に加盟
一九五七（昭和三十二）年	六月十五日、第三回武道大会（八十九歳）	七月、砂川事件
一九五八（昭和三十三）年	福田素顕顕彰会（於：日比谷松本楼） 六月十四日、第四回各流武道大会（九十歳）	
一九五九（昭和三十四）年	九州朝日放送の番組で演武「黒田藩門外不出の杖術」として紹介 六月末、老人学級寿会「長生き清談」講演（於：秋月公民館） 十月四日、奉祝日本各流演武大会（九十一歳）	六月三日、シンガポール独立 九月二十八日、伊勢湾台風
一九六〇（昭和三十五）年	六月四日、第六回武道大会 八月十八日、日本大学病院にて死去（自宅：渋谷区鶯谷町十）（九十二歳）	四月十九日、李承晩打倒の市民蜂起（四月革命） 六月、日米安保条約改定

作成　木村義雄

解題　末永節とその時代

横地　剛

本書の成り立ち

末永節翁五十七年忌を記念し『無庵放談』が出版される。三年後には、生誕一五〇周年を迎える。本書は「聞書」を柱に「日清戦争従軍記」、「政治論集」、さらに「詩歌と筑前琵琶」の創作を「遺稿集」として加え編集されている。

末永翁（以下敬称を省略する）は「聞書」に自ら筆を執って「無庵放談」と命名した。本書はこれを書名としている。「無庵」は晩年の号である。

昭和三十（一九五五）年五月十一日、進藤喜平太先生三十年忌が東京谷中全生庵で営まれた。末永の発起であった。当日、浅野秀夫は、当時としてはまだ珍しかったテープレコーダーを持ち込み、追悼座談会における談話を録音、後に『進藤喜平太翁追悼録』（昭和三十年九月十一日刊）にまとめた。本書「聞書」収録の「進藤喜平太翁」はその日の末永の談話である。

これをきっかけに、浅野は、末永の「放談」を十数回に分け録音し、原稿用紙に書き起こした。テープはC

Dに焼直し、今も大切に保管してある。続けて、浅野は詩歌六百余首を蒐集整理した。末永は再び筆を執って「無庵詩稿」と命名した。こうして「無庵放談」と「無庵詩稿」が遺された。

文字に起し終えると、浅野は「放談」の一部を改編し、「処士の道」（一～五）と題して「励志」（第三号～第八号、昭和三十一年一月～五月）に、「無庵末永節先生と私」と題して「玄洋」（第四九号～第六十号、平成三（一九九二）年七月十五日～平成七年一月一日）に発表した。最近では、譚璐美が『革命いまだ成らず』（新潮社、平成二十四年一月刊）に引用している。

従って「無庵放談」は一部がすでに公となっており、全てが初出とは言えない。しかし本書が原典である。本書「無庵放談」は資料性を尊重し、順序も配列もそのままである。それ故に、読者は戸惑うことになるかも知れない。末永は自由奔放に時空をこえ、時には脱線したまま元に戻らぬこともしばしばである。読者には、末永の話に従って時空を駆け巡り、注釈、年表、遺稿集を繙いてから、再び時空をこえていただきたい。

また、内容においても、初出とは言い難い。末永の話術は巧みで、「彼の口は二十人力」と云われ、口九段の段位は飾り物の肩書ではなかった。話題は広く、筑前琵琶、杖術、浪花節、風呂釜、和楽路会、そして中国革命、朝鮮革命、大高麗国建設の革命談義と多岐にわたり、随所に記録されている。

宮崎滔天「狼嘯月末永節」「日本及日本人」第五〇四／五〇五号　明治四十二年三月
ひぐらし庵（宮崎滔天）「浪人生活と狼嘯月」「日本及日本人」第五〇七号　明治四十二年四月
戎蛮馬（中野正剛）「帰舟餘録（一）―北伐論者の意気」「東京朝日新聞」大正二年一月二十八日
「奇人の名ある、肇国會の頭目　末永節氏」『福岡県人物誌』我観社　昭和三年十二月
「末永節と肇国會」『東亜先覚志士紀伝（下）』黒龍会　昭和十一年
末永節「無為にして化す」『巨人頭山満翁は語る』感山荘　昭和十四年

「末永節君」『対支回顧録（下）』　東亜同文会　昭和十六年
「〝風呂釜〟と私の思い出」、「和楽路会」『博多中洲ものがたり』文献出版　昭和五十五年十一月
金子厚夫「機縁・奇縁」、「〝天下の浪人〟」、「気が太うなる」、「博多へ」、「戦前の〝名所〟」『琵琶という二字―聞き書き・嶺旭蝶の六十年』筑前琵琶保存会　昭和五十八年十一月
「清水先生と末永先生との関係」『清水隆次克泰先生を想う』清杖会編集　昭和五十九年六月
杉崎寛『杖で天下を取った男』あの人この人社　昭和六十三年一月
谷口治達「末永節先生」『余韻に美あり―中村旭園』西日本新聞　昭和六十三年六月
田中美帆「光頭無毛文化財・田中勇吉の生涯」「福岡地方史研究」第四三号　平成十七年七月

末永は、近代化の嵐に逝きつつある伝統文化に新たな生命を吹き込み蘇生させ、西洋列強の蚕食に苦しむアジア諸民族の解放と独立を訴え続けている。とりわけ注目されるのは「無庵放談」と重複する革命談義である。時空をこえ、場所をかえ、相手をかえ、末永は同じ話を何度も繰り返す。敗戦の洗礼を受け、明治百年が過ぎ、なお、何を我々の世代に訴えようとしているのだろうか。この問いかけを現代に橋渡しすることは本書出版の目的の一つになるだろう。

本書は、この問いかけを確かなものとすべく、末永の遺稿を可能な限り収録している。詩歌は六百余首から四十七首を選び、筑前琵琶は二曲を収録、著作は書簡を含め九篇を収録ないしは摘録した。書簡、詩歌は他にまだ多く散見される。なかでも向野堅一宛書簡は中日国民会に関する貴重な資料であるが、今回は見送られている。著作は、上申書など重要な文献が存在するが、収集できていない。福岡市博物館に保管されている末永家文書は未整理のままである。大連図書館に収蔵されている「遼東新報」も未見である。また中国・朝鮮の関係資料も未発掘、未確認のままであり、日本の資料あるいは論考との照合が急がれる。そもそも玄洋社はじめ

明治以降活躍したアジア主義者たちに中国、朝鮮から光を当て、東アジア全体の地図にのせ再検討する必要に迫られているのではないだろうか。

末永節の生涯

末永節（すえなが・みさお）は明治二（一八六九）年十一月十二日福岡市春吉六軒屋に生まれた。父末永茂世は黒田藩士、国学者にして歌人として名をはせ、維新後、筥崎神社に奉仕した。『筑前旧史略』の著書がある。兄純一郎（慶応三年三月～大正二年十二月）は、「藝備日日新聞」、新聞「日本」の記者を経て、日中両文の最初の新聞「遼東新報」を大連で創刊、官に屈しない民間紙を主宰し通した。

節は次男である。はじめ嘯月、後に日清戦争従軍記事を「能く人を噬まんと欲す」と評され、「狼」の称号を受け、それを冠して狼嘯月に改めた。晩年は無庵を号とした。筑前琵琶の世界では、浪仙窟を号とした。

晴好（春吉）小学校を卒業し、正木昌陽の塾で漢学を修め、福岡中学に入学したが、三度落第を重ね、放校された。それ以降、濱鉄磨に就いて柔道、撃剣を学んだ。

詩歌は幼少の頃から父の手ほどきを受けた。「唐詩選のようなものを読み、支那の詩を読み、それから日本の詩を読んで、韻語に合わせたもので、先生というて特別にない」という。漢籍は正木昌陽の下で一年半ほど学び、孝経、国史略、孟子、外史まで進んだが、四書五経にとどかなかった。あとは独学で「書は有るに従って尽く読破し」たという。

明治二十四年、大阪・薩摩航路の船員となり、後に北海道航路の貨物船に転じ、佐渡、室蘭、網走間を走り、明治二十七年には、長崎・ウラジオストック航路のロシア船の船員となった。この船員生活が「後にも前にもタッタ一度月給をもらった経験だ」という。

ウラジオストックで虚無党の活動を知り、帰路に「東学党の乱」を知り、ロシアと中国を戦わせ、ロシア帝国を転覆しようと、内田良平と相談、船員を辞め、福岡で時期を待った。

これが浪人生活の始まりだった。

内田は天佑俠を結成、朝鮮に赴いた。末永は武器調達が発覚、獄に繋がれ、参加できなかった。そうこうするうちに、日清戦争が勃発、末永は「福陵新報」の記者として従軍、新聞「日本」の特派員を兼任した。兄純一郎も従軍記者となり、兄弟二人して、新聞「日本」の紙面を埋めた。

明治二十八年、的野半介の紹介で宮崎滔天と出会い、ともにシャム移民事業に従事、明治三十一年、東亜会結成に加わり、同文会との合併に尽力し、東亜同文会創立に参加した。明治三十二年、フイリピン独立運動を援け、中国革命を推進するために上海に渡る。明治三十三年、中野徳次郎から資金援助を引き出し、孫文らの恵州起義に加わるため、再び上海に赴いた。起義は、武器弾薬の補給がつかず、失敗に終わった。明治三十四年、失意の中、宮崎滔天は『三十三年之夢』を著し、末永は玄洋社に入社し再起をはかった。また黒龍会結成にも参加した。

明治三十七年、黄興と張継が亡命来日、宮崎と末永を訪ねてきた。二人は孫文と黄興の提携を促し、明治三十八年、興中会、華興会、光復会を母体に、中国革命同盟会結成に奔走、末永は同会の機関誌「民報」の印刷人となった。

宮崎滔天は当時の末永を次のように評している。恵州起義においては、「大体に於て縁の下の力もちとなり」、「表面自分の名をださず」に役割を果たし、その後は「漂漂浪々定居定住なく、天下を家とし主義を枕として夢寐の間にも支那革命を叫び続け、或は支那革命同志の提灯持ちとなり、或は彼らを叱咤激励し、アラショカを歌い、ポコポコを躍り、危地にありて身の危きに居るを忘れる」(「浪人生活」)活躍を続けていると。ちなみに「アラショカ」は長崎高島炭鉱の炭坑節であり、躍った「ポコポコ」は阿呆陀羅経である。夢野久作の『ドグラマグラ』の一節を想起させる。

明治四十年、宋教仁とともに中国革命同盟会遼東支部を結成、満洲革命に参画する。そして一九一一年（明治四十四年）、武昌起義が起こるや、大連から上海を経て、武昌に馳せ参じ、日本人として革命一番乗りを果たした。軍政府下、乞われて外交部長胡瑛を補佐する外交顧問に就任、翌年、北伐を主張し、山東征伐に胡瑛に従い進軍した。

一九一二年、中華民国政府が発足、臨時大総統の孫文に代わり、袁世凱が大総統に就任する。革命は挫折し暗転し始める。多くの同志が暗殺され、獄に繋がれ、また変節する。復古の逆流が逆巻くなか、それに抗して第二革命、第三革命が続く。しかし一九一六（大正五）年一月、袁世凱は皇帝制を復活し、「中華民国」を覆し、「中華帝国」に取って変えた。台湾を割譲し、朝鮮を併合した大日本帝国は、対華二十一カ条と引き換えに、皇帝制復活承認に舵を取り、やがて中国と朝鮮民衆のナショナリズムの矢面に立たされたことになる。

末永は、革命直後の一九一三年四月、新国家の国民とともに「東亜文明を挙し」、「永遠に両国国民の福祉を増進」すべく、日華国民会結成に尽力し、五月には、同会の特派員として上海に赴いた。翌年一月から一九一五年二月、兄純一郎の逝去にともない、「遼東新報」社長に就任する。この年の十月、北京に一月余滞在、そこで実見したのは、革命が退潮し、共和が覆され、それを操る大日本帝国であつた。この狭間で、末永の新たな苦闘が始まる。

先ず衆議院議員選挙に立候補、満蒙、山東への移民政策、中国南北政府に対する諸案、普選要求などを訴えたが、落選した。そして一九一六年一月、袁世凱が皇帝就任を宣布すると、末永はただちに「対支急務意見摘要」を上申、同年八月、大連に「中日国民会」を設立する一方、一九一七年には、「対支急務意見摘要」を敷衍し「支那処理案」を上申した。南北を二分し、中国を保全する案である。

大正七（一九一八）年、「在満鮮人懐柔統一議」、翌大正八年に「朝鮮統治根本決議」、同年に「満洲殖産銀行設立の議」を上申、大正十年二月、同光会に参加、朝鮮総支部創立会に参列する。末永の関心は中国本土から徐々に辺彊地域に中立地帯を設けることに移ってゆく。そして大正十一年、東京に肇国会を創立し、大高麗国建設を唱える。会は昭和十四（一九三九）年まで続けられたことが確認される。

戦争が満洲事変から日中全面戦争へ拡大されるにつれ、末永は革命の舞台から距離を置くようになってゆく。この前後から、彼は杖術普及に専念、国内外を行脚し、日中両国の民衆により近い所で過ごし、やがて敗戦を迎えた。

昭和三十一年十月六日、米寿を迎え、故郷福岡で祝賀会が開催された。中国政府と台湾政府から祝辞が寄せられた。その年の五月、宮崎滔天の長男龍介は白蓮夫人とともに中国に招かれた。中国政府の手厚い接待を受けた。その折、末永への伝言が託された。

伝言には「先生の追悼演説されたように、実現することができたので是非一度中国を観てください」（「玄洋」第十四号、昭和五十七年十月十日）とあった「玄洋」に附記された説明は正確を欠く、整理すると、「追悼演説」とは一九一七年四月、長沙で挙行された黄興国葬における滔天の演説を指している。学生だった毛沢東が追悼会に参列したとしているのがその証拠である。ならば、「先生」とは滔天であって、末永ではない。記事はそこを取り違えている。しかし国葬の演説に触れていることからすると、伝言を託したのは、毛沢東その人であることがわかる。龍介は、確かに、北京飯店で開催されたメーデー祝賀会席上で毛沢東から声をかけられ、同年十一月十一日開催の孫文生誕九十周年記念大会への招待が伝言された。郭沫若が通訳している。

滔天は追悼演説で「興漢滅満、土地の平分、財の平等化」の三点を挙げ、黄興を讃えた。末永は「あの言葉は不十分である、更に「老幼男女、強弱智愚の差を加味する」を加えるべきだったと漏らしていたそうである」。末永は同志黄興の偉業達成を喜び、そこに自分の夢実現を重ねたにちがいない。末永の訪中は同月出発予定が組まれたが、実現されなかった。

昭和三十五年八月十八日、永眠。享年九十二。維新の理想を追求し続けた九十一年の生涯であった。没後まもなく、日本は明治維新百年を迎えた。

浪人・詩人末永節

末永は能く漢詩を賦し、能く和歌を詠む。正岡子規は先に漢詩を賦し、和歌や俳句に直したそうだが、末永は「大抵歌を作れば漢詩に直し」たという。本書には漢詩を併載した勅題歌四首を収録している。「処士の道」の末尾にも一対掲載してある。いずれも漢文（中国語）の論理と修辞を日本の自然やアニミズムに見事に合体させている。これが明治人・末永節その人の詩歌であり、思索の道筋である。

詩歌は彼の思想と志を中国・朝鮮の同志に伝え、漢文の素養は相互理解の礎となった。末永は中国・朝鮮の革命家と人を介さず、筆談をもって交感し議論できた。革命三尊の孫文、黄興、章炳麟とも筆談であったにちがいない。共通語が普及しておらず、中国人同士であっても、議論は、多くが文章か、筆談か、学んだ日本語で行われた。広東出身の何香凝と紹興出身の秋瑾はやはり筆談だった。日本人と中国人の間も、議論となれば筆談であった。

中国革命同盟会が成立した前後、中国留学生は八千人を越えている。広東派の興中会、湖南派の華興会、浙江派の光復会、湖北科学補習所を中核に十七省の学生が同盟会に参加した。「民報」はその中心をなし、章炳麟、宋教仁、張継、陳天華、胡漢民、汪精衛、胡瑛、谷思慎らが頻繁に出入りした。末永は、彼らとの議論と「民報」から、自己変革する革命思想に触れ、改良派との対立点を識り、中国を取り巻く国内外の事情に精通することができた。こうして末永は中国革命家たちと、状況を共有し、地図を共有し、思想を共有させていった。

中華民国が成立した大正元（一九一二）年元旦、末永は勅題歌を詠み、例年通り、小河政太郎に年賀状を認めた（グラビア参照）。上海から投函している。この年の勅題は松上鶴である。彼は民国の光と影を数文字に納めた。詩は往々にして予言よりもよく的中する。

旭かけ輝き初めて老松の梢をり立ち田鶴鳴き渡る

素直に読めば、新国家発足を祝う一首と読める。しかし老松が旧態とした「支那の政体」を指し、田鶴が革命派を指すのなら、もう一つ別の意味が含まれているように思われる。老松は、末永が黄興らに説いた「虫食い」の「千仭の大木」の清朝であり、田鶴は鳴いて、その終焉を告げ、同志たちに止めを刺すよう呼びかけているとも読める。田鶴のなかに、「小康を貪らんとする」ものたちがすでに蠢いていた。

中野正剛は「帰舟餘録（一）」に末永の浪人ぶりを活写している。末永は、武昌軍外交部長胡瑛らを案内し、上海で頭山満ら一行と会見した。一月十五日のことである。席上、末永は「一滴の酒を飲まずして、気を吐くと虹の如」く捲し立てた。

浪人に恒の産なく、又恒の業なし、唯適する所に就きて志を行ふのみ、余輩の持論は自由平等四海兄弟なり、この志を行はんと欲して革命党に加はり、犬馬の労と雖も、敢て辞する所なかりき、然るに今若し革命党にして屁子垂れんか余等が志は遂に之に依りて行う能はざらん、大丈夫即かずんば必ず離れん、友たらずんば必ず敵たらん、寧ろ宗社党を煽動して弱腰の偽革命を掃蕩し、更に第二第三革命を起さんのみ、列国分割の端を啓く云々とは何事ぞや、断じて行はば鬼神も之を避けむ、怨敵袁に降りて苟くも小康を貪らんとするが如き国民は、要するに国を建つるの力なき者なり。斯くの如き国家の運命分割に帰着せんは必然なり。既に騒ぎ始めたる兄弟喧嘩、親不孝の兄哥を打殺さずんば、一家の真の平和は望むべからずと。

「貪らんとする」ものは革命派内部に巣食っていただけではなかった。また「貪らん」としたのは「小康」

だけでもなかった。列強諸国が加わり、革命支援を唱える日本の大陸浪人も加わった。彼らは革命の混乱に乗じ、利権を貪り、論功を貪り、地位を貪り、果ては二十五万円の論功賞を強奪するものまで現れた。中野は嫌悪感を顕わに「痩浪人、素浪人、無学浪人、酔いどれ浪人、梅毒浪人」と、ゴロツキ浪人たちを批判している。頭山満が訪中した目的の一つはこれら浪人を諭すことでもあった。

末永は別れ際に、「余輩は他の餓鬼共の様に、貪らんけん強か事が言えるとたい」と告げ、数日後、北伐軍を率いて山東に出立していった。

果たして、妥協が図られ、革命は頓挫する。そして暗黒の時代が始まった。「貪らん」としたものは、「小康」どころか、餌食とされ、従わねば、尽く獄に繋がれ、反抗するものは処刑され、暗殺された。宋教仁は暗殺され、黄興は病に倒れ、一時袁世凱に組みした胡瑛は変節者に堕ち、革命派から疎んじられた。

末永は浪人であり、詩人であり、「牢蕩の狂詩客」を自認している。彼の詩は浪人の詩であり、狂詩客の詩であり、彼は「詩をもって志を言う」(「処士の道」)。浪人と詩人は、清廉であることにおいて、末永にとっては同義語である。一点の曇りもなく物事を見極める姿勢は変わらない。成功に驕ることもなければ、失敗に挫けることもない。永遠の革命家であるために、彼は浪人であり続けた。

井字旗を掲げる

末永家に井字旗が遺されている。末永は井田紅旗と呼んでいたようだ。縦五〇センチ、横幅一四七センチ。井字の囲みは縦二五センチ、横四七センチで全体の六分の一より小さく、赤地で、右上に藍地に白で「井」字がぬいてある。現在、福岡市博物館に保管されている。

西尾陽太郎「九州における近代の思想状況―国権論・民権論について―」(『日本近代化と九州』平凡社、昭和四十九年七月刊)と松本英紀「青天白日旗と井字旗(辛亥革命秘話)」(「玄洋」第十五号、昭和五十八年一月二十五日）は、この旗を紹介している。西尾は「井田紅旗／宋教仁・末永節ら北方工作中に使用されたと言われる。明治四十年末作成か」とコメントし、「井」字を左上にした写真を掲載している。松本は「中国にもない唯一の井字旗」とコメントし、「井」字を右上にした写真を載せている。そして文中に、ご子息の末永賢治から持参したのは廖仲凱ではなかったかとの推測を耳にし、「それも十分考えられよう」と書き加えている。

大正元（一九一二）年、山東都督府で撮影された写真が遺っている。末永と倉谷箕助が井田紅旗を背に腰かけ、阿川四郎、豊田泰十郎、梶原善作と警備兵一名が並んで写っている。旗は「井」字を右上にして壁に張られている。裏書に「明治四十五年四月十四日、於山東都督府狼嘯庵写」、「北伐之先鋒　芝罘」と記されている。

三枚の写真を照合すると、現存する旗は山東征伐に掲げられた旗であり、井字を右上にするのが正しく、西尾の写真が裏返しになっているのが分かる。

西尾が裏返しにしたのに理由がないわけではない。また松本が廖仲凱の名に惑わされたのも理由がないわけではない。

一九一一（明治四十四）年の恵州起義に、陳烱明は井字旗を旗印とした。廖仲凱も従軍している。一九二五年、陳はアメリカで中国致公党を設立、総理に就任し、その井字旗を党旗とした。赤地で、左上に黄色地に藍で「井」字を染めてある。「井」字の囲みは、縦横ともに旗の半分を占め、全体の四分の一ほどの大きさで、旗自体も大きい。デザイン、配色、大きさも末永家収蔵品とは異なる。

この他に、一九一二年二月二十日開催の中華民国政府臨時参議院で定められた元帥旗、副元帥旗の井字旗がある。前者は「方藍井白満地紅井字旗」（「井」字は藍地に白）、後者が「方白井藍満地紅井字旗」（井字は白地に藍）で、「井」字はともに左上にある。

詳細に比較してみると、末永家所蔵の旗は末永が山東から持ち帰った井字旗であり、「井」字を左上にする他の旗とは異なる独特な旗であることが判る。従って廖仲凱が持参したとする説も根拠が失われる。

さて、「明治四十年末作成か」とする西尾のコメントは何を根拠にしているのだろうか。彼は井字旗の作成を山東征伐よりさらに五年前に遡らせている。西尾は末永節から直接聞いたのかも知れない。

中国革命同盟会幹部会で国旗論争があったのは、「革命方略」が議論された時、一九〇六年（明治三十九）秋から翌年の一九〇七年初めにかけてのことである。孫文は青天白日旗を、黄興は井字旗を主張し、互いに譲らなかった。二月二十七日、孫文は、突然、独断で民報社の壁に青天白日旗を掲げた。口論となり、孫文が衆前で黄興を罵倒した。黄興は席を立ち、翌日、宋教仁とともに脱会を口にするまでに発展した。黄興が宋教仁に満洲革命に赴くよう依頼した三日後のことだった。その直後に、孫文は南洋に発った。三月末に、宋教仁と末永は「満洲」に出立する。井字旗は、この論争中、あるいはその直後から出立までの間、経過からすると、さらに絞って、孫文と黄興が言い争った日から「満洲」へ出立するまでの一九〇七（明治四十年）三月に、黄興が作成させたと考えるのが妥当だろう。

ここで国旗論争にもう少し立入り、論争の背景をみておこう。

孫文は、興中会が広州蜂起で掲げた青天白日旗を革命の伝統として、国旗にすることを主張、黄興は、周代の井田制を表す井字旗こそ漢民族を象徴し「平均地権」を表すと譲らない。

同盟会入会の宣誓は「駆除韃虜、恢復中華、創立民国、平均地権」の二十文字に、「当天発誓、矢信矢忠、有信有卒、如或渝此、任衆処罰」（天に当たって発す、ちかって信、ちかって忠、始めあり、卒りあり、如し或いは此に渝わば、衆の処罰に任す）の二十四文字が加えてある。頭の二十文字は興中会の宣誓であり、そのまま同盟会の綱領となった。孫文の民族主義、民権主義、民生主義の三民主義の思想を敷衍している。民族革命、政治革命、社会革命を同時に断行する画期的な宣言である。

綱領は同盟会成立大会で採択され、さらにそれを敷衍した「民報」六大主義も同時に採択されたのだが、排満の民族主義しか理解しない一民主義者、民族主義と民権主義しか理解しない二民主義者も存在した。なかでも社会革命の綱領である民生主義の理解を欠く者が多数いたという。その民生主義の中心たる「平均地権」を、黄興は、国旗にしようと提案したのだ。孫文が反対する理由もなければ、激怒する理由もない。

「革命方略」をめぐって孫文と黄興には意見の対立があった。黄興らは南方各省を偏重する孫文の方針に疑問を投げかけていた。黄興と宋教仁は、「満洲」から北方と連絡を取り、一挙に首都北京を陥れるのを上策とし、長江一帯各省同時に挙兵し、北伐するのを中策、辺境革命を下策と考えていた。下策とは、孫文が意を注いできた広東・広西からの蜂起である。黄興、宋教仁らは、下策はすでに失敗ずみと退け、北方を攻める上策を模索した。それが満洲革命であった。

国旗論争には、実は、この「革命方略」の相違が背景にあった。当時にあっては、孫文は「革命の伝統」を下策で失敗ずみとされるのを許すことができなかったのだろう。しかしその後も彼は方針を変えず、広東からの革命を遂行し、さらに失敗を重ねた。

満洲革命は一九〇七（明治四十）年八月の蜂起を目指して動き始めていた。しかし先発隊が満洲に潜伏するや、事前に計画がもれ、失敗に終わった。結果は、「満洲の野に革命の種子を蒔き，萌芽を発せしむに」（宮崎滔天「浪人生活」）止まった。黄興らは、上策を実行するには力量不足と判断、やがて中部同盟会を設立し、長江流域の革命方策を練った。この方向が武昌起義を生み、辛亥革命を成功させた。

ちなみに中華民国成立当時、国旗は五色旗と決まった。青天白日旗と井字旗は採用されなかった。その背景に上記の論争が影を落としている。排満興漢には成功したが、共和制は地に就かず、社会革命は着手することさえできなかった。革命は首のすげ替えに終わった。青天白日満地紅旗を国旗に、青天白日旗を中国国民党の旗としたのは、一九二八年蔣介石政権が北伐に成功してからのことになる。

一九〇七年、満洲革命で掲げた井字旗を、末永は大切に保管し、辛亥革命一番乗りに持参し、山東討伐に再び掲げた。末永に即して言えば、もう一つの井字旗がある。大高麗国国旗である。末永のデザインした小さなシールが遺されている。藍地に白で井字を打ち抜き、中央に黄色の勾玉を二個抱き合わせて円球とし、そこから紅色の五光を八方に放出させてある（グラビア参照）。満洲革命から大高麗国建設に至るまで、末永の革命は井字旗を掲げることで貫かれている。末永にとって、井字旗とは何なのか、新たな疑問が湧いてくる。

王道論を唱える

末永の経歴に空白がある。福岡中学を放校された十代後半から、明治二十四年、二十二歳で船乗りになるまでの数年間である。自由民権運動の高揚期に重なる。

『対支回顧録（下）』の「末永節君」に次の記事がある。明治二十年前後のことだろう

　十八九歳のころ、玄洋社の豪傑連が肩で風切って、闊歩する態度に反感を懐き、時々猿猴の真似して彼らを愚弄し……。又中村進午、副島義一等も学生時代で、時々彼等が盛んに憲法論を闘わすを面白からず感じ、君は王道論を唱えて之を論破せんと企てたこともあった。（中略）自ら「公明正大剛」の五文字を以て己の世に立つ信条とした。

もう一つ資料がある。本来「無庵放談」に収録されるべき一節だが、録音が不鮮明で省略されている。照合したところ、不完全であるが、以下を聴き取ることができた。

　……ところが、我々がそのずーっと前に船乗りや水夫になるときには、明治十七、八年の頃からはじめて、平戸の人で南部重遠という人がいて、『湖水渡』、それからあんなものを作った、琵琶を作った人で南部重

遠という人でですな、それらの人から私達は非常に啓発されて、その時代に、明治十七、八年の時代に唄いよった歌ですよな」

続けて、当時流行っていた書生歌を高らかに唄う。

ウラル山からアジアの東方を瞥見すれば
悲報讃嘆雲湧くわーく
馬に水行　鴨緑江　シベリヤ満洲蹂躙し
守備周到席巻し　外国黒海の畔に　大砲築きたて
文明開化の欧州と　火花をー散らして戦争すーる
ここが海峡うち渡り　平和をーあらうテームスの月
セーヌ流れの水けーんけーん
又また進んで西の方　アメリカ州を撃ち沈め
四海万国統一し　天に一日　地に一君
艱難苦労の世界でも　わざおうー君の徳澤を
仰ぎみて明らかにー
収まーるー愉快ーの夢を見た

二つの資料に青年たちの西洋文明に対する憧憬と脅威、そして西洋列強の侵略に対する危機意識が読み取れる。書生歌に見られるのは、西洋「文明」は受け入れても、東洋の「徳澤」をもって列強に対抗する意気込みである。その背景に清仏戦争がある。清国が欧米の手に堕ちるのではという危機感がある。民権運動家たちは、「我国における自由民権の思想をして、さらに支那大陸に普及せしめ、将来に於て彼地に憲政を見ん事を計」(杉田定一「支那時局の将来」「月刊政友」明治四十五年)った。そしてアジア民族と連帯し、東洋の衰退を挽回して対抗するために、彼らは上海に東洋学館を設立、釜山に善隣館設立計画を進め、東洋学館廃止後は、日清貿易研究所設立を急いだ。

自由民権運動の中にあって、末永は確固とした人間観、社会観を築き上げている。西洋思想に触発された憲法論に対し「王道論を唱えて之を論破し」、「公明正大剛」を信条としている。孟子の革命思想である。「恒産無くして、恒心有るは、惟士のみ能くすと為す」は末永の信条となり、それを敷衍した井田法は末永の生涯の旗印となった。孟子の思想は明治維新を支える大きな潮流の一つである。吉田松陰、西郷隆盛、中江兆民、頭山満らが継承している。「浩然の気」、「惻隠の心」は末永の身体と化し、「聞書」の隅々に行渡っている。

末永が若い中国の革命家と思想を共有したことはすでに触れた。なかでも「平均地権」の思想は中国古来の革命思想の根本原理の一つであり、譚嗣同、章炳麟、孫文、黄興らが、西洋思想に促されて回帰し、『周礼』にある井田法に則って、整理し敷衍したものである。末永の周辺には井田法を実施した樽井藤吉がおり、平均地権を試みる滔天の兄、宮崎民蔵もいた。末永にとっても培ってきた思想であり、中国の革命家と互いに共鳴し合う思想であった。末永は、ここに於いて、中国の若き革命家と邂逅した。

末永の思想形成に欠かせない人物が資料に登場している。末永に孟子を講じ、船乗りを決断させた人物である。『東亜先覚志士紀伝』と『南部露庵追悼録』(福井経済新聞、昭和八年六月)に履歴が載っている。これに南部重遠著「教育私考」を加え、「啓発」の内容に立入ってみよう。本書に収録した「南部重遠氏の渡韓」を併せて参照願いたい。

南部重遠(一八六三年~一九一六年)、平戸出身、号は露庵。幼くして平戸藩士玉置直雄に就いて漢籍を学び、長じて黒田藩の儒者郡葆淙（後に郡利）の門に入り、十八歳にして「南筑私学校」を福岡市南町（現・福岡市博多区堅粕）に起した。講堂、演武道場、寄宿舎、食堂などを完備し、学ぶものは百名を越える。精神を養成し、武術を学び、心胆を鍛えることを柱に、外国語習得、海員水夫技術の習得を必修とし、「理想の侠客主義」を講じた。露庵は「陽明学に深く任侠の気に富み自ら野武士であると称し経世済民を以て畢生の業と」（三好伊平次『部落問題論叢』昭和四年）した。

和気章一「私学校異聞」によれば、選挙干渉事件前後、「果ては玄洋社との間に軋轢が生じた。……玄洋社幹部側から提携の相談を露庵へ持ち込んできた。結局、南筑私学校は玄洋社に合併することになり、露庵は客員となって玄洋社入りをすることになった」。その後、「福陵新報」を皮切りに、「関門新報」、「佐賀新聞」の主筆を務め、明治四十年、大陸に渡り「安東新報」を主宰した。ちなみに師匠である郡葆淙は明治十二年設立の筑前共愛会の会長に就任、また野田卯太郎は年上だが、南筑私学校の生徒である。

特筆すべきは、彼が部落問題に早くから取り組んでいることである。「十八歳にして新平民の憫れむ可きを知り」、明治二十三年四月「福岡県下の新平民諸子に告ぐ」が発表されると、「教育私考」を書き上げ、翌年二月には、三池郡渡良瀬町で開催された自由民権家と部落民の懇親会に参加、同年六月五日、六日、「福陵新報」に「新平民」を発表した。明治二十四年の選挙干渉事件から十年後、「関門新報」に「新平民論」（明治三十六年十一月より十二月）を三十五回に分け連載した。「教育私考」は連載最後の一篇である。その冒頭に「十年後の今日尚紙上にまた空論する程の露庵が境遇、今や却って新平民諸君に依って憫れまる可き次第ぞ好笑なれ」と綴り、失われた十年を悔やんでいる。

「福陵新報」は玄洋社の新聞であり、「関門新報」は的野半介が経営する新聞である。「福陵新報」掲載の論文は無署名であるが、南部の回想に日時もぴたりと符合するところからみると、露庵の筆によるものと思われる。「教育私考」は末尾に黒龍会が木浦港外の島嶼を買受けたことを記し、そこに私立学舎を設立すると宣言し、失われた十年の次第と今後の展望を記している。

想ふに頑迷者を以て満たされたる日本内地は彼等可憐の子弟を集むるに忍びざるなり、彼等と共に朝鮮の一小島に拠りて順天立地の自由郷を建設し、彼等と共に道を講じ、彼等が後来に於ける多大な希望と多大の功名とをこの島に見ることを得ば、人生是以上の楽地あらんや。

彼は教育拠点を内地から外地に移さねばならなかった。明治二十六年秋、渡辺五郎が久留米市篠山に南筑私学校を開校している。校名は同じだが、南部の名は見えない。講道館から西郷四郎、馬場七五郎を師範に招き、武術中心の学校に変わっている。三年後閉校。明治三十七年、南筑武術館として再出発した。この過程に「頑迷者」との確執があったはずだが、それを示す資料は見出せない。

南部は、後に、閔妃事件に関与し、末永らの満洲革命では、「安東新報」は連絡拠点となった。辛亥革命には、安東から中国革命家を援け、鉄嶺に根拠地を築き、北京を窺った。張榕の奉天辛亥革命に呼応したのだろう。大正五年、朝鮮にて逝去した。

末永は取り立てて露庵について語っていないが、南筑私学校と何らかの関係をもっていたのだろう。船乗りになって以降も頻繁に接触している形跡がある。日清戦争から玄洋社入社までの間、末永は関門の的野半介の「梁山泊」を根城に活動している。平岡浩太郎、福本日南、宮崎滔天、内田良平、島田経一らとの親交もここから始まる。ここが玄洋社の海外への窓口拠点であり、海外移民、国内移住が最も多い広島、山口、福岡の玄関口であることに留意しなければならない。露庵は「関門新報」におり、彼らがフイリピン、シャム、朝鮮、中国に活動範囲を広め、移民問題に取り組んでいる中に身をおいている。露庵がどのような役割を果したのか興味は尽きない。

露庵と玄洋社には軋轢があり、末永は玄洋社に疑念を抱いていた。その二人がともに相前後して入社し、ここ「梁山泊」から海外に飛躍している。

「聞書」「進藤喜平太翁」に、末永が玄洋社の今後を問う条がある。玄洋社入社前後のことである。岡喬は「英国流政党内閣」を作ると答え、進藤喜平太は「きんのう，きんのう」と、頭山満は「勤王党」と答えた。末永の問いかけは意味深長である。「いつまでも保守党のようなつまらぬ事をしておっては駄目だと思います。玄洋社は一体どうして行くのですか」、「玄洋社は勤王党ですか、民権党ですか」と質す。国権党か、民権党か、と質したのではない。こう問う末永は、当時、「虚無党のような奴だ」と言われていたと付け加えている。

「保守党のようなつまらぬ事」とは、明治二十四年、選挙干渉に集約される政策転換を指している。政府と吏党、そして民党の対立がある。対立は、内政においては九州鉄道敷設、筑後川改修事業、地租軽減、言論自由問題に、外交においては条約改正、海軍軍備拡張、軍事予算問題に生じ、やがて国権優先か、民権優先かが問われた。末永は、政府と吏党に組みした玄洋社を「保守党のよう」であり、やっていることを「つまらぬ事」と批判したのだ。ちなみに『玄洋社史』、中野正剛『明治民権史論』も選挙干渉事件を誤りだったとしている。

その実、末永は選挙干渉事件に直接関与していない。彼はすでに水夫となり、船上に出ていた。露庵はその真只中で玄洋社と折り合い、私学校と玄洋社の塾を合併させた。末永は孫文はじめ中国革命家と面識をえ、恵州起義に参加した後、玄洋社に入社した。二人は東亜の自由民権を推し進めるために、国権を強めねばならぬと理解したのだろう。入社後、末永は井字旗を掲げ続け、辛亥革命後には、両国国民の福祉増進を目的に日華国民会結成に寄与している。露庵は部落問題に取り組み続けた。二人は「王道論」を踏み外すことはなかった。

義戦に征く

西尾陽太郎「九州に於ける近代の思想状況―国権論・民権論」が、現在のところ、唯一の末永節研究論文といえる。満洲革命については、松本英紀『宋教仁の研究』(晃洋書房、平成十三年三月)及び同「辛亥革命秘話」七篇(「玄洋」第十五号、第十八号～第十九号、第二七号～第三十号、昭和五十八年一月至昭和六十一年十月)がある。肇国会については、趙金鈺「末永節和肇国会」(『日本浪人与辛亥革命』四川人民出版社、一九八八年四月)があり、断片的であるが、松本健一が『雲に立つ』(文藝春秋、平成八年十月)はじめ、諸論文で触れている。

西尾論文は、肇国会、大高麗国となると、内田良平の資料ないしは研究に沿って紹介するに止まっている。趙金鈺に到っては、西尾論文とその引用資料をまるまる写しとり、誤訳までして、別の結論を引き出す離れ業を演じている。研究の現状はここに止まっている。その結果、昭和十年代にまとめられた『東亜先覚志士紀伝』、『続対支回顧録』の見解が、そのまま定着し払拭されていない。「本書の成立ち」に列挙した書籍もこの延長上にある。他に「大高麗国の建設」と題して、「大正日日新聞」(大正三年三月二十八日から四月七日)に十一回の連載がある。文中に大高麗国の「宣言書」、「憲法草案七条」、「法三章」が紹介されている。しかし上記二書と同様、編集者の意向が強く反映しており、末永の原質が見出せない。

官憲の資料に、朝鮮総督の陸軍大臣宛報告、「朝鮮古史研究会解散ニ関スル件」(高警醍九八一八号)がある。大正九年四月十二日付となっている。

報告によれば、同年一月十八日、京城府洞長春館に末永節、鄭安立及び李相桂等約五十余名が参集、朝鮮古代歴史の実蹟を調査研究し「朝鮮民族ノ発展ヲ裨補スルヲ目的トスルト称スルトモ実ハ朝鮮人ノミヲ以テ満洲ニ独立国ヲ建設スルニアルコトハ大東民国創立章程文按ニ依ルモ瞭カナル」と記し、それを理由に四月一日解散させたとしている。報告は、それ以前の活動にも触れている。大正六年九月「満洲在住ノ朝鮮人」が「満洲ニ独立国（高麗国）ヲ建設セムコトヲ企テ福岡県人末永節ノ参与画策スル処アリ」と説明を加え、さらに大正七年十二月十一日、梁起鐸が天津の日本総領事より在留禁止を受け、また朱士衡が資金集めのため上海に出向いたが、消息を絶ち、「計画ハ茲ニ頓挫セリ」と付け加えている。

ところが、『東亜先覚志士紀伝』には、大正十年頃、鄭安立らが奉天方面で高麗国建設の檄文を撒布、奉天官憲が彼等を逮捕、末永が救出したとある。また末永が三千の壮士を引連れ満洲に潜入したと「満洲日報」が報じたとしている。

いずれも、末永が大正十一年、肇国会を設立させ、大高麗国建設を唱える以前、三・一万歳事件以前の出来事である。整理すると、先ず一進会の流れをくむ朝鮮人グループが満洲に大東民国創立を唱え、大正六年九月には、末永が「参与画策」し、高麗国建設を企てた。当局によれば、大正七年末には計画は「頓挫」したとしているが、どうも大正十年まで活動は続いていたようである。

確認しておかねばならぬことは、末永は、日韓併合により、二百万余の朝鮮民衆が満洲、日本へ流出していることに衝撃を受け、満洲在住朝鮮人問題に着手、「満洲ニ独立国」建設の運動に参与画策した。「在満鮮人懐柔統一議」、「朝鮮統治根本決議」、「満洲殖産銀行設立の議」の上申はこの運動の一環なのだろう。

本書に収録した「余と朝鮮問題」に、末永は同光会の席上で謙虚に自分の立場を語っているが、実は、満洲から朝鮮問題に肉迫していたのだ。自ずと、「合邦」に失敗し、同光会に解決を託す内田良平とは異なった視点で対応している。結局、同光会は、朝鮮の人々から受け入れられず、有名無実と化してしまうが、末永は、満洲に流出した人々とともに活動を継続し、行動で範を示そうとしている。

官憲の資料は、その後の運動にも触れている。肇国会は設立当初から官憲の監視下にあり、「肇国会創立大意」の配布が報告されている。華豊水田開墾公司を設立、満洲各地の水田事業計画、日本及露西亜の青年同志会設立に参与したことが報告されている。

大正十年代、中華民国の混乱から漢民族千二百万人が、日韓併合により朝鮮民族約七五万人が、ロシア革命によりロシア人十数万人が、安住の地を求めて満洲に流入し、満洲の人口はすでに二千万に達し、様相は一変した。それ以前、末永は流入した朝鮮民族の大東民国設立を支持し、後に高麗国創立を唱えたが、各民族の流入に鑑み、肇国会を設立し、宣統帝の統制下に満洲民族を治め、活仏の下にモンゴル民族を統括し、シベリヤにロマノフ王家の国を築き、異なった統治者の下に、各民族独立自立の国を築き、それを統合して大高麗国を構想した。国名は「正大にして高明、雄麗にして陽剛の威徳を発揮し給ふ」から取った。

活動の実態は今なおつかめず、また浪人・詩人末永節は真に「経世の材に非ず」（中野正剛）で、具体的な活動に言及しておらず、「現実性に乏しい」（「末永節と肇国會」『東亜先覚志士紀伝』）荒唐無稽な「理想」と評価されがちであるが、末永の貫いている論点は明らかである。

第一に、彼の社会観、人間観については繰り返し述べてきたが、大高麗国においても、井字旗を掲げていること。

第二に、民族の尊重、民族の自立と独立である。末永は国民党の主張する五族協和、満洲国が標榜する五族協和に反対していること。

第三に朝鮮における失政により、皇威、皇徳があまねく朝鮮民衆にとどかぬことに対して、士として、義戦を覚悟していることである。

「無庵放談」に「革命の旗」と題する一文がある。「一番嬉しかった事は」、豆満江を越えて，渾春に行く時に、「革命の旗」をみて、「感激に打たれて、この旗に敬礼した」とある。張学良が一九二八年十二月二十九日、易幟革命を断行、東北三省に青天白日満地紅旗を掲揚するよう命じた。末永はその旗を夕暮れに見て、感激に浸っている。その旅に同行した柴田麟次郎は小河政太郎に宛てて豆満江の絵ハガキを寄せている。

つまり満洲が中華民国に組み入れられたことを歓迎しているのだ。末永は「このロシアとの境。この端まで革命の旗を打ち立てようとしたのは、俺一人だぞ」と、満洲革命の意義を強調している。満洲革命に同行した宋教仁は帰路に間島に潜入し、具に視察し、日本に戻ってから資料を収集、「間島問題」なる資料を作成、最後は革命の敵である清朝政府に提供し、国境交渉に供した。内田良平は同じく資料を収集し、間島を朝鮮領にすべく画策した。末永は内田の案に組みしていない。

満洲革命については、『対支回顧録（下）』では、昭和十四年、汪精衛に憶えているかと問い、敗戦後の「無庵放談」（「処士の道」）では、満洲革命宣言書を「今度蒋介石にみせたいのだ」と訴える。時間の経過はあるにしても、中華民国と大高麗国は、末永のなかでどう整合性をもつのか、末永は語ってくれない。

「満洲国」は易幟革命から三年後に発足するのだが、大高麗国との関係について、『東亜先覚志士紀伝』には「満洲帝国の出現は将に彼の懐胞するところと一部合致したものである」と、『対支回顧録（下）』は「現在の満洲国もその一つとして包括されて居り」と評価する。前者は昭和十一年刊、後者は昭和十六年刊である。敢えて名を伏すが、ある人の報告では、満洲国建国宣言のあった昭和七年三月一日に、肇国会は「五族協和」の実現を慶び、その日に解散式を行ったとしている。しかし、小河政太郎宛て年賀状は昭和十四年（一九三九年）まで肇国会の名で出され、その後、七年間以上継続している。以下に引用する昭和十九年作の漢詩からは、「慶祝」の二文字は読み取れないし、義戦の矛を収めた様子も読み取れない。「無庵放談」の「満洲国」の末尾に次の一節がある。

満洲国の復興というものは、この祖先の国土に返り、祖先の国民を愛撫し、祖先の墓を守り、祖先の国を開拓するのがもとだというのだが、後になって、それが実行されなかった。腹が立って、詩を作ったのがあるが、それは言わぬ。

「無庵詩稿」に孟子のことばで始まる漢詩を見出した。昭和十九年九月作である。恐らくこれが中国への最後の旅であったろう。ここに末永の気持ちが言い尽くされている。

臨発新京口占　　新京を発するに臨み口占

昭和十九年九月

古謂春秋無義戦　　古春秋に義戦無しと謂う
如今王道有誰匡　　如今王道誰有ってか匡さん
腐儒傭弱名文案　　腐儒傭弱名文案る
武弁木強麁気横　　武弁木強麁気横わる
仕小朝廷婪禄位　　小朝廷に仕え禄位を婪る
戴新君主誓忠誠　　新君主を戴き忠誠を誓う
大綱設法三章足　　大綱法三章を、設けて足る
那要繁文縟礼成　　那ぞ繁文縟礼の成るを要せん

「無庵詩稿」より

末永は、周辺諸民族諸国家の矛盾の結晶体と化した「満洲国」に対して、なお維新の理想と精神を貫こうとしている。

人名索引

＊外国人の漢字表記も日本語の音によって排列した
＊別名などは［　］におさめた

あ

た

な

は

ま

や

ら

わ

編者・浅野秀夫（あさの・ひでお）大正12（1923）年１月29日、中国・大連に生まれる。昭和17（1942）年４月、中央気象台付属気象技術官養成所専修科入学。南洋庁委託学生。昭和19年４月、中央気象台気象技術科本科入学。昭和20年３月、卒業。福岡気象台勤務、中央気象台定点観測船凌風丸、新南丸、鵜来丸、生名丸の乗船勤務などをへて、昭和32年４月、中央気象台を退職し進藤一馬秘書となる。昭和33年５月、進藤一馬先生衆議院議員に当選し議員秘書となる。昭和38年、進藤一馬秘書を辞職。平成17（2005）年、玄洋社記念館館長。平成27年６月、玄洋社記念館館長を退く。

末永節《すえながみさお》遺稿集《いこうしゅう》　無庵放談《むあんほうだん》

著者　末永　節

編者　浅野秀夫

2016年３月30日　第一刷発行

発行　芳香会（代表吉村弘美）

〒812－0013　福岡市博多区博多駅東２丁目８番22号 ３Ｆ

電話092（451）8381　FAX092（473）7932

制作・発売　有限会社海鳥社

〒812－0023　福岡市博多区奈良屋町13番４号

電話092（272）0120　FAX092（272）0121

http://www.kaichosha-f.co.jp

印刷・製本　大村印刷株式会社

ISBN978-4-87415-970-5

［定価は表紙カバーに表示］